浙大城市学院古典学丛书

古希腊图书馆史

从米诺斯的档案图书馆到托勒密的世界图书馆

[希] 康斯坦蒂诺斯·斯塔伊克斯◎著
刘 伟◎译

本书的翻译工作得到浙大城市学院新时代文化间关系研究中心的赞助；北京工业大学『2021年度对外文化交流项目——孔子学院及孔子课堂课程建设项目』阶段性研究成果。

中国出版集团
研究出版社

图书在版编目 (CIP) 数据

古希腊图书馆史 / (希) 康斯坦蒂诺斯 · 斯塔伊克斯著 ; 刘伟译 . -- 北京 : 研究出版社 , 2021.7

ISBN 978-7-5199-0969-7

Ⅰ . ①古… Ⅱ . ①康… ②刘… Ⅲ . ①图书馆史 – 研究 – 古希腊 Ⅳ . ① G259.545.9

中国版本图书馆 CIP 数据核字 (2021) 第 055252 号

出 品 人：赵卜慧

责任编辑：刘春雨

古希腊图书馆史

GUXILA TUSHUGUAN SHI

[希] 康斯坦蒂诺斯 · 斯塔伊克斯 著

刘 伟 译

研究出版社 出版发行

（100011 北京市朝阳区安华里 504 号 A 座）

河北赛文印刷有限公司 新华书店经销

2021 年 7 月第 1 版 2021 年 7 月北京第 1 次印刷

开本：710 毫米 ×1000 毫米 1/16 印张：20.75

字数：285 千字

ISBN 978 – 7 – 5199 – 0969 – 7 定价：68.00 元

邮购地址 100011 北京市朝阳区安华里 504 号 A 座

电话（010）64217619 64217612（发行中心）

序

刘伟博士的译著《古希腊图书馆史》《古罗马图书馆史》等讲述西方文明中图书馆历史的系列图书出版在即，邀我作序。我对古希腊罗马哲学与文化有些研究，亦深感近年来该研究领域新著迭出，故欣然命笔，写下些须文字，充为小序。

我与希腊著名历史学家斯塔伊克斯（Konstantinos Sp. Staikos）先生有过实际的合作。2015 年 3 月，斯塔伊克斯先生到访清华大学，我有幸与他促膝长谈。这次短暂交流的直接成果是我于当年翻译了他的专著《书籍与理念：柏拉图的图书馆与学园》(*Books and Ideas: The Library of Plato and the Academy*, Athens, Oak Knoll Press, 2013)，并在人民出版社出版。2015 年 10 月我去雅典访问，有幸得到帕夫洛普洛斯总统（Προκόπης Παυλόπουλος）的接见。我把这本译著作为礼物赠送给了总统先生。2019 年 11 月 12 日，我接到斯塔伊克斯先生的邮件。他说："亲爱的王先生：我很高兴地告诉你，在中华人民共和国国家主席访问雅典期间，希腊总统把中文版的《书籍与理念》作为礼物赠送给了主席先生，我们用手工技艺把这本书重新做了装潢，用了羊皮纸作封面，书名烫了金字。"看到自己所做的学术工作能起到增进两国人民之间相互理解与互信的作用，我心里当然是很高兴的。

我是刘伟博士在清华大学哲学系做博士后研究时的合作导师（2015 年 9 月—2017 年 7 月）。刘伟博士后来去雅典访问，结识了斯塔伊克斯先生。斯塔伊克斯先生的学术成就主要是历史学科的，著有六卷本的煌煌巨著《西方图书馆史》(*The History of the Library in Western Civilization*, vol I-VI, Athens, Oak Knoll Press, 2004-2014)。刘伟博士出于对希腊古典学的浓厚兴趣，承担了翻译这些著作的重任。

我们在大学里工作，研究古希腊罗马哲学与文化是我们的职业，更是我们的志业。我们知道，公元前5世纪前后是人类社会发展的“轴心时代”。在这一时期，中国、希腊、印度等地都出现了伟大的思想领袖，在中国有老子、孔子，在希腊有苏格拉底、柏拉图，在印度有释迦牟尼。他们都对人类关切的根本问题提出了独到的见解，为其所属的文化传统的进一步发展奠定了方向。他们是思想家，也是哲学家，他们的思维方式给后人打下了深刻的烙印。他们的思想是人类宝贵的精神财富，值得我们花大力气去研究和推广。

习近平总书记指出，当今世界正经历百年未有之大变局。在当前的国际形势之下，加强中希文化交流具有十分重要的现实意义。中国与希腊同为文明古国，中国文化是东方文化的典范，希腊文化是西方文化的代表。这两种古文明发展到20世纪中叶，都面临着复兴本民族文化的重大任务。在这个意义上，中国与希腊可以互为镜鉴，可以从对方的文化传统中吸取有益的思想养料，促进本民族文化的转型与更新。中希文化交流的思想意义就在于此。

中希文化交流是文明互鉴的典范。中国与希腊建交49年来，两国人民之间保持着密切的来往。在全球化的大背景下，中国与希腊这两个有着悠久历史的伟大民族在新时代实现了全面互通，展现出中希两个伟大古老文明的和合之美。古老、灿烂、伟大的文明将两国人民的心紧紧联系在一起。中希两国人民对自身丰厚的文化根脉倍感自豪，对优秀传统文化的当代价值倍加珍惜。中国和希腊积淀千年的智慧孕育了两国顺应历史潮流的政策主张。双方发挥各自文化底蕴优势，共同打造不同文明以及各国人民和谐共处之道。

中希友好不仅是两个国家之间的合作，更是两大文明的对话。中国和希腊都坚决反对所谓“文明冲突论”，认为真正的文明之间不会发生冲突、制造隔阂，而会交流互鉴、和谐共存。无论是中国的历史文化传统，还是当今中国开放、进步、发展的事实，中国都有力回击了“文明冲突论”和“国强必霸论”。如果世界各国都秉持这样的理念，人类前进的道路将越走越宽广。

人文基础学科研究是人文交流的前提。中国学术界要通过深入广泛的人文交流，推动不同文明和国家包容互鉴，让古老文明的智慧照鉴未来，为促进世界和平繁荣、构建人类命运共同体作出应有的贡献。这就是刘伟博士这些论著的理论意义和现实意义。

是为序。

王晓朝

2021 年 7 月 5 日

于浙大城市学院

自序

这部著作，也就是《西方图书馆史》第一卷《古希腊图书馆史》，我给它起了一个含蓄而又有些华丽的副标题：从米诺斯的档案图书馆到托勒密的世界图书馆。在本书中，我尝试追溯和详述米诺斯人、迈锡尼人以及其他地方的希腊人在存储、分类和整理他们的书写成果时所使用的方法。这些作品书写在各种类型的“书籍”上，如黏土板、陶器、羊皮纸、莎草纸、双联书写板和多联书写板等。就内容来讲，它们涉及不同的主题，既有公共档案、债务记录、农场生活记录，也有文献记录、文学作品和学术著作等，如今这些作品都存放在公共或私人档案馆中。

无论在米诺斯，还是在迈锡尼，抄写员的身份似乎总是带有某种神秘性。在当时的社会中，他们是一群拥有知识和掌握了读写秘密的精英。但令人难以想象的是，他们的名字却从未被人提及，即使在绚丽多彩的米诺斯壁画或奢华的陶瓶画上，艺术家们也从没有将他们视为人物形象的典范。这些设计和发明象形文字、线性文字 A、线性文字 B 的抄写员和在斐斯托斯圆盘上刻印的“最早的排印工人”，【X】注定要隐姓埋名。或许，他们的身份以及与他们相关的秘密将永远不会为人所知晓，时至今日，象形文字和线性文字 A 依然没有被破译。尽管克里特人和迈锡尼人与近东各国家，特别是埃及，有着频繁的贸易往来和良好的外交关系，但是，与米诺斯和迈锡尼不同，近东各国家的抄写员却享有较高的声望。 因此，可以引用埃及流传的一段诗歌向开弗提乌

（Keftiu，埃及人对克里特人的称呼）的抄写员致敬，这段诗歌表明了抄写员在当时的埃及所享有的盛誉，他们是知识和智慧的宝库：

在神之后时代的全智抄写者，那些预言成真的人。他们的名字将永垂千古……他们将永远活在他们所书写的著作和他们的学说中。

在迈锡尼时代的某个时期，大约在公元前11世纪到公元前8世纪中叶（希腊字母发明）期间，荷马通过吟唱传诵众神降临到人类各民族身上的灾难，使后世了解到了当时的社会风貌和历史史实。但在荷马所有的诗句中，从来没有提及过任何关于抄写员的组织以及他们的工作环境。同时，他对“文字写作”这种形式，呈现了一幅魔鬼撒旦式的形象：杀死了喷火怪物的喀迈拉（Chimaera）英雄柏勒洛丰（Bellerophon）被送到了吕西亚国王那里，在他随身携带的一封信中写着“具有致命意义的符号”——这封信实际上是他自己的死刑判决书。荷马创造了“口述传统”，即人类和神灵在特洛伊城墙下的平原上进行的战斗，以及英雄与大自然的力量抗争，历经几个世纪的不断增益和修改，催生了两部伟大的史诗，【XI】即《伊利亚特》和《奥德赛》。这两部作品使人们认识到，口述史诗必须建立在固定的书面文本之上；还有一个就是，要建立公共图书馆。

荷马的崇拜者，即那些被称为“荷马里德”（Homeridae）的游吟诗人，在诗歌中歌颂亚加亚人和特洛伊人的伟大功绩。大约在公元前6世纪初，人们组织了一场竞赛，这场竞赛是泛雅典娜节开始阶段的一部分。比赛中，那些游吟诗人要根据一个固定的文本进行朗诵。这一创新归功于梭伦，他为庇西特拉图建立第一个雅典公共图书馆铺平了道路。然而，科罗封的游吟诗人克塞诺芬尼（Xenophanes）在他的哀歌、讽刺诗和叙事诗中对史诗的道德基础进行了批判，他谴责诗人对神的拟人化描述，他也是第一个对神人同形同性的多神论希腊神话进行公开批判的人，并敦促希腊人承认“神即宇宙”。克塞诺芬尼是个虔诚的游吟诗人，他不但吟唱别人的诗篇，自己也会创作诗篇，由他所引发的冲突使希腊社会一分为二。而柏拉图则彻底摒弃了诸神之间彼此争斗的想法，实际上，他已经把荷马从理想国中驱逐出去了。

游吟诗人时期，在意大利南部发动了一场新的哲学运动。这场哲学运动涉及与生死有关的秘仪（奥菲斯被视为神谕），到公元前6世纪中叶，关于这些秘仪的过程已经以固定的形式书写成文字。刻有埋葬仪式文字的著名的金制餐具（deltoi）、毕达哥拉斯（Pythagoras）的口述传统和“自然哲学家”的著作，最终被汇集成一个神圣的文本集，并在雅典被人们广泛阅读。赫拉克利特在以弗所的阿耳忒弥神庙里存放了一本他的《论自然》（*On Nature*）的抄本；据说斐瑞居德从《腓尼基人的秘密书》（*the secret books of the Phoenicians*）中获得了大部分知识，他把自己的著作遗赠给了米利都的泰勒斯；【Ⅻ】柏拉图用叙拉古的狄奥尼修一世（Dionysius Ⅰ）资助给他的钱，购买了由菲罗劳斯编辑的毕达哥拉斯的“未成文的学说”。

早在公元前6世纪初，在雅典的知识分子中开始养成了阅读习惯，在此之前，这种阅读习惯是没有的。起初，有许多人拒绝建立学术书籍图书馆，他们认为这毫无用处，并强烈反对整个想法。据说毕达哥拉斯述而不作，因为他更相信口述思想的力量。尽管毕达哥拉斯只是不太信任书面文字，并暂时停止了对这个问题的争论，但是柏拉图却更往前走了一步，他经常列举他反对书籍的诸多理由。在《蒂迈欧篇》中，柏拉图断言："宇宙之父和造物主是无法发现的；即使我们找到了他，也不可能把他告诉所有人。"在《斐德罗篇》中，他讲述了一个埃及的神话，根据这个神话，使用书写"会使学习者的灵魂产生忘性，因为他们不会再利用自己的记忆力。他们只会信任在头脑之外写下的文字，而不是自己的记忆。"他说，文字就像一幅图画，看起来栩栩如生，但却并不能回答问题，因此它只是一个虚假的形象。柏拉图对书籍的反对，可能源于他的老师苏格拉底对书籍的态度，但是，它并不能避免拜纳姆（David E. Bynum）所说的，"一个可怕的战士走近时的骚动，首先被高大的树木听到"，换句话说，这是一个智者征服雅典知识分子所呈现出来的场景。

"世界上所有的东西都会以书籍的形式存在"（Le monde est fait pour aboutir à un beau livre），马拉美（Mallarmé）这句老掉牙的警句，对于公元前5世纪的雅典是完全合适的。从公元前5世纪中叶开始，智者从希腊世界的每个角落蜂拥而至，并且带来了一种截然不同的教育和学术方法。他们开始的做法是，通过教授诡辩术（deinon poiein legeni）来赞美他们自己的品质和知识，【XIII】他们能够保证对每一个问题都有答案。苏格拉底驳斥阿那克萨戈拉关于"心灵"（nous）方面的著作《论自然》（*On Nature*），并嘲讽道，阿那克萨戈拉的书如果能在市场上以每本一德拉克玛的价格买到的话，那就没有多大价值了。而柏拉图在他的学园中特别提到了他所指称的"学园之灵"，也就是他最聪明的学生亚里士多德，亚里士多德在公开阅读完哲学作品之后，就相当于出版了这部作品。

亚里士多德认为，在写作中记录哲学家的观点是非常重要的，如果要促进科学学术发展，必须要通过书籍的方式才能实现。最终，亚里士多德压制住了反书籍派的声音。亚里士多德本人有很多藏书，他还让吕克昂学园的学生编辑关于自然现象、人类存在和人类行为的记录和说明。在亚里士多德的号召下，这些学生创作了大量的作品。关于亚里士多德去世后他的书籍的命运看起来更像是一部虚构玄幻的小说而不是事实：这些书籍最初被遗赠给塞奥弗拉斯特，随后落到了涅琉斯手里，大约两百年后，又被一位自命不凡的庋藏者买下。这位庋藏者对亚里士多德的部分书籍做过修订，这种修订是在非常不理想的状态下做的。苏拉征服雅典后，这些书籍作为战利品被带回到罗马。在罗马贵族的别墅中，西塞罗第一次有机会阅读亚里士多德教学著作的原稿，他不断地向他的朋友阿提库斯表达他对亚里士多德的钦佩之情。当西塞罗沉浸在哲学家的思绪中时，他创作了《霍滕修斯》（现已遗失）这部作品。圣·奥古斯丁承认正是西塞罗的这部作品使他的信仰发生了转变："这本书使我的思想转变，使我的祈祷转向你，使我的希望和志愿彻底改变。【XIV】我突然看到过去虚空的希望真是微不足道，便怀着一种不可思议的热情，向往着不朽的智慧，我开始起身归向你。"（奥古斯丁《忏悔录》III.4.7）

亚里士多德曾为亚历山大大帝编辑校订过荷马的《伊利亚特》（casket edition 这个版本称为"神珍本"），这可以被视为是马其顿征服者热爱书写传统和相信书籍传播知识力量的象征。正是亚历山大将东方文明中世俗的和神圣的著作翻译成希腊语的计划，才萌生了要建立一个综合性图书馆的雄心勃勃的想法。这个图书馆不仅要收藏希腊的所有作品，而且包括从波斯古经《阿维斯塔》（据说由琐罗亚斯德所作）到与迦勒底国王相关的早期传说和历史故事。亚历山大在行军途中，他给亚里士多德寄回了大量的有价值的资料供其写作《158 个城邦的政制》（对希腊半岛的 158 个城邦进行考察）。亚历山大在中东的图书馆里搜寻了成千上万块刻有楔形文字的泥板，这些图书馆包括亚述巴尼拔在尼尼微的图书馆和巴比伦著名的皇室图书馆（巴比伦城后来成为亚历山大大帝的都城）。因此，一定是亚历山大在托勒密一世的心中播下了要建立世界图书馆的第一颗种子。

创建世界图书馆的想法完全符合我们所了解的亚历山大的性格和抱负，正如他在奥皮斯演讲中所表达出来的那样。一定程度上讲，要建立这样一个规模宏大的图书馆，几乎只是一个乌托邦式的梦想。很多东方大型图书馆中的藏书是用未知的语言和文字写成的，并且这些书籍中的内容带有浓郁的神秘主义和象征主义的色彩（特别是巴比伦尼亚、犹太地和埃及）。古希腊哲学思想的清晰性和人类中心主义与东方神秘主义的思维方式截然不同，【XV】尽管如此，许多人还是试图用希腊语，即当时的通用语来传播东方民族的文化智慧。其中，最突出的表现就是《七十士译本》(*Septuagint*）的翻译，在这个过程中，也产生了很多附带效应，如犹太教开始大范围地传播，还出现了很多希腊语的犹太文学作品。虽然这种文化互动对亚历山大支离破碎的帝国及其多种族社会的影响还不能完全进行评估，但在对许多神圣作品的诠释中，这种影响还是非常明显的。

举个例子，犹太神秘哲学家将《创世纪》第一章中的那句名言，即“上帝说：要有光！于是，就有了光”解释为：上帝命令的魔力来自于其所组成的字母。而创作于公元 6 世纪的《创造之书》(*Sefer Yetzirah*)，则揭示了以色列人全能的上帝借助于从 1 到 10 这十个基数词和字母表中的 22 个字母创造了宇宙。把数字作为创造工具的假想，会让人自然地联想到毕达哥拉斯的理论（以及数个世纪之后杨布里科的理论）。但是，把创造宇宙的角色归于字母表中的字母，意味着试图强调《圣经》在教义上的权威和防止受到挑战的任何可能性。正是在这样的背景下，从托勒密·索特尔及其继任者托勒密·菲拉德福到克里奥佩特拉时期，对于亚历山大图书馆，我们不得不考虑与幻想和传说交织在一起的事实证据之网，以及它作为世界文化遗产永恒象征的地位。托勒密王朝，凭借着它们取之不竭的财富、权力和影响，开始了一项艰巨的工程，即为这个世界图书馆获取有史以来的所有著作的抄本，【XⅥ】这样也激活了整个已知世界的书籍市场。这个项目包罗万象，这自然地会让人想起塞万提斯（西班牙作家）和他对阅读材料的贪婪：塞万提斯会把所有的东西都读成"从街上捡来的纸屑"，同样，托勒密人也很乐意购买提供给他们的每一篇伪造的、抄袭的或与原文有出入的文本。托勒密人甚至颁布了法令，每艘驶入亚历山大里亚港的船所载的每一本书都要交给他们：他们会把这些书抄完，将原本留下，然后将抄本归还给船主。

"对我们来说，每一本书（用任何语言写的任何一本书）都是神圣的"，这很可能是托勒密世界图书馆的箴言，这一点可以从他们的藏书热情和我们今天所掌握的证据得到证明。图书馆中的藏书包括成千上万卷的莎草纸卷和体现已知世界上所有民族文化传统的各种类型的书籍，如佛教的木制"书籍"和巴比伦人、迦勒底人的大型泥板和祈祷碑。

关于这座史无前例的"世界图书馆"的传说比比皆是，据说那些与这座图书馆有关的文人墨客和普通工作人员，还有那些著名的学者，他们统统都被关在这座"鸟笼"般的宫殿里，在没有获得官方正式允许之前，不得离开。传说这座图书馆被烧毁的原因可能与凯撒的疏忽有关，也有可能是因为哈里发奥马尔的武断——奥马尔相信他自己遵守了《古兰经》中神圣的禁令。但历史证据表明，这两个版本都不符合史实。然而，我们在这里所关心的，与其说是探究这座世界图书馆的最终命运，不如说是亚历山大大帝创建这座世界图书馆的想法——【XVII】这一想法是通过托勒密王朝和许多其他君主的努力而实现的，特别是欧美尼斯二世埃庇芳尼和塞留库斯一世尼迦妥（Nicator）——他为书籍在传播世界文化遗产方面的作用提供了一个新的维度和视角。亚历山大倡议的最终结果是“世界图书馆”的建立，这座图书馆收藏有各个学科和各个领域的书籍，这些书籍代表了一个知识的金字塔形的结构，其“经线”是雅典的古典传统，“纬线”是东方的楔形文字，经线和纬线紧密地交织在一起。这样就创造了一本“宗教”的书，一本神奇的书。它是唯一留下来的纪念我们这个世界的东西，或者更准确地说，那本书就是这个世界！

康斯坦蒂诺斯·斯塔伊克斯

目　录

CONTENTS

米诺斯文明和迈锡尼文明

——青铜时代的文字和档案

（约公元前 3000 年—公元前 1100 年）

【3】在任何文明的早期阶段，储存档案资料或文献作品的特殊区域——我们现在称之为“档案馆”或“图书馆”——的发展史，都与本地的语言习俗和书写档案资料所借助的载体的性质与特征密切相关。因此，在传统希腊世界中，任何对书写资料的储存和分类（换句话说，“图书馆”的形成）的社会原因的说明，都必须从讨论希腊语言的特殊性和书写第一批文字所依赖的载体以及这些“书籍”为何目的服务开始。

在希腊字母出现之前的几百年里，希腊的抄写员已经开始使用芦苇或其他形式的尖锐物作为书写笔，并开始为他们的口述语言发展出一套文字拼写系统，也就是古老的米诺斯文字：象形文字和被称为线性文字 A 的文字。由这两种文字演变出了线性文字 B、塞浦路斯音节文字和希腊字母。从迈锡尼时期开始，到荷马时代之前的许多个世纪，一直到今天，这种文字上的不断演变，意味着希腊语在某种程度上是具有连续性的。①

然而，经过探索发现，就公共的、皇室的或私人的书面文字记录而言，与美索不达米亚文明不同，在青铜时代的克里特岛、塞浦路斯、伯罗奔尼撒半岛和中希腊等地区，没有证据表明存在过像档案馆这样的组织机构或规划传统。在这些地区，人们仅仅发现了一些较小的黏土板。这些黏土板非常模糊，至多可以识别某些抄写员的笔迹，上面记录的是一些为了短期利益而进行的交易。另一方面，在近东，例如西巴尔，人们在那里已经发现了 60000 多块黏土板。在埃勃拉的国家档案馆和宫殿中，【5】人们也发现了许多黏土板，这些幸存下来的黏土板残片，可以使我们了解他们所使用的图书馆管理系统及其归档方法。

① 参见 R. D. Woodard, *Greek Writing from Knossos to Homer. A Linguistic Interpretation of the Origin of the Greek Alphabet and the Continuity of Ancient Greek Literacy*, New York Oxford 1997.

• 克诺索斯王宫北入口，由伊文思修复

历史背景

自 19 世纪末以来，特别是从 20 世纪初开始，考古挖掘发现，在青铜时代（公元前 3000 年—公元前 1100 年）的克里特岛，曾经有过高度发达的文明，这个文明对希腊本土和爱琴海群岛产生了决定性的影响。[①] 阿瑟 · 伊文思和他的同事们，以及法国和意大利的考古学者和希腊考古学家，在克诺索斯、斐斯托斯、马利亚、扎克罗斯和阿卡尼斯以及其他地方挖掘出了巨大的宫殿。[②] 对于青铜时代在克里特岛发展起来的文明，伊文思创造了“米诺斯”这个名字来称呼它们，以纪念希腊的神话传统（据说米诺斯是宙斯与欧罗巴的私生子，是英雄时代统治克诺索斯的国王）。

克诺索斯的宫殿建于米诺斯中期 ⅠB（MM ⅠB），大约在公元前 2000 年，斐斯托斯和马利亚宫殿的建造日期也大致相同。[③] 从那时起，米诺斯人本可以满足于安详的环境、宏伟的建筑和宫殿生活中的艺术珍品，但事实证明，他们却是一个非常具有冒险精神的民族，他们与埃及和小亚细亚的海洋民族建立了广泛的商贸关系。首先，他们在弥罗斯（Melos）建立了一个殖民地，在埃及建立了官方贸易机构和仓库，后来又在罗德岛、米利都，也许还在塞浦路斯建立了同样的机构。大约公元前 1800 年左右，也就是在 MM ⅡA-B 末期，他们与希腊本土的居民取得了联系；此后，由于米诺斯人和其他希腊各民族之间频繁的交流和往来，希腊出现了另一种

---

① 关于青铜时代爱琴海群岛和希腊本土的信息，参见 S. Marinatos and M. Hirmer, *Crete and Mycenae*, London 1960; M. I. Finley, *Early Greece: The Bronze and Archaic Ages*, London 1970; H. G. Buchholz and V. Karageorghis, *Prehistoric Greece and Cyprus*, tr. F. Garvie, London 1973; P. Warren, *The Aegean Civilizations*, London 1975.

② 关于伊文思与克诺索斯的长期密切联系，参见 A. Brown, *Arthur Evans and the Palace of Minos*，Oxford 1986.

③ 关于米诺斯文明的参考文献现在非常多，尤其可参见 A. J. Evans, *The Palace of Minos at Knossos*, vols. I- IV, London 1921—1935；J. D. S. Pendlebury, *The Archaeology of Crete*, London 1939; R. W. Hutchinson, *Prehistoric Crete*, Harmondsworth 1962; F. Schachermeyr, *Die minoische Kultur des alten Kreta*, Stuttgart 1964; S. Alexiou, Μινωικός πολιτισμός. Μέ ïδηγό τ῀ν \Ανακτόρων ΚνωσοÜ, ΦαιστοÜ, Μαλίων, Iraklion [1969]; M. S. F. Hood, *The Minoans: Crete in the Bronze Age*, London 1971; G. Cadogan, *Palaces of Minoan Crete*, London 1976.

· 公元前 1500 年，两位米诺斯王室妇女，她们穿着独特的服装，坐在克诺索斯宫殿中

新的文明，即现在我们所知的迈锡尼文明。①

公元前1550年左右，迈锡尼是伯罗奔尼撒半岛最大、最有影响力的城市。迈锡尼是人口中心，发展速度非常快，在政治和文化上都非常强大，最终成为古希腊的中心。②迈锡尼人和克里特人之间的联系从那个时候开始就越来越密切，但克里特岛北部发生了灾难：【7】第一批宫殿在MM Ⅲ -LM ⅠA晚期（约公元前1750年）被地震和火灾摧毁，后来，在LM ⅠB（约公元前1550年）末期，重建的宫殿和其他建筑、村庄和城镇再次被锡拉火山爆发后的海啸和大火摧毁。③这就导致许多克里特城市逐渐撤离，包括泰利索斯、尼鲁哈尼、阿姆尼索斯、古尔尼亚、莫赫洛斯、斐斯托斯和马利亚，最终——但在很久之后（约公元前1375年或公元前1200年）——克诺索斯也被疏散：这标志着米诺斯文明开始走向终结。迈锡尼人是克里特岛的常客，他们经常对克里特岛进行掠夺，大约在公元前1425年，迈锡尼人实际上已经占领了克诺索斯，即王国的都城。从那时

---

① 所谓的 Pax Minoica，它的灾难性崩溃和米诺斯人的远行，参见 R. Hägg and N. Marinatos (eds.), *The Minoan Thalassocracy: Myth and Reality. Proceedings of the Third International Symposium of the Swedish Institute in Athens*, 31 May—5 June 1981, Stockholm 1984; *Acts of the International Archaeological Symposium 'The Relations between Cyprus and Crete, ca.* 2000—500 *B.C.*', Nicosia 1979. 关于克里特岛和埃及法老之间的关系，参见以下展览目录：Κρήτη-Αγυπτος. Πολιτισμικοί δεσμοί τρι῀ν χιλιετι῀ν, ed. Alexandra Karetsou and Maria Andreadaki-Vlazaki with N. Papadakis, Iraklion 2000, and the Proceedings of the conference on the same theme: Alexandra Karetsou (ed), Κρήτη-Αγυπτος. Πολιτισμικοί δεσμοί τρι῀ν χιλιετι῀ν, Athens 2000. 也可参见 M. Bietak, *Connections between Egypt and the Minoan World: New results from Tell el-Dab'a/Avaris in W. V. Davies and E. Schofield* (eds), Egypt, the Aegean and the Levant: Interconnections in the Second Millennium B.C, London 1995, 19-27; M. Bietak and N. Marinatos, *Avaris* (*Tell el-Dab 'a*) *and the Minoan World*, in Karetsou, Κρήτη-Αγυπτος..., 40-44.

② 关于迈锡尼文明，参见 G.E. Mylonas，*Mycenae and the Mycenaean Age*, Princeton 1966; E. T. Vermeule，*Greece in the Bronze Age*, Chicago 1972; J. Chadwick, *The Mycenaean World*, Cambridge 1976; J. T. Hooker, *Mycenaean Greece*, London 1977. 关于最新的概述，参见 Lord W. D. Taylour，*The Mycenaeans*，London 1983; M. S. Ruipérez and J. L. Melena, Oî ΜυκηναΌοι =Ελληνες (= Los Griegos micénicos, Madrid 1990, tr. Melina Panayiotidou), Athens 1996.

③ 关于锡拉岛被火山喷发破坏的文献，以及它可能与亚特兰蒂斯岛联系的文献非常多，参见 J. V. Luce, *The End of Atlantis*, London 1969（这部作品是为普通读者而写的，图文并茂）; A. G. Galanopoulos and E. Bacon, *Atlantis: The Truth behind the Legend*, London 1969. 也可参见 D. L. Page, *The Santorini Volcano and the Destruction of Minoan Crete*, London 1970; J. Driessen and C. F. Macdonald, *The Troubled Island:Minoan Crete before and after the Santorini Eruption* [Aegaeum 17], Liège/Austin 1997.

起，迈锡尼人在文化上已经完全“米诺斯化”，其中包括他们使用的米诺斯文字，后来这种文字逐渐发展成线性文字 B，也就是第一种希腊文字。迈锡尼人剪断了克里特岛的两翼，公元前 14 世纪和公元前 13 世纪，他们的势力不断扩张，迅速蔓延越过东地中海盆地，在特洛伊、西西里、米利都、罗德岛、吕西亚、西里西亚和塞浦路斯建立了作坊和贸易机构。事实上，在乌加里特（Ugarit）和尼罗河三角洲的港口可能也有迈锡尼人的社区。这些地区曾是东西方文明之间的第一批交汇点：一面是迈锡尼文明，另一面是闪米特文明和埃及文明。①

公元前 1200 年左右，迈锡尼文明崩溃，也许是因为一场严重的气候变化改变了他们的自然环境而被摧毁。② 紧接着，就引起了民众的不安和暴动，暴徒们不仅在迈锡尼，而且在其他重要城市，包括皮洛斯、提林斯和底比斯（但不是雅典或伊奥库斯 [沃洛斯]），纵火焚烧卫城，最后达到暴动的高潮。

希腊人后来忘记了自己的音节文字，在米诺斯文明和迈锡尼文明时期，这些文字是社会管理和商业往来的重要工具，在其他领域也很有价值。大约在公元前 1100 年，希腊本土的人口结构发生了重大变化，地中海东部的迈锡尼属地被遗弃，由黎巴嫩相应地区的闪米特迦南人接管。③

---

① 关于迈锡尼向小亚细亚和意大利扩张，参见 F. H. Stubbings, *Mycenaean Pottery from the Levant*, Cambridge 1951; W. D. Taylour, *Mycenaean Pottery in Italy and Adjacent Areas*, Cambridge 1958; F. Schachermeyr, Ägäis und Orient, Vienna 1967; *Acts of the International Archaeological Symposium 'The Mycenaeans in the Eastern Mediterranean'*, Nicosia, 27th March-2nd April, 1972, Nicosia 1973.

② 迈锡尼文明的崩溃很可能是由于外部事件带来的内部社会的不稳定造成的，比如地中海其他地方的“海洋民族”引起的动荡。关于这方面整体的概述，参见 Katie Demakopoulou (ed.), *The Mycenaean World: Five Centuries of Early Greek Culture*, 1600—1100 BC, Athens 1988.

③ 紧跟在公元前 1100 年之后的时期是铁器时代的开始；迈锡尼的宫殿在大约一个世纪前被一场大火摧毁，参见 A. M. Snodgrass, *The Dark Age of Greece*, Edinburgh 1971. 希腊没有发现“黑暗时代”四百年（约公元前 1150 年—公元前 750 年）的碑文，这一事实表明，书写的技艺大约在迈锡尼后期已经消亡，也许只有少数人还记得。参见 L. R. Palmer, *Descriptive and Comparative Linguistics*, London 1978, 262; M. Andronikos, “Μυκηναϊκή καί ^Ελληνική γραφή”, in Μελέτες γιά τήν ^Ελληνική γλώσσα/ Studies in Greek Linguistics, Thessaloniki 1987, 1-24.

•“蝎子”王的王权杖头，展示了一个仪式上的埃及法老及其扈从

青铜时代使用的文字

文字写作是由米诺斯人引入爱琴海地区的。米诺斯人通过发展和改进原始文字，掌握了在地中海沿岸各地区（希腊人一直在那里扩大他们的存在，直到古典时期）传播新技能的主动权，随着时间的推移，他们将这种文字传给了塞浦路斯人和迈锡尼人。米诺斯文字的原始形式是否是从其他地方引借来的，【8】这是一个尚未回答的问题。一个更重要的问题是，米诺斯人和迈锡尼人是否不仅使用黏土板，而且还使用其他类型的“书籍”（如纸莎草或羊皮纸）？这些“书籍”主要用于记录文学或历史、行政或商业文件、信函或神话故事。实际上，从米诺斯文明和迈锡尼文明保存下来的几乎所有文字材料都有商业、经济和行政记录，只有在一些被称为“供桌”的米诺斯仪式物品的铭文中，以及在其他一些个别的情况中，我们才

发现这一规则的例外。

爱琴海文明中的各种文字主要在以下时期被使用：①

象形文字：公元前 2500 年—公元前 1800 年；

线性文字 A：公元前 1900 年—公元前 1450 年；

斐斯托斯圆盘文字：约公元前 1700 年；

线性文字 B：公元前 1400 年—公元前 1200 年；

塞浦路斯音节文字：公元前 1400 年—公元前 1200 年。

米诺斯文字

克里特人最早的文字是在苏美尔人的楔形文字（Cuneiform writing，约公元前 3200 年）和埃及人的象形文字（约公元前 3250 年）之后一千多年发明的。最近在阿卑都斯的墓地发掘工作中，考古学家发现了一座墓穴（V-J），内有刻有象形文字的物品（骨片、陶器），其年代可追溯到被称为“蝎子”的原始法老统治时期以前约 150 年。② 尽管美索不达米亚人与埃及人有着频繁的文化接触，但楔形文字和象形文字同时发展，【10】形成了各自不同的发展模式，并被书写在不同种类的“书籍”上：楔形文字用的是黏土板，而象形文字用的是莎草纸。③

---

① 这些日期可能会随着未来的考古研究和考古发现进一步进行修改。对克里特文字的简要概述，参见 Maria P. Tsouli，‘*Pre-Alphabetic Scripts in Greece*’，in The Greek Script，Athens 2001, 17-39.

② 在埃及，象征符号的使用可以追溯到公元前 3400 年，也就是奈加代（Naqada）文明到王朝统治以前时代末期。象形文字首次出现在被称为“蝎子”的原始法老时代，约公元前 3250 年，他统治着阿卑都斯。象形文字发展迅速，这就使统治者能够用文字表达他们的政治思想，同时与上埃及（Upper Egypt）和下埃及（Lower Egypt）统一时期有关，这是一个由“蝎子”和那尔迈（Narmer）所统治的混乱时期。参见 D. Panayiotopoulos, “ ^H γένεση δύο κωδίκων âπικοινωνίας στό παράδειγμα τΈς àρχαίας Α̈γύπτου”, Περίαπτο 1 (1998) 14-28.

③ 在美索不达米亚，羊皮纸和莎草纸也被用作书写材料，特别是从公元前 8 世纪—公元前 2 世纪，即亚述和新巴比伦时期及之后，参见 R.P. Dougherty，‘Writing upon Parchment and Papyrus among the Babylonians and Assyrians’，*Journal of the American Oriental Society* 42 (1928) 109-135. 除了粘土板、羊皮纸和莎草纸之外，还有两种广泛地用作书写的材料，即象牙和木材。木制书写板通常涂上一层薄薄的蜡，抄写员用手写笔在上面写字。这种类型的最古老的书写板是在尼姆鲁德（Nimrud）宫殿西北翼的一口井里发现的，参见 D. J. Wiseman, *Assyrian Writing-Boards*, Iraq 17（1955）3-13.

· 伊文思最初确定的 135 个象形文字的表格，显示了它们是如何从浮雕图像演变成线性符号的

克里特岛的第一批居民很可能在将自己的文字固定下来之前就遇到过这样的文字。尽管如此，米诺斯人最初采用了两种系统，即象形文字和语音文字，而且他们可能使用了古代世界最常见的两种书写类型：黏土板和莎草纸。

象形文字

大约在公元前 2500 年，克里特岛第一座宫殿建立后不久，人们发现了刻有各种符号组合的封印石，封印石上的符号可能是一种文字书写系统。这些符号是表意文字，每一个都代表一个人或一件事。经过不断发展，这种文字变成了语音文字，在构词过程中每一个声音都有一个符号指代。这种文字还没有被破译，也不知道它们所代表的语言。这种文字出现在相对应的埃及文字系统之后，有时被称为象形文字，主要在克里特岛的米诺斯中期（IB）末期使用，即公元前 2000 年左右；此后，直到公元前 1800 年左右，它偶尔也被使用，有时被用于各种仪式的铭文中。①

符号的形式有很大的变化，有一些是表意文字，有一些不是。有一些来自动物王国，代表猫或狮子头或牛头；有的是描绘人体的某些部位；还有许多代表工具、器物和日常用品，如犁、竖琴、船和双斧。在这种象形文字中还穿插着各种辅助性的符号：小横条、直线和十字。它们可能被用来指示文字的阅读方向，或作为标点符号，但绝对没有语音价值。

到目前为止，人们已经鉴定识别出 135 个象形文字，以及 90 多个具有语音价值的音节符号。这些表意文字很容易破译，部分原因是它们经常伴随着数字符号。在大约 331 件碑文、篆刻石、封印石、匾额、奖章、小

① 关于克里特象形文字的基本资料，参见 A. J. Evans，*Scripta Minoa* I, Oxford 1909; F. Chapouthier, *Les écritures minoënnes au palais de Mallia* [*É tudes Crétoises* 2], Paris 1930. 更多的信息，参见 E. L. Bennett, Jr., *Some Minoan Texts in the Iraklion Museum*, in *Minoica*, 35-49; S. Alexiou, *Neue hieroglyphisch Siegel aus Kreta*, *Kadmos* 2 (1963) 79-83; E. Grumach and J. Sakellarakis, *Die neuen Hieroglyphensiegel vom Phourni, Archanes I*, *Kadmos* 5 (1966) 109-114; J.-P. Olivier, *La scrittura geroglifica cretese*, *La parola del passato* 31 (1976) 17-23; Id., *The Possible Methods in Deciphering the Pictographic Cretan Script*, in *Problems in Decipherment*, 39-58; also the relevant chapter in R. Treuil, P. Darcque, J.-C. Poursat and G. Touchais，*Les civilisations égéennes du néolithique et de l'âge du bronze*, Paris 1989.

· 刻有象形文字和其他标记的石条和泥板，来自克诺索斯的象形文字档案馆

泥条、石碑和其他物品上发现了这种象形文字。①

这种文字最早的样本是在福尼和阿卡尼斯发现的，可以追溯到米诺斯早期第一阶段（EM I）的末期。大多数的表意文字都是在米诺斯早期第一阶段发展起来的：在克里特岛的 32 个地方以及在西基拉和萨莫色雷斯（Samothrace）发现了一些这种文字。

【11】最重要的发现来自克诺索斯宫殿和马利亚宫殿的档案。福尼的墓地就在阿卡尼斯城外，在这里出土了七枚形状各异、刻有象形符号的印章，这些印章由骨头制成，年代约为公元前 2300 年—公元前 2100 年，还有一枚独特的十四面印章，由三个立方体和一端的把手连在一起。从绘制风格来看，这些符号可以追溯到克里特岛象形文字的早期，这种特殊的文

① 参见最近的刊物 J.-P. Olivier and L. Godart，*Corpus hieroglyphicarum inscriptionum Cretae* [*Études Crétoises* 31], Paris 1996.

字被称为“阿卡尼斯文字”(Archanes script)。[①]

象形文字一直使用到MM ⅡA-B时期(约公元前1800年),在末期与线形文字A(公元前1900年—公元前1450年)重叠。这种象形文字后来被用于宗教和礼拜仪式,可能斐斯托斯圆盘本身就是这种文字最发达形式的一个例子。这两种文字同时使用有许多可能的解释:一种解释是它们各自用于不同的语言,还有一种解释就是它可能仅用于某些主题的写作。

线性文字A

伊文思将这种文字命名为“线性文字”,因为它对人、动物和物体的表征通常是线性的:看起来像横直弯曲的线条。线性文字A至今只有部分被破译,但一般认为,它与象形文字有关,是早期克里特文字体系简化派生来的。至少两个世纪以来,这两种文字并行使用(或多或少),后来又引入了一种更简单的线性文字,这证实了象形文字和线性文字A是相关的。[②]

最早的线性文字A的样本是在斐斯托斯发现的,可以追溯到MM Ⅱ(公元前1900年—公元前1800年)时期。这种文字的使用范围非常广泛。大多数样本来自克里特岛,在爱琴海沿岸和岛屿上也有被发现的,克里特人曾在那里建有殖民地或贸易站:在锡拉岛、弥罗斯、西基拉和萨莫色雷

---

① 关于来自阿卡尼斯(Archanes)的“象形文字”印章,参见 J. and E. Sakellarakis, \Αρχάνες, μιά νέα ματιά στή Μινωική Κρήτη, 2 vols., Athens 1997, 327-330. 关于十四面印章和“阿卡尼斯文字”的资料,参见 P. Yule, *Early Cretan Seals: A Study of Chronology* [*Marburger Studien zur Vorund Frühgeschichte* 4], Mainz 1980, 100, 169-172.

② 关于线性文字A的基本情况,参见 W. C. Brice, *Inscriptions in the Minoan Linear Script of Class A,* Oxford 1961; L. Godart and J.- P. Olivier, *Receuil des inscriptions en linéaire A* [*Études Crétoises* 21], I-V , Paris 1976-1985. 更详细的资料,参见 J. Raison and M. W. M. Pope, *Index transnuméré du linéaire A*, Louvain 1977. 关于每个符号出现的频率,参见 D. W. Packard, *Minoan Linear A*, Berkeley/Los Angeles/London 1974. 关于这个主题,最近的研究包括:J.-P. Olivier, *La bague en or de Mauro Spélio et inscription en linéaire A* , in Lydie Hadermann-Misguich et al. (eds.), *Rayonnement grec: Hommages à C. Delvoye*, Brussels 1982, 15-26; M. W. M. Pope, *Aegean Writing and Linear A*, Lund 1964 (on the relationship with other scripts); L. Godart, *La scrittura Lineare A*, *La parola del passato* 31 (1976) 30-47; Y. Duhoux, *Le linéaire A: problèmes de déchiffrement*, in *Problems in Decipherment*, 59-120. 关于线性文字A的年代,参见 F. Vandenabeele,*La chronologie des documents en Linéaire Á*, *BCH* 109 (1985) 3-20.

斯、米利都和其他地方。[①] 线性文字 A 在 MM Ⅲ（公元前 1800 年）和Ⅲ A（公元前 1450 年）期间，逐渐取代了象形文字，它一直沿用到公元前 15 世纪中叶米诺斯王宫被摧毁之前：最新的一个样本是来自 Katsambas，这些文字刻在一座雕像上。

对线性文字 A 的破译仍然只是一个猜想。一些学者认为，这些符号具有语音价值，像线性文字 B 的符号；另一些学者则认为它与东方人使用的文字有关，比如赫梯人（译者注：Hittites，上古的一个强国，其强盛期在公元前 2000 年—前 1200 年之间，中心在今小亚细亚中、东部）或卢威人（译者注：Luite，亦称“卢伊特人”，古代安纳托利亚民族名，已绝种。古与赫梯人有血缘关系，为晚期赫梯文化中的主要集团）；而且很可能它是用于爱琴海各民族的一种前希腊语，在文字特征上既有表意特征又有语音特征。

大部分刻有线性文字 A 的黏土板都是关于某些账目的记录，而所有米诺斯中期的黏土板都属于这一类：它们主要记录了与国王的财产相关的一些事实和数字，如收获回报，或关于在皇室庄园工作的劳工、管理商业交易的代理人和管理税收的官员。但是，从阿卡尼斯的发现来看，线性文字 A 是在许多不同器物上被使用的，如在铭文中或作为单独的符号，以及在各种各样的器具和其他物品上：石棺、篮子、陶器储藏罐和银别针。[②] 尽管线性文字 A 还没有被破译，但从使用可识别的表意文字、一些与线性文字 B 相同的音节符号（用一种不同的语言）和按照十进制排列的数字，就可以大体明白，这些文字指的是关于某些人或是储存容器、小麦、橄榄油

---

① 关于在克里特岛以后，线性文字 A 的传播，参见（在弥罗斯）C.C. Edgar and A.J. Evans, *Excavations at Phylacopi in Melos* [*Hellenic Society suppl. paper* 4], London 1904, 177-185; A. C. Renfrew and W. C. Brice, *A Linear A Tablet Fragment from Phylacopi in Melos*, *Kadmos* 16 (1977) 111-119;（在迈锡尼及其周边）E. Grumach, *Neue Bügelkannen aus Tiruns*, *Kadmos* 1 (1962) 85-86;（在那克索斯）N. Kontoleon, *Zwei Beschriftete Scherben aus Naxos*, *Kadmos* 4 (1965) 84-85;（在开奥斯）J. L. Caskey, *Inscriptions and Potters' Marks from Ayia Irini in Keos*, *Kadmos* 9 (1970) 107-117;（在锡拉岛）S. Marinatos, *Excavations at Thera*, IV , Athens 1971, 43-45.

② 参 见 A. Lembessi, J.-P. Olivier and L. Godart, Πινακίδες ΓραμμικΈς A âξ \Αρχαν˝ν, AE (1974) 113-167; J. and E. Sakellarakis, \Αρχάνες..., 330-337.

和其他商品的数量。

【16】线性文字 A 的黏土板（到目前为止已经发现 1500 多块）记录的主要是一些行政方面的事务。根据它们的形状，又分为四大类：平板、多面体密封板、安全密封板和圆盘。线性文字 A 的符号也可以在各种其他材料的工艺品上找到，包括宗教物品（宗教仪式中用的高脚杯、石汤匙和金斧头），而且据推测，它们也被用在了现已遗失的其他家用器具上。尽管在 MM II 时期，抄写员仅用线性文字 A 来记账，其他受过教育的米诺斯人继续沿用了象形文字的传统，这种传统在 MM Ⅰ时期之后继续存在，用于印章上。这没有什么奇怪的，也不是一个孤例，因为赫梯人同时使用两种文字：一种是巴比伦楔形文字；另一种是赫梯象形文字。

线性文字 B

伊文思将这种文字命名为“线性文字 B”，他认为这种文字与线性文字 A 具有相通之处，但它后来却比线性文字 A 发展得更为成熟。线性文字 B 可能首先在希腊大陆形成，随后被引进到克里特岛。可能是迈锡尼人和克里特人之间频繁的文化接触为线性文字 B 的发明奠定了基础。迈锡尼在公元前 1450 年征服克里特，线性文字 B 取代了克里特宫殿档案中的线性文字 A。

最早的刻有线性文字 B 的样本来自克诺索斯宫殿中一块巨大的泥板，这块泥板可以追溯到 LM Ⅱ / Ⅲ A1（约公元前 1450 年）时期，这正是米诺斯被征服及其宫殿被摧毁的时期。①【20】在其他米诺斯宫殿以及主

① 最新的对这些泥板和伊文思的发现评估是由 J. Driessen 做出的，参见 *An Early Destruction in the Mycenaean Palace at Knossos: A New Interpretation of the Excavation Field-Notes of the South-East Area of the West Wing*, Louvain 1990. 克诺索斯的碑文博物馆正在准备中，参见 J. Chadwick, L. Godart, J.T. Killen, J.- P. Olivier, A. Sacconi and I. A. Sakellarakis, *Corpus of Mycenaean Inscriptions from Knossos*, Cambridge/ Rome, I:1986, II:1990.

· 90 个线性文字 A 符号表和新宫殿时期的十进制数制

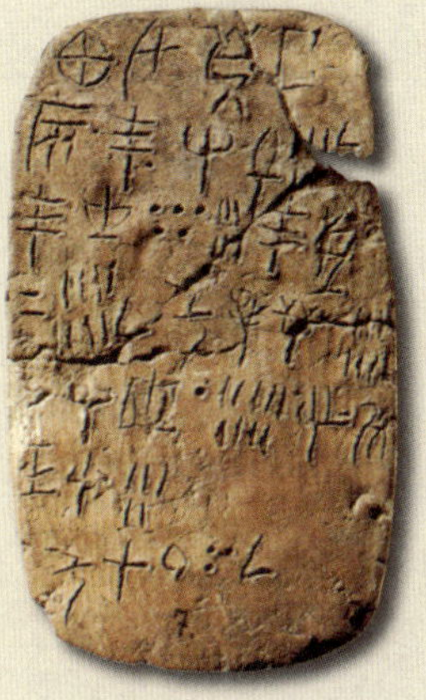

· 刻有线性文字 A 符号的泥板，出自公元前 15 世纪的 Ayia Triada。伊拉克利翁考古博物馆

· 刻有线性文字 A 符号的泥板，出自公元前 17 世纪的克诺索斯。伊拉克利翁考古博物馆

· 刻有线性文字 A 符号的泥板，出自公元前 17 世纪的阿卡尼斯。伊拉克利翁考古博物馆

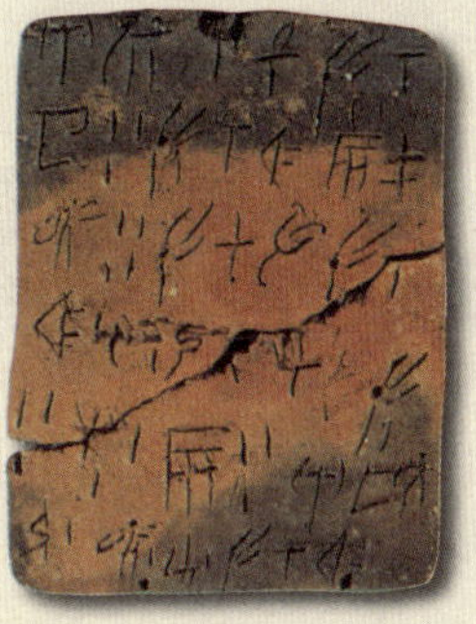

· 刻有线性文字 A 符号的泥板，出自公元前 1450 年的哈尼亚，记录的内容是葡萄酒的存货清单

· 刻有线性文字B符号的一“页”泥板，来自公元前13世纪的皮洛斯王宫。雅典国家考古博物馆

· 象牙十四面棍状印章石，约公元前2300年—公元前2100年。伊拉克利翁考古博物馆

· 刻有线性文字B符号的“棕榈叶”泥板，上面刻的是厨房用具清单，来自公元前13世纪的克诺索斯宫殿。雅典国家考古博物馆

· 刻有线性文字B符号的“棕榈叶”泥板，为音节文字和象形文字。雅典国家考古博物馆

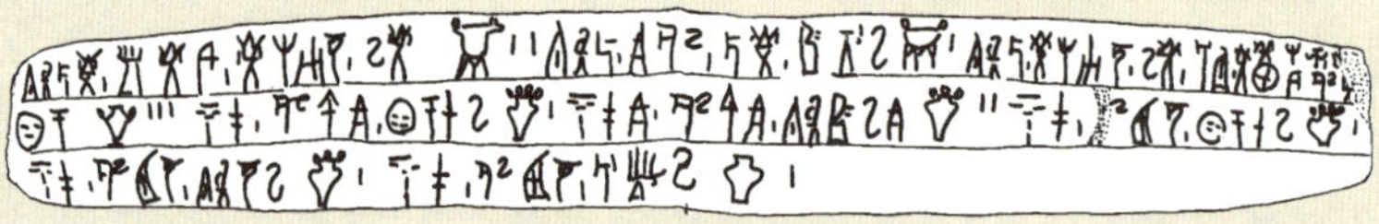

· 在泥板上的音节文字和象形文字的线条画

要的迈锡尼城市（梯林斯、底比斯[1]和其他地方）也发现了类似的泥板。但最重要的发现是在皮洛斯（在伯罗奔尼撒半岛上，不在克里特岛上），

· 伊文思（1851—1941年）肖像，背景为克诺索斯宫殿。W. B. 瑞奇曼（W. B. Richmond）于1907年绘制

① 关于底比斯的档案馆，参见 Th. Spyropoulos and J. Chadwick, *The Thebes Tablets* II [*Minos* Suppl. 4], Salamanca 1975; Ch. Piteros, J.- P. Olivier and J. L. Melena, *Les inscriptions en linéaire B des nodules de Thèbes (1982): la fouille, les documents, les possibilités d'interprétation*, *BCH* 114/1 (1990) 103-184; V. Aravantinos, *The Mycenaean Incised Sealings from Thebes: Problems of Contents and Functions*, *Aegaeum* 5 (1990) 149-164. 最近关于这个主题的出版物是 V. L. Aravantinos, L. Godart and Anna Sacconi, *Thèbes: Fouilles de la Cadmée*, I. *Les tablettes en linéaire B de la odos Pelopidou*, Pisa/Rome 2001.

• 阿耳戈斯和迈锡尼平原

1939 年在那里出土了 1250 多块泥板档案。[1] 公元前 13 世纪末，随着迈锡尼中心的衰败，线性文字 B 也废弃了。

· 克诺索斯宫殿南部通道的重构，展示了阶梯式门廊和米诺斯式立柱。托马斯·法诺拉基斯（Thomas Fanourakis）绘制

线性文字 B 是由线性文字 A 演变而来的音节文字，中间经历了一个改

① 参见 E.L. Bennett, Jr., *The Pylos Tablets*, Princeton 1955；M. L. Lang, *AJA*（1958-1965）的文章。关于所有已知碑文的抄写，参见 E. L. Bennett, Jr. and J.- P. Olivier, *The Pylos Tablets Transcribed*, 2 vols., Rome 1973-1976; also T. G. Palaima and J. C. Wright, *Ins and Outs of the Archives at Pylos: Form and Function in a Mycenaean Palace*, *AJA* 89 (1985) 251-262.

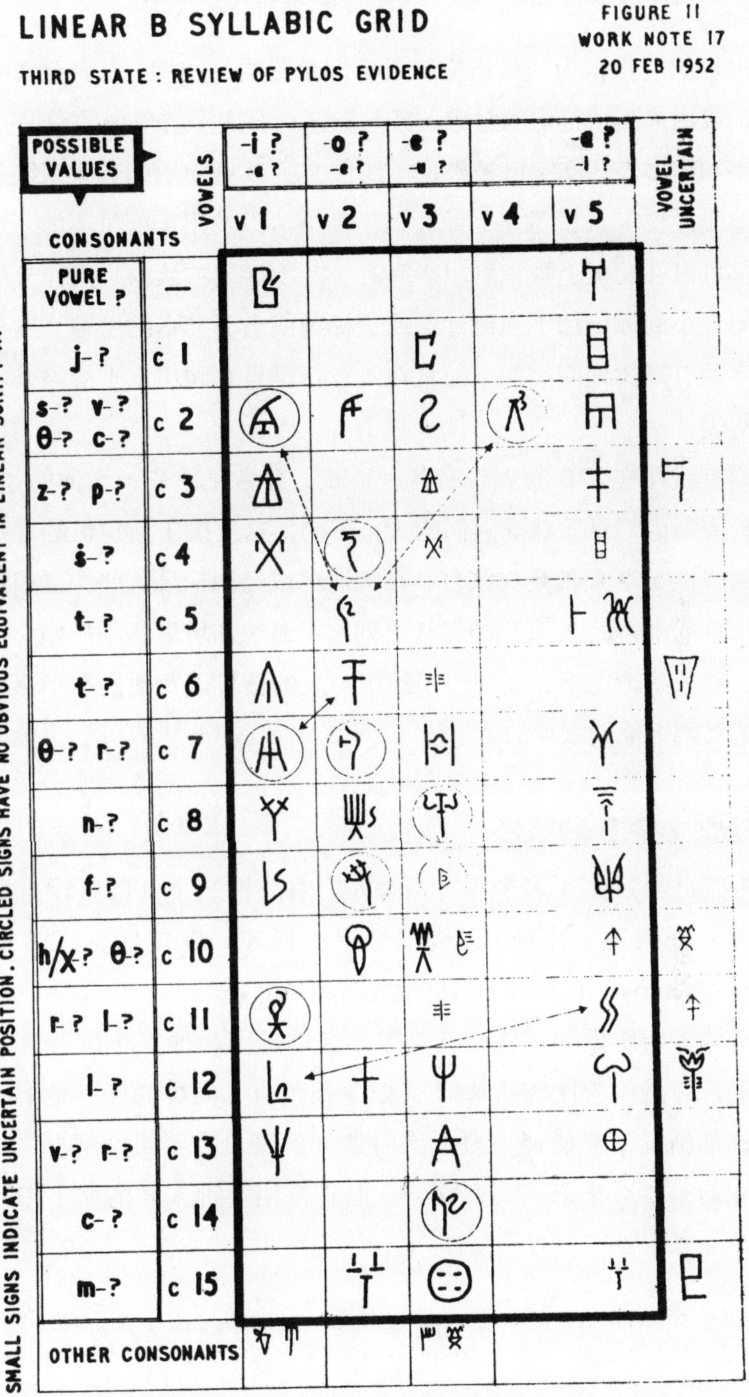

· 文特里斯（Michael Ventris）为破译线性文字 B 绘制的网格

变和添加的过程，为的是适应新语言即希腊语的使用。[①] 表意文字继续被使用，或用来表示特定的对象，或与数字结合表示清单中的商品。87 个音节文字和许多表意文字已被破译。线性文字 B 中使用的数字系统是十进制的，与线性文字 A 的数字系统相似。加减法以及用于度量衡的一组复合数字，都可以在泥板上被识别出来。有一些小标记被认为是用作分隔符，其他不同大小的标记用于强调标题或子标题或表明文本的主题。这些泥板上的文字是有规律地间隔的，通常在一行行符号之间用水平线隔开，目的是便于阅读。

刻有线性文字 B 的泥板有各种形状，最常见的是长而薄的“棕榈叶”状和长方形的“页”状，它们的大小不同，这取决于抄写员的喜好。所有已知的线性文字 B 都是与账目、存货清单或经济记录这些主题相关的，例如，来自皮洛斯的 A 系列的泥板上列出了纺织作坊里雇用的妇女、男童和女童，在某些情况下，还列出了纺织工人的籍贯以及他们在小亚细亚海岸或附近岛屿上他们家乡的名字。

线性文字 B 的破译

不管已经过去了多少年，不管人们对线性文字 B 的解读有多少，在我看来，任何对米诺斯 - 迈锡尼文字的概述，首先都应该对文特里斯（Michael Ventris）所做的杰出贡献有一些了解。

文特里斯所做的工作是非常了不起的，因为他完全没有任何文字材料或语言习语作为比较的基础。【21】他给自己安排的任务是密码学家在三种标准情况下要破译一段文字时遇到的最没有希望的情况：（a）语言是已知的，要么全部，要么部分，但它是用一种未知的文字书写的（如

① 关于线性文字 B 的演化，参见 S. Marinatos, *Zur Entzifferung der mykenischen Schrift*, *Minos* 4 (1956) 13-16; J. T. Hooker, *The Origin of the Linear B Script* [*Minos* Suppl. 8], Salamanca 1979*; A. Heubeck, *L 'origine della Lineare B, SMEA* 23 (1982) 195-207; [J. Chadwick, *Linear B and Related Scripts*, London 1987]; J. T. Hooker, *Linear B: An Introduction*, Bristol 1980.

古波斯语）；（b）文字是已知的，但语言是未知的（如伊特鲁里亚人的语言）；（c）语言和文字都是未知的。线性文字B就属于第三种情况。伊文思发现的线性文字B，最初的时候之所以无法破译，原因有很多：没有双语文本进行对照（译者注：如果有一种已知语言和未知语言所书写的是相同文献，破译难度就会小很多，很多古代语言的破译都是依靠双语文献完成的），账户或清单中的条目过于简短，泥板也基本都残缺不全（因为大多数已被磨损、破损或被火损坏）。再就是，许多米诺斯人的专有名称和地名都是未知的，线性文字B代表的语言也是未知的，这些符号没有任何元素可以用来与其他文字进行比较。【23】然而，伊文思自己在研究线性文字B中的表意文字时，确实完成了任务的第一阶段，他将在克诺索斯发现的泥板分成了各种类别。①

• 1953年，在破译线性文字B的最后阶段，文特里斯坐在他的画板旁边

① 参见伊文思，*The Palace of Minos*..., IV, 666-763.

破译的第二个阶段是“阅读”人物和事物的图像表征，将它们与近东地区正在使用的表语音的现代文字进行比较，然后开始对其他符号进行系统的制表。当发现这些符号大约有 90 多个时，似乎可以合理地得出这样的结论：这种文字是一种音节文字，它是这样一种书写系统，即每一个语音符号都代表相关语言中的一个音节。（译者注：实际上，通常可以根据文字中字符的数量来判断是字母文字、音节文字还是表意文字。字母文字的字符数量通常小于 50 个。音节文字的字符数量通常在 50 ~ 100 个之间，这是人类能发出的音节的大概数量。而表意文字的字符数量通常比较多，比如汉字有几万个。线性文字 B 有 90 多个字符，因此，可以将之判定为音节文字。）

1948 年，爱丽丝·科伯（Alice Kober，一位来自美国的女教授）迈出了分离和评估符号组方法的第一步，这种方法似乎表明了语法变化的规则。（译者注：科伯发现，在线性文字 B 中有一些特定的字符组会反复出现，每次出现时只有最末尾的一两个字符不同，而前面的部分则完全相同。因此，她推断在这种语言中，词语会随着时态、主语人称的不同而对词尾进行改变，类似于英语中的“变位”。）她发现了变化规律的证据，并就符号本身的语音关系得出了某些结论。[①] 她的工作进展顺利，很快就成功地编撰了“临时语音方案”。虽然没有文献证据证实这一方案，但她所提出的一系列的猜测，最终被证明是正确的，同时也为破译工作提供了一个有价值的工具。

在爱丽丝·科伯奠定的基础之上，一位名叫文特里斯的年轻英国建筑师进一步将破译工作往前推进。文特里斯从 1940 年起就一直致力于米诺

① 参见 Alice E. Kober, *Evidence of Inflection in the 'Chariot Tablets' from Knossos*, AJA 49 (1945) 141-151, 50 (1946) 268-276, 52 (1948) 91-99.

· 皮洛斯的涅斯托耳王宫大殿构想图

斯文字的破译工作。[1] 应该强调的是，在最初的阶段，他所使用的资料非常少，只有克诺索斯的一个相对较大的档案馆中发现的 142 块泥板。

【25】为了让学术界了解他的活动，从 1951 年初到 1952 年 6 月，文特里斯向对该学科有兴趣的学者推送了他的“关于米诺斯语言的工作笔记”（*Work Notes on the study of the Minoan language*）。其中，他记录了自己的研究进展和得出的初步结论，同时，随着 1951 年皮洛斯泥板的公布，供他研究的资料也变得越来越多。

在研究过程中，文特里斯探索了这种文字是基于其他语言系统并与它们相关的可能性，尽管他经常提到与伊特鲁里亚语（Etruscan，一种意大利中西部地区的古代语言）的可能联系，但是，他很快得出了一个结论（爱丽丝·科伯早已经得出），线性文字 B 中的语法词形变化，为密码学家提供了唯一有希望的线索。因此，他开始把已知的符号组合在一起，在这些符号中，最后一个或最后两个符号显示出恒定和可预测的变化，这些变化可以合理地用来表示词尾的符号。这项工作的成果，是 1951 年 1 月 22 日出版了第一个语音网格，他在其中放置了出现频率最高的线性文字 B 的符号，用这种方法，他就能够识别出那些包含相同辅音的符号。在设计这个网格时，文特里斯试图将实际的语音值赋予某些定期出现在词尾的符号。

文特里斯主要从皮洛斯泥板开始研究，并进一步发展了爱丽丝·科伯提出的思想，【26】他非常精确地制定出了线性文字 B 符号所代表的词形变化特征。同时，他区分了有词形变化的名词和无词形变化的名词；在表意文字的帮助下，他识别了阳性和阴性的词尾；借助“数词”，他能够区分单数形式和复数形式。文特里斯还认为，三组词尾可能是表示时态、语

①J.Chadwick 在 T.A.Sebeok（编辑）的论文“线性文字 B”中描述了破译的技术，*Current Trends in Linguistics*, 11: *Diachronic, Areal and Typological Linguistics*, The Hague/Paris 1973, 537-568; and more recently by E. L. Bennett, Jr., *Michael Ventris and the Pelasgian Solution*, and M. W. M. Pope, *Ventris Decipherment: First Causes*, in *Problems in Decipherment*, 9-24 and 25-38 respectively. 也可参见 A. Robinson, *The Man Who Deciphered Linear B: The Story of Michael Ventris*, London 2002. 关于破译的进展，参见 M. Ventris, *Work Notes on Minoan Language Research and Other Unedited Papers*, ed. A. Sacconi, Rome 1988.

气或语态的动词词尾。他把注意力集中在皮洛斯泥板的某些词尾上，注意到它们看起来像希腊语中相应的名词词尾变化。因此，他起草了一个改进版的语音网格，将他的注释整合到皮洛斯泥板中。尽管他努力尝试为这些符号指定实际的语音值，但他最终决定，他还没有准备好这样做。

在克诺索斯石碑（Scripta Minoa Ⅱ，牛津 1952）的图纸和照片发表之后，文特里斯制作了第三个网格，在这个网格中，他临时将一些语音值与相应的符号匹配起来。当他写第二十篇也是最后一篇工作笔记时，他已经得出这样一个观点：他问自己，如果人们接受线性文字 B 文本中包含希腊语的样本，结果会怎样？尽管他仍然认为与伊拙斯康语有相似之处，但他指出，与希腊语结构的巧合确实是最明显的。当从克诺索斯和皮洛斯的泥板中分离出一定数量的名词，他观察到它们词尾音节的变化似乎会把它们变成形容词时，他意识到这些名词实际上是一些国家（或民族）和城镇的名称。然后，他通过核对每个音节的语音值所对应的特殊符号，来检查一个已知的地名。他选择了阿姆尼索斯（Amnisos），这是一个靠近克诺索斯的米诺斯小镇，他测试了他选择的一组符号，来看它们是否与他在表格中分配的语音值匹配：*a-mi-ni-so*=𐀀 𐀖 𐀛 𐀰。这个词也产生了“形容词”形式 *a-mi-ni-so-jo*（阿姆尼索斯的）和 *a-mi-ni-so-de*（对阿姆尼索斯）。

接下来，按照同样的思路，文特里斯从上下文中识别出越来越多的希腊语单词，并确定出现了希腊语词尾的屈折形式。他对自己第一次在线性文字 B 泥板上识别希腊语单词的准确性感到认可和满意，剩下的工作就是把网格应用到所有的泥板上。这项工作是他与剑桥古典主义者约翰·查德威克（John Chadwick）合作完成的。查德威克对这个问题的最终解决做出了关键性的决定，因为他根据希腊语的演变情况制定了拼写规则，然后能够使用这些规则来进行阅读。【27】关于这个主题，他们联合署名论文（发表于 1953 年），主要是基于文特里斯语音网格的第四个阶段，也是最后一个阶段，其中，论文中包含了大量线性文字 B 文本的翻译。[①] 根据两人的讨论和文特里斯论文中未发表的资料，查德威克于 1958 年首次发表了破译的故事，标题为《线性文字 B 的破译》(*The Decipherment of Linear B*)。

1956 年文特里斯去世后，在用线性文字 B 音节图识别符号方面取得了重大的进展，直到完成了最后的语音网格。然而，尽管大多数线性文字 B 已经被识别，但仍有一些词语——包括一些对完整评估文本至关重要的单词——尚未被破译，要么是因为它们与已知的希腊语词语没有关系（也可能意味着它们早就已经不再使用），要么是因为它们是从非希腊语中借用的。[②]

斐斯托斯圆盘

近一百年来，斐斯托斯圆盘一直是无数论文和著作研究探讨的主题，主要涉及圆盘上所刻的符号的起源，以及它们可能与克里特岛和近东其他已知或未知文字的关系。这就提出了一个令无数专家和业余爱好者着迷的挑战，即破解这些文字并解释其象征的意义。[③]

---

① 文特里斯和约翰 · 查德威克在一篇题为《迈锡尼档案中希腊方言的证据》的论文中宣布了这一破译，JHS 73 (1953) 84-103. 安娜 · 萨科尼（Anna Sacconi）以 *Work Notes on Minoan Language Research and Other Unedited Papers* 为题，发表了文特里斯工作笔记的逐字稿，罗马，1988.

② 关于文特里斯在破译文字时运用的理论基础，参见 E. Sittig, *Methodologisches zur Entzifferung der kretischen Silbenschrift Linear B*, *Minos* 3 (1954) 10-19; A. P. Treweek, *An Examination of the Validity of the Ventris Decipherment*, *BICS* 4 (1957) 10-26; F. Schachermeyr, *Saeculum* 10 (1959) 66-71; H. D. Ephron, *Mycenaean Greek: A Lesson in Cryptanalysis*, *Minos* 7 (1961) 63-100.

③ 在大量的参考文献中，关于圆盘上的文字和它的起源的理论，参见 A. Della Seta, *Il disco di Phaistos*, *Rendiconti della Reale Accademia dei Lincei* 18 (1909) 297-367。这是该圆盘的第一次出版，包含了迄今为止关于印模和阅读过程的最具原创性的论文之一。也可参见 Alice E. Kober, *The Minoan Scripts: Fact and Theory*, *AJA* 52 (1948) 82-103; E. Grumach, *Die Korrecturen des Diskus von Phaistos*, *Kadmos* 1 (1962) 16-26; J.- P. Olivier, *Encore des corrections du disque de Phaistos*, in *Antichità Cretesi*, I, Catania 1973, 182- 185; Id., *Le disque de Phaistos*, *BCH* 99 (1975) 5-34; L. Godart, ῾Ο Δίσκος τÉς ΦαιστοÜ. Tó ανιγμα μιÄς γραφÉς τοÜ Α ̈γαίου, Athens 1995.

· 斐斯托斯圆盘的两面

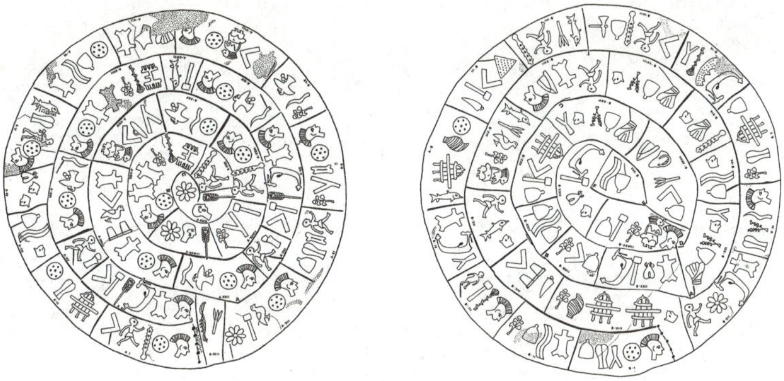

· 斐斯托斯圆盘上的刻线和符号

无论就它的形状还是在它上面所刻的文字而言，斐斯托斯圆盘都是独一无二的。1908 年 7 月，意大利考古学家路易吉 · 佩尼尔（Luigi Pernier）在位于克里特岛中部的斐斯托斯发现了一座宫殿，它坐落在一座矮山上，俯瞰着美丽的迈萨拉平原。斐斯托斯圆盘是在一个 50 厘米深的长方形房间中发现的，位于一块天然岩石上，后面还有一些泥土、灰烬、木炭和碎陶器。房间中除了有一块用线性文字 A 书写的泥板外，没有其他任何东西暗示它可以用作档案室或金库。①

① 参见 L. Pernier, *Il disco di Phaestos concaratteri pittografici*, *Ausonia* 3 (1908) 255-302; Id., *Un singolare monumento della scrittura pittografica cretese*, *Rendiconti della Reale Accademia dei Lincei, Classe di Scienze Morali, Storiche e Filologiche* 5 (1908) No. 17, 642-651; Evans, *Scripta Minoa* I, 272-293.

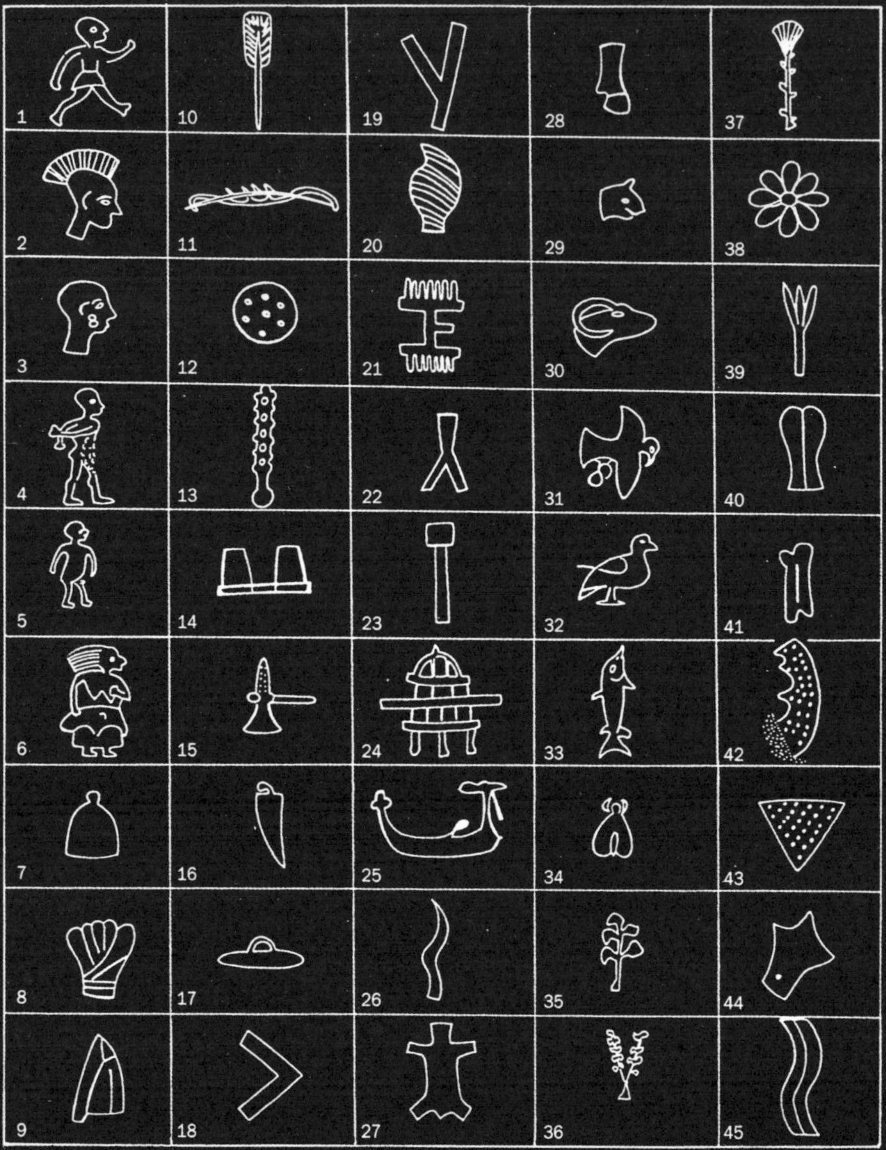

·斐斯托斯圆盘上 45 个不同符号的线条图。戈达特（L.Godart）绘制

· 斐斯托斯宫殿

根据佩尼尔的挖掘报告，这种圆盘制作的确切日期无法确定，因为数个世纪以来挖掘出这种圆盘的房子的地层已经受到破坏。从同一个房间发现的陶器的线索来看，从理论上来推算，这种圆盘可以追溯到公元前 1700 年和希腊化时期之间的某个阶段，然而，刻印在上面的符号却是描绘公元前 2000 年克里特岛生活的象形文字。【30】这一事实表明，它是在公元前 1700 年至公元前 1450 年之间的米诺斯 – 迈锡尼文明时期制造的。

这种圆盘的制作方法与大多数米诺斯时期的泥板相同：泥板的制作没有固定的模板，在仍然柔软湿润的状态下，用手揉捏成型。泥板所用的粘土比较干净，纹理非常细密，质量上乘，就像米诺斯人被称为“蛋杯”（egg-cups）的带足高脚杯。然而，斐斯托斯圆盘与米诺斯时期泥板上的文字书写方式明显不同，因为在文字被刻印之后，它的烘烤方式使圆盘的两面都具有瓷器般光滑的纹理。

文字刻印在圆盘的两面，呈螺旋形。抄写员可能首先会用一种锋利的工具来雕刻螺旋的轮廓，这种雕刻工具类似于抄写员在制作线性文字 A 和线性文字 B 时所用的尖刀。从外部到中间，一层层地雕刻，螺旋的每一个区域里都刻上文字，在圆盘的另一面重复着同样的过程。这种刻印，我们可以称之为早期形式的印刷术。在圆盘每侧文字的开始处，有一条垂直的线，连接螺旋线的开始部分和圆盘的外缘，上面还有几个明显的点，以此表明阅读文本的顺序方向。

文本中的文字是用冲头"印刷"的，刻印的效果很好，也很容易辨认。[①]【33】冲头可能并不是专门为刻制圆盘而制造的，同时，我们认为，冲头由结实耐用的材料做成，能够反复使用而不失锐度。路易·戈达特认为，它是由贵重金属（可能是黄金）制成，用石头模型浇铸，并配有木制或骨制把手。[②]

在圆盘螺旋线之间的空间内，用冲头进行刻印，这些文字用垂直线隔开。这些印模主要描绘了人像（男性和女性），佩戴头饰的人头，各种动物古样、鸟类、鱼类、植物和花卉，工具和家用器具，船、蜂巢、武器和其他一些物品，此外，还有一些意义不明的其他符号。[③]

下一个问题是文本的阅读方向：从中心到外缘，从外缘到中心，甚至可能是牛耕式转行书写法（交互式地按行阅读，从左到右和从右到左，就像费德里科·哈尔布海尔发现的《格尔蒂法典》一样）。从圆盘研究的早期阶段开始，许多考古学家，包括亚历山德罗·德拉·塞塔（Alessandro Della Seta）和路易·戈达特都坚持认为圆盘上的文字是从右到左的，这意味着整个文本都要从周边读到中心。如果这一点被接受，那么就可以断定，盘面两侧的文字并不是分开的，而是从一面延伸到另一面，A 面是第

① 参见 L.Godart O Δίσκος τÉς ΦαιστοÜ, 57- 111，它有一张非常清晰的圆盘照片，同时每个单词都有单独的照片和图画。许多符号的含义都有不同的解释。例如，有人认为"蜂巢"符号并不代表蜂巢，而代表一个利西亚人的石棺，或者是一把轻便的椅子。

②L.Godart, O Δίσκος τÉς ΦαιστοÜ, 114.

③ 关于符号和标志的详细表格，参见 LGodart, O Δίσκος τÉς ΦαιστοÜ, 90-115. 戈达特还评论了与当时在其他近东民族中流行的符号和文化特征的相似性。

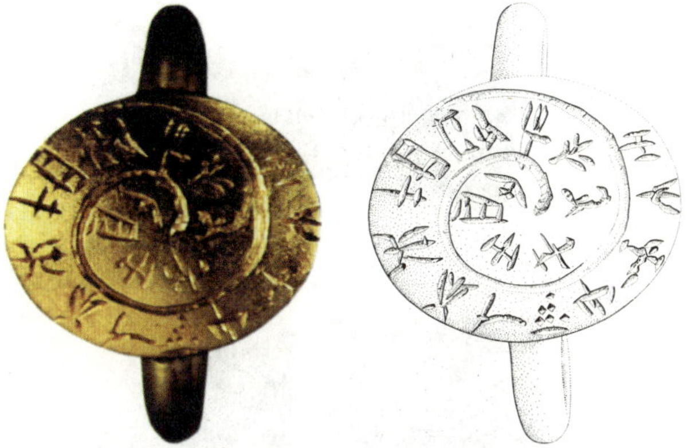

• 刻有线性文字 A 的金戒指。伊拉克利翁考古博物馆

一部分，B 面是 A 面的延续。事实上，在文本被彻底破译之前，这个问题仍然悬而未决。

尽管人们对斐斯托斯圆盘的破译提出了许多可能的建议，但这些建议都不是以科学证据为依据的，因为并没有与其他文字进行对比的可用数据，无论已经破译的还是没有破译的，无论是克里特岛上的还是近东其他地方的，都是如此。[①]【34】此外，关于这些文字涉及的主题，究竟是宗教性的还是文学性的，我们对此也是一无所知。但可以肯定地说，圆盘上的文字与目前已知的任何文字都是不同的。另一个悬而未决的谜团是圆盘的起源地问题：它是作为礼物从外部进口到克里特岛，还是在克里特岛本土制造的？大多数考古学者和碑铭研究家都认为，这种圆盘可能是在克里特岛的作坊里制作的，他们还引用了两个重要的先例：第一，来自阿卡洛霍

① 人们试图将圆盘上的某些象形图与其他类似的表示法进行比对——例如，将佩戴头饰的人头与拉美西斯三世（Ramses Ⅲ）神庙墙壁上的“海洋民族”的图案等同，还有许多考古学家认为这个圆盘是在其他地方制造然后被进口到克里特岛的：这个理论仍然有许多支持者。关于拉美西斯三世神庙，参见 H.H. Nelson et al., *Medinet Habu* I and II [= *Medinet Habu I: Earlier Historical Records of Ramses III; Medinet Habu II: Later Historical Records of Ramses III*], Chicago 1930-1932.

· 来自阿卡洛霍里的双斧，斧上刻有图案符号。伊拉克利翁考古博物馆

里（Arkalohori）双斧上的图案符号[①]；第二，在克诺索斯的马夫罗 · 斯皮利奥（Mavro Spileo）所发现的戒指上的铭文（与斐斯托斯圆盘一样，刻在螺旋形中）。[②]

结论

在描述了斐斯托斯圆盘的特征之后，我无意提出其他的关于其破译的理论。最后，让我们总结一些特别值得注意并可能值得进一步研究的问题。

首先，必须强调的是，圆盘的制作过程可能与泥板一样，用干净的纯

① 关于刻在双斧上的文字，参见 S. Marinatos, *Ausgrabungen und Funde auf Kreta 1934—1935*, *AA* (1935) 252-254; N. K. Boufidis, "Κρητομυκηναϊκαί âπιγραφαί âξ \Αρκαλοχωρίου", *AE* (1953-54/2) 61-74. 关于它的产地，毫无疑问，它是在克里特人的一个作坊里制作的。斧头上三列铭文中的一些符号在象形文字和线性文字 A 的写法中随处可见；但斧头上的一些符号与其他克里特文字中使用的符号相似，并不能证明斧头上的铭文是用米诺斯克里特岛上使用的一种文字写的。最后，斧头上的表意文字在设计上明显是原始的，根本无法与斐斯托斯圆盘上使用的冲头的绘图技巧相比较。

② 这枚戒指是在 1926 年发现的，当时伊文思的工头在马夫罗斯皮利奥附近的一块耕地里搜寻时，发现了一条通向石墓的通道。打开墓穴，他发现了这枚戒指，直径只有 13 毫米，有 19 个线性文字 A 的符号呈螺旋状地刻在上面。参见伊文思的继承者 E. J. 福斯代克所写的论文，E. J. Forsdyke, *The Mavro Spelio Cemetery at Knossos*, *BSA* 28 (1926—1927) 243-296, tables XVII-XXIII.

· 刻在双斧上的符号。阿塔纳西亚杜（Iro Athanasiadou）绘制

粘土制成，在上面刻印上文字之后，用火进行烘烤，这样就可以确保它经得起时间的流逝和连续使用。我们推断，这种烧制的圆盘是可以长期使用的，据我所知，在其他任何地方都找不到类似的东西。

斐斯托斯圆盘之所以选择圆形，我能想到的唯一解释是，它可能是由文字的螺旋排列顺序决定的。

对圆盘上的文字进行分析之后，我们可以得出进一步的结论。圆盘上所使用的不同类型的符号数量是 45 种：从通过分界线将螺旋形圆盘分隔开的独立文本来看，这些文本共由 61 个词（符号组）组成，加起来总计 242 个符号。【35】语言学专家和碑铭研究专家一致认为，这些文本是音节文字。当然，也不能保证圆盘上所使用的符号都是可用的，因此这些文字在理论上也可能是表意的，但也有可能是表意文字和音节文字的混合体。

最后一个值得注意的问题是关于“排印”。从冲头的制作形式来看，在用墨水涂染后，这种冲头不仅可以在粘土上使用，也可以在莎草纸和羊皮纸等更精细的材料上使用，而且可以进行多次“打印”。

塞浦路斯 - 米诺斯文字和塞浦路斯音节文字

希腊本土、小亚细亚沿海地区、基克拉迪（群岛）、开奥斯、西基拉等地，这些地方从米诺斯中期（公元前 1800 年）就已经开始使用米诺斯文字。与这些地方不同，在塞浦路斯，人们创造了自己的线性文字。[①] 这些文字很可能是在迈锡尼扩张至东地中海之前由米诺斯商人引入到塞浦路斯的，而它的形式似乎是源于线性文字 A，并且可以追溯到公元前 16 世纪。

早在 1909 年，伊文思研究了在塞浦路斯东部恩科米（Enkomi）发现的青铜时代粘土球上的文字。他注意到恩科米陶器上的一些符号与米诺斯人使用的文字有着很大的相似性，他为这些塞浦路斯文字创造了一个名字，即“塞浦路斯 - 米诺斯”文字（Cypro-Minoan）。实际上，“塞浦路斯 - 米诺斯”文字更接近线性文字 A，而不是线性文字 B，因为它最早的使用可以追溯到大约公元前 1500 年，也就是线性文字 B 在克里特岛使用之前的几十年。[②]

公元前 12 世纪，希腊对塞浦路斯进行殖民（尤其是塞浦路斯岛南部，帕福斯周围）之后，一种新的文字开始在那里使用。[③]【36】这可能是塞浦路斯 - 米诺斯文字和线性文字 B 的混合体，这种文字被称为塞浦路斯音节文字：它在塞浦路斯一直使用，直到亚历山大大帝（公元前 320 年）时期，历时近千年。伊文思了解塞浦路斯音节文字的音值，因为早在 1781 年，乔治・史密斯（George Smith）就借助一个公元前 4 世纪的双语铭文

---

① 关于塞浦路斯的写作方式，参见 J. F. Daniel, *Prolegomena to the Cypro-Minoan Script*, *AJA* 45 (1941) 249-282; Jacqueline V. Karageorghis, *Quelques observations sur l'origine du syllabaire chypro-minoen*, *RA* 2 (1958) 1-19; Ead., *Histoire de l'écriture chypriote*, *ΚΣ* 25 (1961) 43-60.

② 参见 Arthur Evans，*Scripta Minoa* Ⅰ , 68-73.

③ 关于塞浦路斯的迈锡尼人，参见 V. Karageorghis, Οἱ πρ῀τοι ≠Ελληνες στήν Κύπρο. \Αρχαιολογικές μαρτυρίες, tr. D. Kyriakou and K. Touloumis, Athens 1991.

· 公元前 5 世纪的"双语"铭文

（古希腊文和塞浦路斯文字）破译了这些文字。[①] 塞浦路斯音节文字的结构与线性文字 B 相似：每个符号都代表一个元音或元音和辅音的组合。[②]1979 年，在帕拉帕福斯（Palaipaphos）的一把青铜叉子上，人们发现了用塞浦路斯音节文字书写的古老铭文，它由五个符号组成，形成了名字 Opheltas 或 Opheltes（《荷马史诗》中没有这个名字）。它可以追溯到公元前 11 世纪，这是塞浦路斯使用希腊语已知的最早证据。[③]

自从伊文思去世后，在塞浦路斯发现了更多刻有文字的粘土球，在恩科米发现了一些青铜时代晚期的长铭文，这就证明了这一文字不仅用于普

---

① 关于塞浦路斯音节文字的破译，参见 E. Doblhofer, *Voices in Stone: The Decipherment of Ancient Scripts and Writings,* tr. M. Savill, London 1973, Ch. Ⅶ .

② 关于塞浦路斯音节文字的起源，参见 J. Chadwick, *The Minoan Origin of the Classical Cypriot Script*, in Acts of the International Archaeological Symposium *The Relations between Cyprus and Crete, ca. 2000—500 B.C.*, Nicosia 1979, 139-143.

③ 参见 V. Karageorghis, *'Οἱ ἀρχαΐοι ≠Ελληνες στήν Κύπρο' in Demakopoulou*, The Mycenaean World, 64-65; T. B. Mitford and O. Masson, *The Cypriot Syllabary*, in *Cambridge Ancient History*, Ⅲ .3, Cambridge 1982, 71-82. 关于塞浦路斯希腊语的一般情况，参见 Jacqueline Karageorghis and O. Masson (eds.), *The History of the Greek Language in Cyprus: Proceedings of an International Symposium sponsored by the Pierides Foundation, Larnaca,* 8-13 *September* 1986, Nicosia 1988.

通档案记录[①]，而且还用于其他方面。

抄写员和他们的泥板

我们是通过米诺斯和迈锡尼泥板抄写员的工作，才了解到他们的。[②]【37】关于抄写员的职业，有很多秘密至今尚未解开，包括一些象形文字和线性文字 A 的符号，以及斐斯托斯圆盘上的符号。我们不知道他们所受的教育，也不知道他们的语言和书写技艺是如何代代相传下来的，更不知道他们是否属于一个特殊的团体，他们是否拥有头衔，如果有文艺的志向和抱负，他们是否可以为更广泛的读者群体写作。但无论如何，一定有某种可利用的教育方式，在宫殿里也一定会有专门的教师负责文字的发展和保证书写传统的连续性。[③]我们掌握的证据表明，抄写员可能属于某种特权阶级，文字书写在大众中是一项杰出的成就，这意味着在当时没有任何私人档案馆或图书馆。

克诺索斯的考古挖掘证明，当时存在一个用官僚的方式组织起来的劳动体系，用于土地的耕种和商品的生产和分配，因此，肯定配备有“书写室”。对这些泥板做过细致研究的专家们已经认识到，存在某些具有共同特征的抄写员群体，这些共同特征可能是他们的泥板制作方式，也可能是他们的“笔迹”或符号的塑造。那些抄写员看起来——或者至少最顶尖抄写员——并不是为自己制作泥板的。最有可能的是，有一个完整的团队，他们各司其职：有一些人负责揉捏粘土，其他人将其碾成薄片，或许还有

① 关于塞浦路斯 - 米诺斯文字及其研究，参见 T. G. Palaima, *Cypro-Minoan Scripts: Problems of Historical Context*, in *Problems in Decipherment*, 121-187. 关于塞浦路斯音节文字，参见 O. Masson, *Les inscriptions chypriotes syllabiques*, Paris 1983.

② 参 见 E. L. Bennett, Jr., *Anonymous Writers in Mycenaean Palaces*, *Archaeology* 13 (1960) 26-32; 还有 Eftychia Stavrianopoulou 虚构的抄写员工作日记，‘Μία àσυνήθιστη μέρα τοΰ àνακτορικοΰ γραφέα Κεραμέα’ in A. Haniotis (ed.), Εργα καί ^Ημέρες στήν Κρήτη, \Από τήν Προϊστορία στό Μεσοπόλεμο, Iraklion 2000, 73-119.

③ 参见 C. Camera, *Una presunta scuola degli scrivani a Cnosso*, *SMEA* 7 (1968) 116-128.

其他人对其进行塑形，最后成品到了技能较高的抄写员手中。① 在抄写员中，无疑也有某种等级的区分：年长的可能是教师和书法家，年轻的和学徒书写那些容易一些的字符，也许只允许他们做一些简短的记录。

让–皮埃尔·奥利维尔（Jean-Pierre Olivier）关于克诺索斯抄写员主题的博士论文确定了66位不同抄写员的“笔迹”，并将其分为两组：“主要的”（41人，编号从101至141）抄写员和“中等的”（25人，编号从201至225）抄写员；T. G. 帕拉马的博士论文主要涉及皮洛斯的抄写员，确定了45种不同的笔迹样本；J. M. 德里森在他的论文中，评估了伊文思在“战车平板房”中发现的泥板，确定了13位抄写员，并根据不同的写作风格将他们分为10组。②【38】如果我们比较所有线性文字B泥板的共同特征，这些泥板无论是在克诺索斯或斐斯托斯，在迈锡尼或皮洛斯，在其他米诺斯或迈锡尼宫殿发现的，人们可以很容易地通过比较以下几个方面来区分不同抄写员的特征：（a）不同符号的相对大小；（b）单一符号和符号组的差异；（c）它们的艺术形式；（d）切割它们的方式；（e）泥板上分隔线的模式和缩写的形成方式；（f）抄写员在绘制表意文字时所表现出的艺术才能。

随着时间的推移，通过对雅典和伊拉克利翁考古博物馆中无数石碑碎片的研究，人们拥有了越来越深入的洞察力，这种洞察力使新的泥板群得以重建成为可能。因此，可以得出这样的结论：我们将能够通过“笔迹”认出越来越多的抄写员。然而，我们必须记住，现存的用线性文字A和线性文字B书写的泥板是日常记录，通常只有大约12个月的时间，因此抄写员不会费心使用他们最好的书法字体。人们只能怀疑，这些抄写员是否

①T. G. Palaima，*Evidence for the Identification of a Master Scribe at Pylos*, *AJA* 84 (1980) 226.

② 在不同的书写风格上，根据每个抄写员笔迹的典型特点进行分类，参见 J.- P. Olivier, *Les Scribes de Cnossos. Essai de classement des archives d'un palais mycénien*, Rome 1967; T. G. Palaima, *The Scribes of Pylos*, Rome 1988. 关于同一抄写员在两个不同宫殿工作的鉴定问题，参见 J. 德里森的博士论文：*The Scribes of the Room of the Chariot Tablets at Knossos. Interdisciplinary Approach to the Study of a Linear B Deposit* [*Minos* Suppl. 15], Salamanca 2000, 230-232.

· 埃及的书写员

就是在莎草纸或羊皮纸上书写那些文字的人。[①]

最后，值得一提的是，青铜时代希腊世界的任何地方，人们没有在克里特岛或任何其他地方发现抄写员正在绘制的绘画作品或任何种类的书写材料。

书写笔

抄写员用一根尖刃刀笔的锋利刀尖在泥板（当还湿着的时候）上刻下

① 从目前我们掌握的证据来看，米诺斯 - 迈锡尼文明的抄写员与美索不达米亚和埃及的抄写员之间似乎存在着根本的区别。据我所知，在克里特文字中抄写员的名字从未被提及，或者至少他们没有流传到我们这里，而在美索不达米亚文明中，从 Fara period（约公元前 2600 年）开始，不仅大多数抄写员在他们的泥板上签名，而且他们中的许多人变得很出名，甚至受到皇室的尊敬。事实上，在许多情况下，一位抄写员不仅在泥板的末页写下自己的名字，而且还写上了他父亲、祖先、家族创始人或他所属的"王朝"的名字。参见 C. B. F. Walker, *Le cunéiforme*, in Larissa Bonfante et al, *La naissance des écritures: Du cunéiforme à l'alphabet* (= *Reading the Past: Ancient Writing from Cuneiform to the Alphabet*, London 1990, tr. Christiane Zivie-Coche), Paris 1994, 27-29. 关于乌加里特的抄写员，米诺斯人和迈锡尼人在乌加里特进行了相当大规模的贸易往来，参见 A.F. Rainey, *The Scribe in Ugarit*, *Proceedings of the Israel Academy of Sciences and Humanities* 11 (1969) 136-146; J. Krecher, *Schreiberschulung in Ugarit: Die Tradition von Listen und sumerischen Texten* , *UF* 1 (1969) 131- 158; W. J. Horwitz, *The Ugaritic Scribe*, *UF* 11 (1979) 389-394.

· 来自底比斯的书写笔

符号，这种尖刃刀笔的刀尖末端弯曲，这样就可以用刀刃的一侧作为橡皮擦来改正错误。这种尖刃刀笔可以用多种材质制成：通常的材质是青铜或骨头，但有时是芦苇，在这种情况下，尖端必须定期锐化。这种尖刀不仅用于刻字，当泥板是“页面形状”时，还用于设置页面的布局：抄写员通常会在上面画水平线，就像现在使用的格子纸一样，这样就可以对自己的书写空间有一个更清晰的了解。①

书写板的准备

在制作书写板时，黏土的类型或黏土混合物没有一成不变的模板：即使在今天，人们也经常可以看到，在同一块书写板中使用两种不同的质料，通常是一种由相对粗糙的黏土制成的芯部，上面覆盖着更细的一层。当原料混合好准备使用时，抄写员或他的助手根据要写在上面的文字的长度来决定泥板的尺寸以及它的形状是“棕榈叶状”还是“页状”。书写板的大小和形状可能是抄写员的“商标”，从这个意义上讲，这就可以解释不同的抄写员和不同的宫殿之间的区别。

准备书写板的方法如下：首先，将粘土揉搓在两手掌之间，形成一个自然终止于圆锥形点的圆柱体。然后有时用一段纱线或细绳将圆柱穿起来。接下来是“分页”的过程。粘土圆柱体被放在一个平坦的表面上，并被压成一个紧凑的长方形平板，一边（正面）平整光滑，便于书写，另一

① 在米诺斯 - 迈锡尼文明时期，手写笔是在泥板上书写的基本工具。路易斯 · 戈达特（Louis Godart）进行了实验，书写笔是用骨头和青铜制成的，像一把尖而弯曲的柳叶刀，它精确地展示了线性文字 B 是如何刻在泥板上的。1982 年，Christos Piteros 在底比斯挖掘东西时，找到了一根长 13 厘米，直径 0.5 厘米的骨尖笔。

边（背面）有制作者的掌纹和指纹，[①] 通常是空白的。[②]

书写板的形状因生产日期和生产地点而异。在伊拉克利翁博物馆有一个尺寸不超过 3 厘米×1 厘米的书写板。在克里特岛（公元 1516 年）发现的最大的书写板被称为“大书写板”（large tablet），上面有各个工作小组的详细资料，尺寸为 16 厘米×27 厘米。人们在皮洛斯发现了大量类似尺寸的书写板。书写板尺寸最常见的大约是 7 厘米×15 厘米，厚度约 1.5 厘米。这些是长方形的“页面状”书写板，上面的文字由水平线隔开。

· 泥板“页”的准备阶段：（a）刻字；（b）刻字过程中，符号从左到右排列

① 参见 P. ≤ström and S. A. Eriksson, *Fingerprints and Archaeology* [*SIMA* 28], Göteborg 1980.

② 关于泥板的制备、大小和形状以及书写过程，参见 Ruipérez and Melena, Oî ΜυκηναÖοι =Ελληνες, 50-66. 关于掌纹和指纹，参见 K- E. Sjöquist and P. ≤ström, *Pylos: Palmprints and Palm- leaves*, Göteborg 1985; 关于档案保管和捏合机，参见 K-E. Sjöquist and P. ≤ström, *Knossos: Keepers and Kneaders* [*SIMA Pocketbook* 82], Göteborg 1991.

书写面

如前所述，抄写员在制作泥板之前会提前知道所抄写文字的长度，因此，他在决定使用何种形状的泥板之前会考虑得非常周详。接下来，他必须为整个文本计算出大小合适的文字，然后画出水平线。这些线条通常延伸到整个泥板上，但有时也会在旁边留一个空白处，在那里可以刻入更多的细节性文字。

线性文字 A 和线性文字 B 文本的阅读方向都是从左到右的。如果一个条目太长而不能放在一行中，会自然地延续到第二行。有时候，抄写员甚至会用泥板的边缘（顶部和底部、左侧和右侧）做简短的注释。如果一个单一页面的同类统计数据列表太长，它会在另一个或多个书写板上继续，形成一个可以称为类似于小册子的集合。人们可以通过某些共同特征来识别属于同一集合的泥板，如抄写员的“笔迹”、黏土的质量和特性以及为便于读者和档案管理员对泥板进行编号的标记。阅读顺序通常由标题、段落或更大的字符（大写字母）来表示，还可以由档案管理员根据数据的顺序自行解决。

米诺斯 – 迈锡尼时代存在书籍吗？

如果人们认为现存的米诺斯 – 迈锡尼文明的“文献”——其中大部分是与经济和行政事务相关的临时（或年度）粗略记录——可能不是米诺斯和迈锡尼文明书写传统的全部产品，那么我们将面临许多问题。首先，人们肯定会认为，米诺斯人和迈锡尼人与近东其他国家（特别是以官僚作风著称的埃及）的贸易安排已被记载在用莎草纸和羊皮纸记录的政府间的协议中。[①]【41】此外，一种神话和文学，在风格上无论是史诗还是小说，也一定已经形成，而且可能以莎草纸的形式传播。其中，有一些例子，如公元前 2 世纪早期埃及流行的小说，包括《遇难水手的故事》(*The Tale of the Shipwrecked Sailor*)、《能言善辩的农夫》(*The Eloquent Peasant*)、《荷鲁斯与赛特之争》(*The Contendings of Horus and Set*) 和古埃及文学的畅销书《西努河的故事》(*The Story of Sinuhe*)。[②] 除了埃及文学之外，米诺斯人和迈锡尼人肯定知道——或至少以诗歌的形式听说过——腓尼基和迦南神话中的故事，因为这些故事大部分是在乌加里特（Ugarit）发现的，在那里，迈锡尼人从公元前 14 世纪或公元前 13 世纪就有贸易站。

古腓尼基人用原始的腓尼基语书写的文学，以史诗风格的宗教诗为代表，这在许多方面都会让人联想到《荷马史诗》,【42】尤其是神与神之间的争吵和他们对人间事务进行干涉的时候。例如，史诗《巴力和阿纳特的爱与战争》(*The Loves and Wars of Baal and Anath*)，有时称之为“巴利亚

---

① 在克里特 - 迈锡尼的世界里，其他书写材料在多大程度上被使用只是一个猜想。然而，奥利维尔关于“奴隶”(J.- P. Olivier, *Des extraits de contrats de vente d'esclaves dans les tablettes de Knossos*, in *Studies Chadwick*, 497-498) 买卖合同的笔记支持这一假设，即除了粘土之外，其他材料也被用于档案记录，乌鲁布伦沉船事件（Ulu Burun shipwreck）中发现了一块这样的书写板。关于这个话题的一般性讨论，参见 R. Payton, *The Ulu Burun Writing-Board Set*, *Anatolian Studies* 91 (1991) 99-106; D. Symington, *Late Bronze Age Writing Boards and Their Uses: Textual Evidence from Anatolia and Syria*, *Anatolian Studies* 91 (1991) 111-123.

② 在翻阅埃及的散文文学和诗歌时，我没有发现任何有关开弗提乌的神话著作或小说，也没有找到旅行者或商人对克里特岛的描述。当然，埃及著作中确实有提到克里特岛的内容：在埃伯斯（Ebers）莎草纸上，有一种用“开弗提乌豆”制成的泻药处方，而“易仆术的忠告”(*Admonitions of Ipuwer*) 这个传说中则说“开弗提乌人不再来了”；埃及底比斯的一幅壁画描绘了开弗提乌人给法老的宫廷带来了珍贵的礼物。这些参考文献以及其他刻在墓穴和纪念碑上的文献，可以追溯至约公元前 1580 年—公元前 1200 年。关于埃及文学，请参阅 G. Maspero，*Les contes populaires de l'Égypte ancienne*, Paris 1882; A. Erman, *Die Literatur des Aegypter*, Leipzig 1923; A. H. Gardiner, *Late Egyptian Stories*, Brussels 1932; S. Schott, *Les chants d'amour de l'É gypte ancienne*, Paris 1956; G. Lefebvre, *Romans et contes égyptiens de l'époque pharaonique*, Paris 1988. 关于古埃及爱情诗，请参阅 Ch. E. Maravelias, Τά \Ερωτικά Ποιήματα τΈς \Αρχαίας Α¨γύπτου, Athens 1996. 关于公元前 1425 年从埃及到克里特岛的一次航行的虚构记述（在托斯美斯三世统治时期），参见 D. Panayiotopoulos, ‘ ^Η àφήγηση τοÜ Μίν. Τό χρονικό μιÄς α¨γυπτιακÉς àποστολÉς στή Μινωική Κρήτη’ in Haniotis, ‰Εργα καί ΤΜμέρες..., [1]-53.

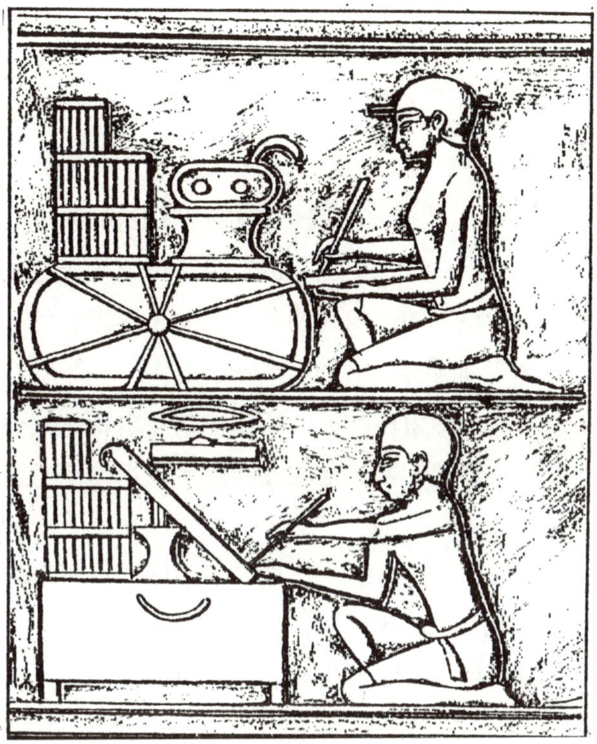

· 在政府机构工作中的书写员

特"(*Baaliad*)，类似于《伊利亚特》。[①] 无论如何，如果我想了解米诺斯人和迈锡尼人去未知地方的航行，以及在这些未知的地方他们接触到的民族及其生活方式，人们自然会期望海员们的冒险故事被详细阐述成"小说"。如果这一假设有一定的真实性，我们也应该期待找到一类有想象力写作这类作品的人，一类是"官方作家"，一类是读书的公众（无论多么渺小）和在宫殿里管理书写文本的档案管理员，换句话说，这是一个文学世界。

① 参见 C. F. A. Schaeffer, *The Cuneiform Text of Ras Schamra– Ugarit*, London 1939; C. H. Gordon, *Ugaritic Literature*, Rome 1940; H. L. Ginsberg, *The Legend of King Keret*, New Haven 1946; Sibylle von Reden, *Ugarit und seine Welt*, Lübbe 1992. D. 辛尼科普洛斯在他的著作中给出了一些近东文学的摘录，参见 Φ˜ς âξ \ΑνατολÉς (*Ex Oriente Lux*). Λογοτεχνικά κείμενα τÉς àρχαίας \Εγγύς \ΑνατολÉς, Athens 1996.

归档系统

一旦这些泥板刻好文字并晾干后，下一步的工作就是将它们归置到档案室，当有人想要阅读上面所记录的数据时，就可以很容易地找到它们。我们不可能确定究竟哪个房间是用来在泥板上刻字的，更不可能确定这些泥板是否是在同一个房间里制作和刻印的，因为制备黏土和干燥泥板的过程需要特殊的设施或适合的天气（如雨水、阳光）。还应记住，并非所有发现泥板的房间都是被用作档案室，因为宫殿里的官僚体制要求所有储存容器都必须贴上证明产品种类和质量的标签，这些泥板是专门用作短时期农产品分发的会计记录。①

奥利维尔关于克诺索斯抄写员的书中有一个宫殿的平面图，标明了所有发现刻有线性文字 B 泥板的房间。② 由此可知，并不是所有现存的书写泥板都打算在档案馆归档的，因为每个储藏室都有定期记录进出口情况的泥板。【43】那些有绳子穿过的泥板，大概是挂在墙上的钉子上的；其他的则是简单地堆放在墙上的凹处或木箱里。

没有证据表明这里的档案室符合米诺斯 - 迈锡尼青铜时代任何特定的建筑设计。③ 此外，在近东的大型图书馆的发掘工作——例如埃布拉宫（Ebla）图书馆的国家档案馆——证明了档案归档的通常安排，却用木制架

---

① 关于真实的档案和暂时存放的区别，参见 E. C. Harris, *Principles of Archaeological Stratigraphy*, London 1979; and J. K. Stein, *Deposits for Archaeologists*, *Advances in Archaeological Method and Theory* 11 (1987) 337-395. Palaima（*The Scribes of Pylos*, 180）和 J.-P. Olivier, *Administrations at Knossos and Pylos. What Differences*? in *Pylos Comes Alive*, 15). 在提到写作工作坊时，用到的术语是 ‘specialized and non-specialized bureaux’。

② Olivier，*Les Scribes de Cnossos*, 21.

③ 参见 J. Bennet, *The Structure of the Linear B Administration at Knossos*, *AJA* 89 (1985) 231-249; J.- P. Olivier, *Structure des archives palatiales en Linéaire A et en Linéaire B*, in *Système palatial*, 227-235.

子固定在墙上，并用柱子支撑。[①] 有时书架上有单独的“书柜”（木制或灰泥箱或柳条筐），有时它们被做成一个分类架，分类架上泥板的排列方式与今天的书籍排列方式非常相似。在后一种情况下，根据档案系统的基本原理和泥板的形状，泥板有时像书柜里的书一样竖立着，只露出边缘，有时将它们堆积平放在地上，这样就可以看到第一“页”上的文字，这一切都取决于泥板的形状。

在皮洛斯的 7 号和 8 号房间的挖掘遗迹中，保存着主要的档案室（每个房间的三面都有一个长凳），档案室中的长凳上有木制架子，并贴着墙，这可能与米诺斯人和迈锡尼亚人的传统归置档案的做法相一致。这也类似于近东的档案室。

这里应该特别提到克诺索斯的档案馆。据德里森说，这些是迈锡尼世界最古老的，因此也是最早的希腊档案馆。[②] 克诺索斯档案馆保存了早期的象形文字和线性文字 A，这可能是米诺斯 – 迈锡尼档案馆传统的一种体现。这间被称为“战车碑室”（Chariot Tablets）的房间[③]，位于克诺索斯宫的西翼。在里面发现了 600 块用线性文字 B 书写的泥板，以及许多泥板碎片、雕刻的象牙、青铜器、18 个密封件和一块木雕，还有一些其他物品。（顺便说一句，在宗教仪式中使用的石制大口陶瓷坛是否与泥板一起存放在同一个房间里，这是一个疑问。）正如伊文思自己指出的那样，保藏有大量泥板的档案馆最初位于西翼一楼的内室，却在一场火灾和地震中发生

---

① 有关近东地区档案室的内部组织和室内布置，以及用来存放雕刻好的泥板的贮存容器等基本资料，参阅 E. Posner, *Archives in the Ancient World*, Cambridge, Mass. 1972, 17-70; K. R. Veenhof (ed.), *Cuneiform Archives and Libraries* [*Uitgaven van het Nederlands Historisch-Archaeologisch Instituut te Istanbul* 57], Leiden 1986; J. A. Black and W.J. Tait, *Archives and Libraries in the Ancient Near East*, in Jack M. Sasson (ed.), *Civilizations of the Ancient Near East*, New York 1995, IV, 2197-2209. 关于档案的归档方法，参见 M. Weitemeyer，*Archive and Library Technique in Ancient Mesopotamia*, *Libri* 6 (1956) 217-238. 关于最近在近东发现的可追溯到公元前 1500 年及以后的档案馆和图书馆，参见 O. Pedersén, *Archives and Libraries in the Near East 1500—300 B.C.*, Bethesda, Md. 1998.

② Driessen，*The Scribes of the Room of the Chariot Tablets*..., 232.

③ 之所以这么称呼，是因为在那里发现的泥板上刻着战车的图片。

· 重建克诺索斯宫西翼。托马斯·法诺拉基斯绘制

· 由伊文思重构的克诺索斯宫殿中的王位室

坍塌，这样档案资料就与一楼相应房间的物品堆积在了一起。[1]

【44】从“战车碑室”的房间里得到的材料没有透露出抄写员的身份，也没有提到他们可能拥有的任何级别或职位，更没有提供任何其他信息可以帮助我们将他们区分开来。[2] 查德威克认为，那间屋子里的泥板不是真正的档案，而仅仅是一些写作练习。[3]

根据考古发现，这些档案的实际安排当然是一个推测。在同一个房间里发现的那块木头也不是一个可以用来存放莎草纸或羊皮纸文献的箱子的一部分，尽管伊文思在他的挖掘笔记中确实提到了木箱（发现了木箱的把手、接头和烧焦的木头碎片）以及小的石膏箱。

如果我们承认除了泥版以外还存在其他形式的书写材料，如莎草纸或羊皮纸，那么这是一个合理的假设，它们可能像档案一样存放在同一个房间里，并且自然会有某种特别的系统来对它们进行分类。柳条筐（带盖子的或不带盖子的）早在法老时代的埃及就已经被用作小“书柜”，它们可以用来放莎草纸卷，即使到了古罗马时代晚期，依然有人这样使用。

然而，这种归档系统只适用于少量书籍或几乎日常使用的临时记录。对于按字母顺序或类似顺序排列的更大的藏品（例如某些文学体裁和流派的作品）以及永久性档案记录，还有另一种分类方法，它们大概是用间隔约 40 厘米的垂直隔板做成的分类架进行分类。这将使图书管理员（以及其他有权进入图书馆和档案馆的人）在管理图书时变得非常方便，即使图书管理员需要把莎草纸卷从架子上的较低一层取出来，也会很容易将取出来的书放回到原来的位置，而不会扰乱它们的正常次序。

---

① 参见 A. J. Evans, *Knossos: Summary Report of the Excavations in 1900*, *BSA* 6 (1899—1900) 24; Driessen, *An Early Destruction...*, 64-66.

②J · Driessen，*The Scribes of the 'Room of the Chariot Tablets'*, in *Studies Bennett*, 123-165.

③ 参 见 J. Chadwick, *The Archive of the Room of the Chariot Tablets at Knossos*, in *Minutes of the London Seminar* 12.10.1966, 329-331; Id., *The Archive of the Room of the Chariot Tablets at Knossos*, *BICS* 14 (1967) 103-104.

· 克诺索斯象形文字档案馆的封印

密封件

档案室中有太多书写泥板需要归档，所以泥板制作者在泥板的中央会插入一段细绳。绳子的一端须足够长，以便可以穿过粘土密封并牢固地打结。【46】有一些密封件由一些多面体的粘土块做成，可能是专门用来做标签的。其中，一些密封件是对存放在木箱或篮子里的泥板进行分类的，而另一些密封件则会被附在一块泥板上，以帮助档案管理员随时定位查找到它。[1] 很有可能，这种密封件也被用作标签（sillybos），以表明莎草纸或羊皮纸卷的内容。[2]

这些密封件可能也被用于其他目的，例如可以用作粗略的注释，这些注释将会与其他数据一起抄写到泥板上。在底比斯发现的 56 个密封件就是这样的，上面记录的是牲畜的输送和从农场、牧场运到皇宫的农牧产品。这些在底比斯发现的密封件是聚放在一起的，它们或是挂在钉子上或是放在架子上的容器中。

---

① 有关密封件的一般信息，参见 T. G. Palaima, *Seal-Users and Script- Users/Nodules and Tablets at LM IB Hagia Triada,* in *Archives Before Writing*, 307-337; J. Weingarten, *The Sealing Bureaucracy of Mycenaean Knossos: The identification of some officials and their seals*, in *Crète mycénienne*, 517- 535.

② 关于标签，莎草纸卷标签的高度发达形式，参见 Ch. Ⅲ .

除了密封件外，人们还采用其他方法来识别泥板上的内容。J. L. Melena 得出的结论是：来自皮洛斯 Sh 系列中的两块泥板（编号 736 和编号 740）似乎是一些军事甲胄的清单，这两块泥板形成了一个双联书写板，列出了其他泥板的标题，然后根据甲胄的制作材料将其分成两组。① 在迈锡尼人建立自己的档案馆之前，近东的档案馆尤其是乌加里特的档案馆也采用了类似的做法。②

· 贴在商品和其他物品上的迈锡尼密封件

① 关于密封件及其用途的思考，参见 Ruipérez and Melena, Oî ΜυκηναÖοι ≠Ελληνες, 60-62.

② 关于在乌加里特发现的泥板标签，参见 W.H. Van Soldt, *Labels from Ugarit*, *UF* 21 (1989) 375-388.

从荷马到古典时期末期

——希腊世界的公共图书馆、学术图书馆和私人图书馆

· 荷马头像。大理石副本

【63】在古希腊世界涉及文献写作这个主题时，人们所面临的第一个障碍就是棘手的“荷马问题”。这是因为从公元前1200年迈锡尼世界的崩溃（书写方式似乎已经被遗忘）到游吟诗人开始吟唱特洛伊战争的功绩这段时期，我们对古希腊世界及其传统的一切了解都来自于考古的发现。米诺斯–迈锡尼时期是否存在书面或口述文献，这是一个尚未回答的问题，而荷马时代的口述传统在希腊思想中的地位则是书籍史上的一个首要问题。事实上，希腊人在图书馆搜集书写材料和书籍的历史，始于荷马以及与之相关的传统。

荷马问题

荷马生活在什么时代？希罗多德说，荷马生活在他那个时代之前不超过400年：因为我们知道希罗多德这位伟大的历史学家是在公元前5世纪中叶写作的，那么荷马生活的时代就应该是在公元前9世纪中叶，也就是公元前850年左右。但在古典时期，荷马属于神话领域。菲洛斯特拉图（Philostratus）认为，他生活在公元前12世纪，而厄拉托斯塞尼（Eratosthenes）、亚里士多德、阿里斯塔库（Aristarchus）和塞奥波普（Theopompus）则把他放在一百年后的公元前11世纪。第欧根尼·拉尔修（公元3世纪）根据早期诗人和哲学家的传记，得出了荷马生活在公元前

6 世纪，即庇西特拉图和梭伦时代。[①] 接下来的问题是：是不是由荷马创作了《伊利亚特》和《奥德赛》？这个问题可能永远不会得到圆满的回答。许多人甚至认为荷马没有任何文学知识，但现在大多数文学学者却都把他视为一个诗歌天才，而且荷马使古老的口述传统具有了鲜明的特性，并使口述创作的方法成为可能。

【64】米尔曼·帕里（Milman Parry）和阿尔伯特·洛德（Albert Lord）证明了《伊利亚特》和《奥德赛》基本上都是口述性的作品，只是后来才以文字的形式呈现出来。[②] 按照他们的思路，数千首六步格的诗——在《伊利亚特》中有 15680 行，在《奥德赛》中有 12100 行——并不是由单个单词简单地拼凑而成，而是由一些常用短语创作而成，这些单词和短语组合在一起，形成了六步格的诗。〔译者注：《荷马史诗》遵从一种叫作六步格（Dactylic Hexameter）的音步系统，每一行都是六步。《伊利亚特》和《奥德赛》都是属于荷马六步格格式的史诗作品。〕因此，对于荷马史诗中的英雄和神——阿喀琉斯、赫克托耳和奥德修斯、雅典娜和阿波罗以及其他所有人——游吟诗人使用了完全符合韵律的形容词和动词。很明显，荷马已经在他的头脑中形成了一个“短语列表”，并且一次又一次地使用他的惯用短语，这些语词具有极好的秩序感和和谐感。

此外，希腊词 rhapsodos（吟诵史诗的人）来自动词 rhapto（缝合）和名词 ode（诗歌）。这种语词的组合，使我们认为，荷马是想建立这样一种传统，即“缝合”起现成的诗歌段落。《荷马史诗》的语言，是早期和晚期爱奥尼亚习语和方言的混合体。对于它使用的语言，最好的解释是，不是

---

① 希罗多德 II.53：*Homer and Hesiod ... lived*，*as I believe, not more than four hundred years ago* 第欧根尼·拉尔修，II.46，IX.18.

② 米尔曼·帕里的开创性研究，即对不同民族口述传统的研究成果，在学术研究领域掀起了一场革命。他的研究成果被纳入其在索邦大学的博士论文中（1928 年）。米尔曼·帕里的儿子亚当·帕里（Adam Parry），曾写过一篇精彩的文章，描述了他父亲从 20 世纪 20 年代初在加州大学伯克利分校的研究生论文开始，一直到 1935 年意外去世的思想变化过程。参见 M. Parry，*The Making of Homeric Verse*：*The Collected Papers of Milman Parry*，*ed.* Adam Parry，Oxford 1971；A. B. Lord，*The Singers of Tales*，Cambridge，Mass. 1960.

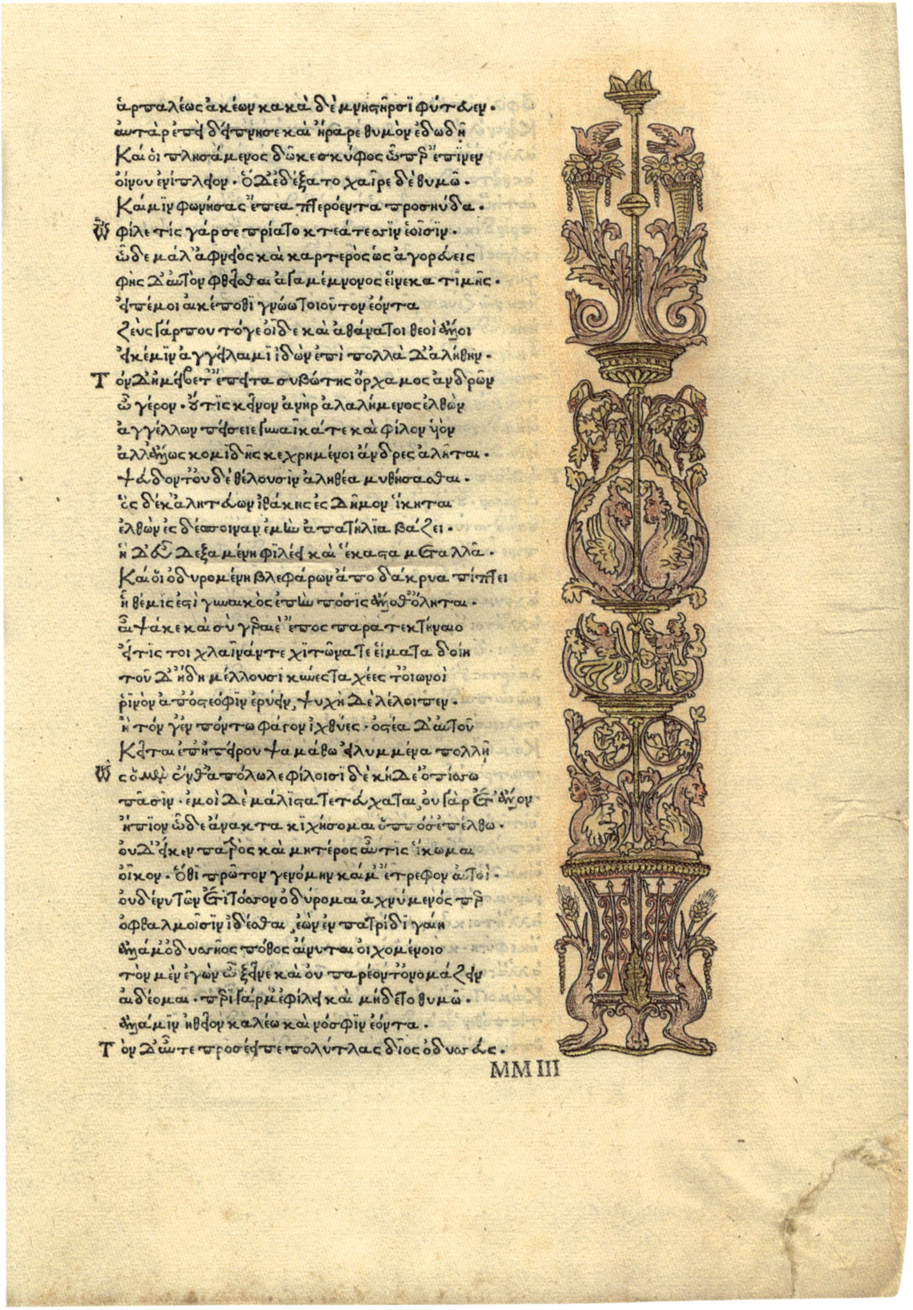
ἀρπαλέως ἀκέων κακὰ δὲ μνηστῆρσι φύτευεν·
αὐτὰρ ἐπεὶ δείπνησε καὶ ἤραρε θυμὸν ἐδωδῇ
Καί οἱ πλησάμενος δῶκε σκύφος ᾧ περ ἔπινεν
οἴνου ἐνίπλειον· ὁ δ' ἐδέξατο χαῖρε δὲ θυμῷ·
Καί μιν φωνήσας ἔπεα πτερόεντα προσηύδα·
Ὦ φίλε τίς γάρ σε πρίατο κτεάτεσσιν ἑοῖσιν·
ὧδε μάλ' ἀφνειὸς καὶ καρτερὸς ὡς ἀγορεύεις
φῂς δ' αὐτὸν φθίσθαι Ἀγαμέμνονος εἵνεκα τιμῆς·
εἰπέ μοι αἴ κέ ποθι γνώω τοιοῦτον ἐόντα
Ζεὺς γάρ που τό γε οἶδε καὶ ἀθάνατοι θεοὶ ἄλλοι
εἴ κέ μιν ἀγγείλαιμι ἰδὼν ἐπὶ πολλὰ δ' ἀλήθην·
Τὸν δ' ἠμείβετ' ἔπειτα συβώτης ὄρχαμος ἀνδρῶν
ὦ γέρον· οὔ τις κεῖνον ἀνὴρ ἀλαλήμενος ἐλθὼν
ἀγγέλλων πείσειε γυναῖκά τε καὶ φίλον υἱὸν
ἀλλ' ἄλλως κομιδῆς κεχρημένοι ἄνδρες ἀλῆται·
ψεύδοντ' οὐδ' ἐθέλουσιν ἀληθέα μυθήσασθαι·
ὃς δέ κ' ἀλητεύων Ἰθάκης ἐς δῆμον ἵκηται
ἐλθὼν ἐς δέσποιναν ἐμὴν ἀπατήλια βάζει·
ἡ δ' εὖ δεξαμένη φιλέει καὶ ἕκαστα μεταλλᾷ·
Καί οἱ ὀδυρομένῃ βλεφάρων ἄπο δάκρυα πίπτει
ἣ θέμις ἐστὶ γυναικὸς ἐπὴν πόσις ἄλλοθ' ὄληται·
αἶψά κε καὶ σὺ γεραιὲ ἔπος παρατεκτήναιο
εἴ τίς τοι χλαῖνάν τε χιτῶνά τε εἵματα δοίη
τοῦ δ' ἤδη μέλλουσι κύνες ταχέες τ' οἰωνοὶ
ῥινὸν ἀπ' ὀστεόφιν ἐρύσαι, ψυχὴ δὲ λέλοιπεν·
ἢ τόν γ' ἐν πόντῳ φάγον ἰχθύες· ὀστέα δ' αὐτοῦ
Κεῖται ἐπ' ἠπείρου ψαμάθῳ εἰλυμένα πολλῇ
Ὣς ὁ μὲν ἔνθ' ἀπόλωλε φίλοισι δὲ κήδε' ὀπίσσω
πᾶσιν· ἐμοὶ δὲ μάλιστα τετεύχαται, οὐ γὰρ ἔτ' ἄλλον
ἤπιον ὧδε ἄνακτα κιχήσομαι ὁππόσ' ἐπέλθω·
οὐδ' εἴ κεν πατρὸς καὶ μητέρος αὖτις ἵκωμαι
οἶκον· ὅθι πρῶτον γενόμην καί μ' ἔτρεφον αὐτοί·
οὐδέ νυ τῶν ἔτι τόσσον ὀδύρομαι ἱέμενός περ
ὀφθαλμοῖσιν ἰδέσθαι, ἐὼν ἐν πατρίδι γαίῃ
ἀλλά μ' Ὀδυσσῆος πόθος αἴνυται οἰχομένοιο
τὸν μὲν ἐγὼν ὦ ξεῖνε καὶ οὐ παρεόντ' ὀνομάζειν
αἰδέομαι· πέρι γάρ μ' ἐφίλει καὶ κήδετο θυμῷ·
ἀλλά μιν ἠθεῖον καλέω καὶ νόσφιν ἐόντα·
Τὸν δ' αὖτε προσέειπε πολύτλας δῖος Ὀδυσσεύς·
MM III

·《荷马全集》第一版

将不同的文本简单地聚合在一起，而是游吟诗人多年来形成的一种语言。这种语言是由游吟诗人使用已久的表达方式和修饰语形成的，随着需求的出现，这些表达和修饰语也与韵律相符合。经过游吟诗人的不断修改与润色，《伊利亚特》和《奥德赛》最终被书写下来，但这两部著作在学者们之间仍有争议。这两部史诗所使用的语言并不是本土的希腊语，而是由游吟诗人的传统所形成的一种特殊的语言，从一个游吟诗人传到另一个游吟诗人，从一代传给下一代。①

荷马在史诗中描述的那些事件是在哪个时期发生的？自从 1870 年施利曼（Schliemann）发现特洛伊城之后，人们逐渐开始认为，荷马的作品是基于真实的历史史实而创作的。考古学已经取得了如此巨大的进步，以至于不再可能对考古发现进行神话性的解释：在特洛伊曾经相继存在过 11 座城市，古希腊人称之为伊利昂（Ilium）。事实上，被称为"普里阿摩斯珍宝"（译者注：普里阿摩斯珍宝，英文名为"Priam's Treasure"，因为施里曼相信它们归特洛伊国王普里阿摩斯所有而得名，实际上其年代远早于普里阿摩斯时代。普里阿摩斯即帕里斯之父）的特洛伊城，至少在特洛伊战争前 1000 年，即公元前 2500 年—公元前 2200 年就已经繁荣起来。【66】特洛伊不仅是那个时期的一个非常普通的城镇，而且比较贫穷，也没有巨大的城墙，那种城墙在后来曾让希腊联军苦苦围攻了 10 年。我们现在所知道的特洛伊城是在公元前 1275 年左右被地震摧毁的，而不是被军队围困和洗劫而摧毁的。② 赫克托耳本人在《伊利亚特》（XVII .288-292）中承认，特洛伊不再像过去那样以财富而闻名。

现在的文学学者和考古学家倾向于认为荷马世界完全是后迈锡尼时代

① 关于荷马的口述传统和以口述传统为基础的思维与表达方式，参见 W. J. Ong, Προφορικότητα καί'Εγγραμματοσύνη（= *Orality and Literacy*，tr. Kostas Hadjikyriakou，ed. Theodoros Paradellis），Iraklion 1997，19-32，47 ff.

② 参见 G. E. Mylonas，*Priam's Troy and the Date of its Fall*，Hesperia 33 (1964) 352-380; M. Wood, *In Search of the Trojan War*，New York/Oxford 1985. 关于最近在特洛伊的挖掘，特洛伊历代城市的日期和考古发现，以及伊利亚特的神话和历史背景，参见 *the exhibition catalogue entitled Troia–Traum und Wirklichkeit*, ed. B. Theune-Grosskopf et al., Stuttgart 2001.

・特洛伊古城（公元前 1700 年—公元前 1250 年），王宫位于卫城，其余部分位于较低的山坡上

・海因里希・施里曼（Heinrich Schliemann）是德国考古学家，以发现特洛伊而闻名。此外，他是个外语学习的天才，据说他掌握了十几种外语

的，像迈锡尼文明这样的特征在荷马史诗中是非常稀少的、孤立的、零星的残存。迈锡尼世界是荷马所描述的那个世界吗？在这个问题上，学术界仍然存在分歧。

通过尝试将荷马探讨的主题与考古发现匹配，可以得出这样的结论：在《伊利亚特》和《奥德赛》中，荷马实际上是在描绘一幅更早的社会图景，而口述传统得以使人们对它的记忆一直保全在脑海中。【67】事实上，一些传统习俗会在几个世纪里几乎保持不变。当然，这也并不完全意味着荷马对迈锡尼时期的希腊做了准确的描述，尤其是考虑到，关于希腊本土和遥远的克里特岛，在荷马的脑海里只有一个非常混乱的概念。有学者认为，《伊利亚特》第二卷中的“船只目录”（catalogue of ships）是迈锡尼世界的地名录，而且——正如我们将要看到的那样——“船只目录”可能会成为争论的焦点，导致《荷马史诗》第一次全部或部分地被书写下来。① 曾有七个城邦都曾宣称它们是这位盲人诗人的出生地。希腊人称荷马是一位盲人诗人，我们可以从希腊化时期一个他的头像中看得出来，这个头像在罗马也有一个仿制品。在开俄斯（Chios）（七个城邦之一），有一块雕刻成座椅状的石头，当地人现在仍然向游客解释说这是“荷马的石头”，据称他曾在那块石头上朗诵诗句。开俄斯是“荷马里德”的诞生地。实际上，“荷马里德”是一个行会性的组织，他们声称自己是荷马的直系后裔，据说，他们想把荷马的诗歌永久性地保存下来：很可能正是从这里开始了荷马史诗的书写传统。②

① 对于考古发现物的一般性讨论，如对考古地点的描述和荷马所使用的标准词汇和短语，参见 Ione My-lonas-Shear, *Tales of Heroes: The Origins of the Homeric Texts*, New Rochelle/Athens 2000.

② 在古代被称为“荷马里德”的一群游吟诗人，被认为是《荷马史诗》的集体“世代相传的守护者”。“荷马里德”这个传统在公元前 5 世纪就已经存在，并且一直延续到古代末期。参见 Pindar, *Nemean Odes, Ⅱ .1*（‘Just as the Homeridae, the singers of verses stitched together, most often begin with Zeus as their prelude...’）；柏拉图，《斐德罗篇》，252b（有两句歌颂爱情的诗出自某些专门模仿荷马的诗人的手笔）；柏拉图，《理想国》，X.599e（格劳孔说，我认为他答不上来。不管怎么说，连荷马的崇拜者也一个都不曾提到过他有这种功绩）；*Strabo, XⅣ* .C.645（‘The Chians also claim Homer, setting forth as strong testimony that the men called Homeridae were descendants of Homer’s family.’）；*Plutarch, Moralia*, 496d-e. 也可参见 M. W. Edwards, *Homer*, *Poet of the Iliad*, Baltimore/London 1987, 26; C. H. Whitman, *Homer and the Heroic Tradition*, Cambridge, Mass./London 1958, 81.

· 施里曼在特洛伊发掘的古墓

《荷马史诗》第一版的"传说"

我们花了一些时间讨论《荷马史诗》中的荷马问题和其他主题，以此作为对希腊书籍世界的介绍，并提请人们注意《荷马史诗》中所代表的书写传统的起源以及它与第一个希腊公共图书馆的联系。

【68】在《伊利亚特》第六卷中，我们发现了格劳科斯（Glaucus），他是特洛伊战争的英雄之一，格劳科斯的祖父是柏勒洛丰，因为他杀死了客迈拉而赢得了永恒的荣誉。柏勒洛丰被送到吕西亚国王那里，上面写着他自己的死刑判决："一块折叠的泥板，上面刻着许多具有致命意义的符号。"（译者注：柏勒洛丰在狩猎中误杀了兄弟，他逃亡到了普洛托斯。普洛托斯国王十分赏识他，便赦免了他的罪行。可普洛托斯国王的妻子爱上了他，却被他拒绝，便诬告他强奸她，于是恼火的普洛托斯国王委托柏勒洛丰给自己的岳父吕西亚国王送信，吕西亚国王对柏勒洛丰十分赏识，但

打开信件时，发现他的女婿让他杀死柏勒洛丰。吕西亚国王非常不忍，便让他去杀死为祸吕西亚的客迈拉，想借客迈拉之手杀死他）[①] 这是唯一一次提到《荷马史诗》中的写作，也是希腊文学中第一次这样引用。

从这段重要的诗句中，我们可以得到三条重要的信息。第一，究竟是在什么样的材料上书写了这些信息：它是一块板（pinax），是一种由铰链连接起来的木板，上面涂有软沥青（maltha）（一种蜡和沥青的混合物），据说从公元前 2000 年开始，迈锡尼世界就已经开始使用这种书写材料。[②] 第二，与所使用的书写字母的类型有关，也就是《荷马史诗》中提到的“符号”：这些肯定是线性文字 B 的标志，因为荷马描述的事件发生在他那个时代之前很久，甚至在他创作游吟诗的时候希腊人还没有使用字母。第三，柏勒洛丰是死刑犯。在青铜时代，只有抄写员和一小群高级政要才知道如何进行读写。[③]

《荷马史诗》是什么时候才以书籍的形式保存下来的？《荷马史诗》以什么样的口述形式把它们传给“荷马里德”？【69】以及这种口述形式与我们今天的文本相比如何？这些问题可能将永远没有答案。这些游吟诗人是为希腊世界不同地区的有钱人和有权势的人朗诵而创作的，他们还经常调整语言和措辞，以适应特定的听众。这就更加增加了答案的不确定性。尽管如此，公元前 8 世纪中叶以前，《荷马史诗》并没有以固定的书写形式

---

① *Iliad*, Ⅵ.168-169. 柏勒洛丰自己是否知道如何读和写是一个有争议的问题。如果他会读写，那就有理由认为文盲是他们那个阶级的希腊人的普遍情况。希腊王子对写作的无知从两位英雄留下他们的印记和从头盔中抽签的场景中可以明显看出（*Iliad*, III.315-317）。参见 R. Bellamy, *Bellerophon's Tablet*, *CJ* 84 (1988—1989) 289-307; A. Ford, *Homer*, *The Poetry of the Past*, Ithaca/London 1992, 13, 137.

② 如上所述，p. 57 (n. 53).

③ 如上所述，p. 52 (n. 10).

SOLON.
Published as the Act directs, August 11.1807, by J. Wilkes.

· 梭伦

保存下来，当时希腊世界字母已经开始普遍使用。[①]关于这个问题，公认的解释是：把《伊利亚特》和《奥德赛》书写下来的倡议是在公元前560年由雅典的“僭主”庇西特拉图提出的，原因与雅典和麦加拉（Megara）在萨拉米问题上的争端有关。[②]

---

① 关于将《荷马史诗》中的世界追溯至公元前8世纪甚至更晚的考古学证据，参见 G. S. Kirk (ed.), *The Iliad: A Commentary*, Cambridge 1985—1993 (vols. Ⅰ-Ⅱ by G.S. Kirk, 1985—1990, vol. Ⅲ by J. B. Hainsworth, 1993, vol. Ⅳ by R. Janko, 1992, vol. Ⅴ by M.W. Edwards, 1991). 也可参见 O. Taplin, *Homeric Soundings: The Shaping of the Iliad*, Oxford 1992, 33-35; E.F. Cook, *The Odyssey in Athens: Myths of Cultural Origins*, Ithaca/London 1995; G. Nagy, *Poetry as Performance: Homer and Beyond*, Cambridge 1996, 101; J. P. Crielaard, *Homer, History and Archaeology: Some Remarks on the Date of the Homeric World, in Homeric Questions: Essays in Philology, Ancient History and Archaeology, including the papers of a conference organized by the Netherlands Institute at Athens* (15 May 1993), Amsterdam 1995, 273-275; A. J. Graham, *The Odyssey, History and Women*, in Beth Cohen (ed.), *The Distaff Side: Representing the Female in Homer's Odyssey*, Oxford/New York 1995, 3-17. 据认为，腓尼基字母是在公元前10世纪和公元前9世纪被引入希腊的，尽管有些学者认为第一次引入还可以追溯至公元前11世纪。人们普遍认为，公元前8世纪中叶，它开始被广泛使用。将其引入时间定在公元前8世纪之前，主要基于以下证据：

（a）到公元前8世纪末，字母已经呈现为一种很成熟的形式（从迪庇隆门的铭文中可以看出），这意味着它已经被使用了很长时间。

（b）公元前8世纪时，卡尔基斯人（Chalcidians）带着一种发展成熟的字母来到意大利南部，人们普遍认为它已经演变成拉丁字母。

（c）在腓尼基人和希腊人之间存在贸易繁荣时期，字母一定是在这一时期引入的，而这段贸易繁荣时期正是公元前12世纪—公元前9世纪。

（d）早期希腊字母表中的字母与公元前11世纪—公元前9世纪的腓尼基字母更为相似，而不是后来（公元前8世纪）的铭文中的字母。

（e）《伊利亚特》和《奥德赛》的许多诗句代代相传，这被一些学者视为证据，证明它们一定是在早期阶段写下来的，很可能是在它们共同创作的时候。

（f）我们有古老的证据证明，奥运会中获胜者的名字早在公元前776年就以书面形式记录下来了。

（g）现存的碑文中没有可以追溯至公元前8世纪（留下公元前1200年—公元前720年的空白）之前的，对此的解释可能是：（i）至今还没有发现该时期的铭文，（ii）它们是写在木头、兽皮、莎草纸或其他一些在希腊气候下不耐腐烂的材料上。

参见 M. Guarducci, *Epigrafia Greca*, 3 vols., Rome 1967, 1969, 1974; L. H. Jeffery, *The Local Scripts of Archaic Greece*, Oxford 19902; A. Sigalas, ^Ιστορία τÉς ëλληνικÉς γραφÉς, Thessaloniki 1974 J. T. Hooker (ed.), *Reading the Past: Ancient Writing from Cuneiform to the Alphabet*, London 1993; G. Babiniotis, Συνοπτική ^Ιστορία τÉς ^ΕλληνικÉς Γλώσσας, Athens 20025.

② 参见 R. Pfeiffer, ^Ιστορία τÉς ΚλασσικÉς Φιλολογίας. \Από τ῀ν \Αρχ῀ν μέχρι τοÜ τέλους τ῀ν ^Ελληνιστικ῀ν Χρόνων (= *History of Classical Scholarship: From the Beginnings to the End of the Hellenistic Age*, Oxford 1968, tr. P. Xenos et al.), Athens 1972, 6 ff.; A. Lesky, ^Ιστορία τÉς àρχαίας ^ΕλληνικÉς Λογοτεχνίας (= *Geschichte der griechischen Literatur*, Bern 1957/58, tr. A. G. Tsopanakis), Thessaloniki 1983, 73; H. Berve, *Die Tyrannis bei den Griechen*, Ⅱ, Munich 1967, 41-63.

庇西特拉图统治下的《荷马史诗》版本

故事如下：公元前 6 世纪，雅典人就萨拉米的主权问题与麦加拉人（Megarians）发生冲突。自从梭伦时代以来，这一直是争论的焦点。据说，雅典统治者庇西特拉图在战斗中“赢得了巨大的声誉”，这帮助他确立了自己的权力。[①] 争论缘起于麦加拉人对荷马“船只目录”的真实性提出的质疑，而雅典人证明他们与萨拉米的联系可以追溯至特洛伊战争之前的证据，正是来自“船只目录”。麦加拉人争辩说，雅典人通过在“船只目录”中插入一些其他的内容来增加他们的论点的权重，所以，他们破坏了这个“真实文本”。[②] 但实际上，《伊利亚特》并没有真正的权威书写文本可供他们任何一方参考以支持自己的观点，因此，出于政治而非文化的原因，庇西特拉图承担起了编辑和整理《荷马史诗》的第一个书写版本的任务。更重要的是，他承诺为编辑和整理诗歌的人每行诗支付一个奥伯尔（obol，古希腊货币名，相当于六分之一个德拉克马），即使是重复的诗行，他也会照样支付。[③]

在对这一传统的真实性做出任何确定性的结论或猜测之前，值得回顾一下文本记载的证据。在 19 世纪早期，乔治·格罗特（George Grote）在

---

① Aristotle, *Constitution of the Athenians*, ⅩⅣ .1.4: Pisistratus, being thought to be an extreme advocate of the people, and having won great fame in the war against Megara....

② *Iliad*, Ⅱ .558. 这一段故事在古代很流行，亚里士多德也很重视它。也可参见：普鲁塔克，*Solon*, 10; 第欧根尼 · 拉尔修 , I.48: “为了不使人们认为他只是靠武力，而非靠公正获取了萨拉米，他掘开一些坟墓，展示死者被埋葬时是脸朝东方的这一事实，而这正是雅典人埋葬死者的习俗。此外，这些坟墓本身也是朝向东方的。再有，墓碑上刻有死难者来自的乡区，以辨别他们的身份，这也是雅典人的一个奇特做法。有些人断言，梭伦在河马的船舰登记表中的这句话后面——埃阿斯智慧来自萨拉米斯的十二艘舰船，插入了自己的这样一句话：紧挨雅典人的队伍设置他们的阵地。” [Iliad, II.557-558]. 关于这一事件的史实性，参见 A. Andrewes, *The Growth of the Athenian State* and *The Tyranny of Pisistratus*, in *CAH*, III.3, Cambridge 1982, 372-374, 392-416; M. J. Apthorp, *The Manuscript Evidence for Interpolation in Homer*, Heidelberg 1980, 169-170; J. A. Davison, *Peisistratus and Homer*, *TAPA* 86 (1955) 1-21.

③ 据利莲 · 杰弗瑞所说，15 世纪雅典的最低日工资是 2 个奥伯尔，这是庇西特拉图为“出版”两行《荷马史诗》而提供的价格；那时一张莎草纸的价格是 8 个奥伯尔 .

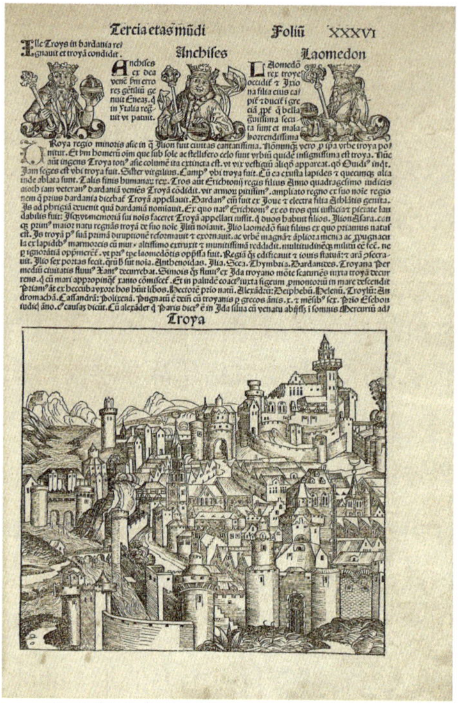

· 特洛伊古城的重构和特洛伊战争英雄画像

他的《希腊史》① 中详细讨论过这个问题。除他之外，还有另外一些学者也曾讨论过这个问题。格罗特对那个传说提出了质疑，即庇西特拉图将真正的荷马的著作的第一个阿提卡语版本存放到了他自己创建的公共图书馆中。【72】他还对沃尔夫、穆勒和拉赫曼等伟大的考据学家不加批判地欣然接受这个传说提出了质疑。最早提到麦加拉人指控伪造的书面文献可能出现在公元前 4 世纪的两位麦加拉历史学家的著作中，他们分别是迪乌西

①G. Grote, *A History of Greece: From the Earliest Period to the Close of the Generation Contemporary with Alexander the Great*, Ⅱ, London 1872, 86-96. 也可参见 Pfeiffer, op. cit., 6-10.

达斯（Dieuchidas）[①] 和赫里亚斯（Hereas）[②]。他们都没有把庇西特拉图描述为游吟诗的“收集者”，但他们确实提到了梭伦或庇西特拉图所怂恿和教唆的对《荷马史诗》文本的补充与破坏。

公元前 1 世纪，西塞罗（《论雄辩家》，Ⅲ.34）认为，庇西特拉图在雅典执政时期，《荷马史诗》才被用文字固定下来。这种说法的提出距离那两位麦加拉的历史学家有 300 年之久。西塞罗的资料来源可能是密勒利亚的语法学家和历史学家阿司克勒彼亚得（Asclepiades），他是西塞罗的同时代人，在出版《语法学》一书时，他住在罗马，这本书是一部系统的文献史。[③]

西塞罗在书中对传统归属的争论其实早就有了根源。可以肯定的是，到公元前 6 世纪，游吟诗人已经使荷马的史诗在希腊的许多城市广为人知，他们参加各种比赛，而且比赛通常有大量的观众。据第欧根尼·拉尔修所言，梭伦——他自己也算是诗人——在雅典掌权时，曾强调《荷马史诗》的重要性，并在泛雅典娜节（Panathenaea）上发起游吟诗人的比赛。[④] 无论如何，不管梭伦是否真的发起了比赛，还是他只是提出了这种想法从而让庇西特拉图来实践这个想法，我们感兴趣的是，【73】在比赛中荷马的作品是按照特定的顺序背诵的，当一个游吟诗人下台时，下一个就得从刚才那个诗人吟唱的地方继续吟唱下去。这意味着，肯定存在一个标准的《荷马史诗》的版本，这个版本是以书面形式固定下来的，且肯定是被普

① 迪乌西达斯唯一已知的作品是 *Megarica*，至少有五卷：参见 P. Kroh, Λεξικό \Αρχαίων συγγραφέων ^Ελλήνων καί Λατίνων, tr. and ed. by D. Lypourlis and L. Tromaras, Thessaloniki 1996, 141.

② 赫里亚斯的作品很可能被命名为 *Megarica*，他写作的历史作品具有反雅典的倾向。同时，他也热衷于驳斥雅典人对麦加拉的指控，像迪乌西达斯一样，他也提到了庇西特拉图声称的在《伊利亚特》(Ⅱ.546-558) 中的篡改。

③ 密勒利亚的阿司克勒彼亚得，语法学家和历史学家，生活在公元前 100 年左右。他可能是色雷斯人狄奥尼修斯的学生，在移居西班牙之前，他曾在罗马工作过一段时间。他的大部分作品都是对诗人的评论（尤其是荷马、品达和索里的阿拉图斯等）。

④ 第欧根尼·拉尔修保存了梭伦诗歌的一些片段，他说（Ⅰ.61）：“显而易见，他就是那些法律的作者。他的演讲和挽歌体诗，即对他自己宣讲的忠告以及论萨拉米和雅典政制的演说，一共有 5000 行，当然，还有他的短长格诗和吟唱诗。”根据克罗（Kroh）的计算，在他的 5000 行作品中，大约有 300 行是通过被其他作者引用而流传下来的。

· 在赫淮斯托斯（Hephaestus）工作坊中的忒提斯

· 阿喀琉斯（Achilles）为帕特洛克罗（Patroclus）包扎伤口。柏林考古博物馆

遍接受的，像游吟诗人和比赛的裁判等，都可以参阅这个版本。然而，这并不一定意味着存在一个已出版的版本。

我们从古代作家对这一创新所使用的措辞中可以看出，他们是肯定支持上述结论的。根据第欧根尼·拉尔修的说法，梭伦规定要以固定的顺序（âξποβολÉς）[①] 背诵荷马的作品，在柏拉图对话的伪作《希帕库斯》中，我们被告知他们必须按“接力”（âξυπολήψεως）的方式进行背诵。[②] 尽管âξποβολÉς 和 âξυπολήψεως 没有相同的含义，但是这两种情况都意味着，肯定有一个提示者，其工作是确保节选的部分要彼此按照诗歌中事件的“正确”顺序进行吟诵，或者按照普遍接受的游吟诗的顺序吟诵。很明显，以前游吟诗作者都是以一种他所选的顺序吟诵他节选的部分的诗歌的。[③]

公元前 570 年—公元前 560 年，关于荷马著作版本存在的真实性造成了一些混乱，这些混乱可以从代表雅典文化生活另一面的瓶画上反映出来。在一个双耳喷口杯（krater）上，人们通常将这种杯称为“弗朗索瓦花瓶”（François vase），描绘了葬礼中为纪念被杀的帕特洛克罗而举行的战车比赛。这幅画是大艺术家克利提亚斯（Cleitias）的作品，花瓶上同时有克利提亚斯和制作它的陶工埃尔戈蒂马斯的签名。在这幅瓶画中有五位不朽的战车师，其中唯一在“公认的”《伊利亚特》版本中提到的是狄奥墨得。

---

① 第欧根尼·拉尔修．I.57：他还规定，对荷马作品的诵读不得替代，应该按照固定的顺序依次进行，例如，第二个诵读者必须从第一个诵读者停止的那个地方开始。

②Pseudo-Plato，*Hipparchus*，228b：“[希帕库斯] 首先将荷马的诗带到这个国家，并让吟诵史诗的人在泛雅典娜节上一个接一个地朗诵，就像现在一样。”

③ 关于梭伦究竟试图要建立的是什么，以及他在《荷马史诗》的朗诵中引入了什么样的创新，对这两个问题的回答，关键在于我们对短语 âξποβολÉς 和 âξπολήψεως 的构造。按照乔治·格罗特（*George Grote, op. cit., 88*）的观点，赫尔曼（Hermann）的解释是令人满意的。υποβολεύς 这个词是一个专业术语，意为在戏剧表演中为演员服务的那个人（普鲁塔克，Praecepta gerendae reipublicae，816）。名词 υποβολή 和动词 υποβάλλειν 都指唤起演讲者的记忆，并提醒他原文的正确顺序（色诺芬，*Cyropaedia*，Ⅲ.3.37：âξ υποβολÉς）。如果读法是正确的，那么 υποβολή 这个词则指涉的就未必是吟诵史诗的人朗诵的顺序，这同样适用于一个单独的吟诵史诗的人。υπόληψις，即从别人停下的地方开始。事实上，朗诵《荷马史诗》是泛雅典娜节的一个常规项目，我们可以从 4 世纪的演说家莱喀古斯（Lycurgus）的演讲 *Against Leocrates* 中获得一些证词：“我也要向你们推荐荷马。你们的父辈认为他是一个非常优秀的诗人，以至于他们通过了一项法律，在所有的诗人中，只有他一个人的作品，要在每四年举行一次的泛雅典娜节上进行朗诵。”

· 阿提卡红色人物花瓶碎片，描绘了正在醉酒狂饮的酒宴

在类似题材的其他绘画作品中，【74】克利提亚斯和那个时期的其他艺术家似乎并不熟悉荷马所描述的事件，或者说他们之前根本没有接触到《荷马史诗》。①

第一批公共图书馆

传统观点认为，庇西特拉图是第一个收集荷马史诗的人，他将史诗的文本用阿提卡书写语言固定下来，同时，附上了阿塞奈乌斯的评论。阿塞奈乌斯在其《智者之宴》中将庇西特拉图置于萨摩斯的波吕克拉底

① 战车比赛在《伊利亚特》的第 23 卷（272-650）中有描述："阿特柔斯和亚该亚人的儿子手持武器，这些是等待获胜的战车者的奖品……" 参见 Mylonas-Shear, op. cit., 99。陶工和画家尼亚库斯（Nearchus），他与克利提亚斯和一个知名的阿提卡瓶饰画家是同时代的人，在他的一个陶瓶上画着阿喀琉斯和他的马：在这幅画里，马的名字被称为 Chaetus 和 Eutheias，而不是《伊利亚特》中提到的著名的克珊托斯（Xanthus）和 Balius。关于这幅画的复制品，参见 I. Th. Kakridis，Ελληνική Μυθολογία. Τρωικός Πόλεμος, V , Athens 1986, 43（Fig. 29）.

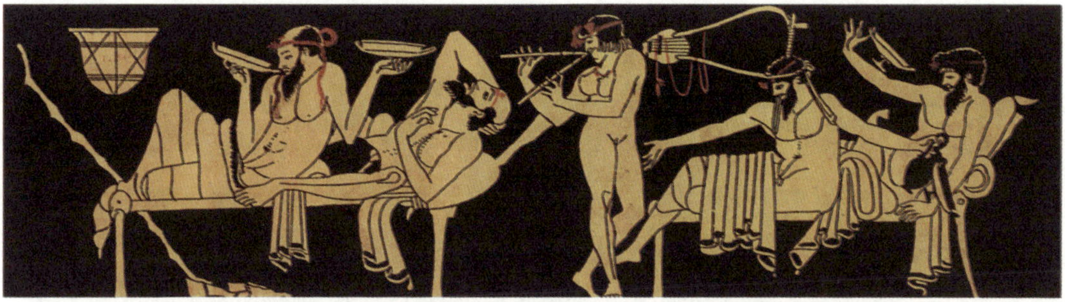

· 在一场戏剧表演场景中的酒神狄奥尼索斯和他的妻子阿里阿德涅（中）

（Polycrates）之后，并把他视为是在托勒密二世之前最重要的图书馆奠基人之一。由此就产生了一个假设，即公元前 6 世纪的雅典，确实存在着一个公共图书馆，按当时的标准来看，它还是一个非常重要的图书馆。

希腊世界最早的公共图书馆、私人图书馆和宫殿图书馆的创始人名单——实际上是已知的唯一一份这样的名单——是由阿塞奈乌斯在公元 193 年—公元 228 年在罗马撰写的《智者之宴》（Ⅰ.3）中给出的。① 阿塞奈乌斯这本书的中心人物是 P. 利维乌斯·拉伦修斯，据说他有很多希腊书籍，以至于“他超过了过去所有以书籍收藏而闻名的人，比如萨摩斯的波

---

① Athenaeus，*Deipnosophistae*，I.3: ^Υπε τΈς τ῀ν πολλ῀ν ὰφιλοκαλίας. qν δέ, φησί, καd βιβλίων κτΈσις αέτ῀ ὰρχαίων ^Ελληνικ῀ν τοσαύτη 1/2ς •περβάλλειν πάντας tofς âπd συναγωγΈF τεθαυμασμένους, Πολυκράτην τε τεν Σάμιον καd Πεισίστρατον τεν \Αθηναίων τυραννήσαντα Εέκλείδην τε τεν καd αέτεν \ΑθηναÖον καd Νικοκράτην τεν Κύπριον öτι τε tofς Περγάμου βασιλέας Εέριπίδην τε τεν ποιητcν \Αριστοτέλην τε τεν φιλόσοφον καd Θεόφραστον καd τεν τα τούτων διατηρήσαντα βιβλία Νηλέα· παρ’ ογ πάντα, φησί, πριάμενος ï TMμεδαπες βασιλεfς ΠτολεμαÖος, Φιλάδελφος δb âπίκλην, μετα τ῀ν \Αθήνηθεν καd τ῀ν àπό Ρόδου ε῎ς τcν καλcν \Αλεξάνδρειαν μετήγαγε. διόπερ âκεÖνα τ῀ν\Αντιφάνους âρεÖ τις ε῎ς αέτόν. 参见 J.A. Davison, *Literature and Literacy in Ancient Greece*, Phoenix 16 (1962) 152.

吕克拉底[①]，雅典的统治者庇西特拉图、雅典的欧几里德、塞浦路斯的尼哥拉特斯、诗人欧里庇得斯以及哲学家亚里士多德、塞奥弗拉斯特，最后是涅琉斯。”

阿塞奈乌斯的名单中，仅仅提到了波吕克拉底、庇西特拉图、欧几里德以及尼哥拉特斯的图书馆。另一个图书馆是由昔居翁（Sicyon，伯罗奔尼撒半岛东北部的一个城市）的统治者克利斯提尼（Cleisthenes）建立的，这个图书馆可以追溯至梭伦时代。据说，在与阿耳戈斯交战期间，他禁止人们朗诵荷马史诗，因为在荷马史诗中，经常提到阿耳戈斯。[②]

除了在阿塞奈乌斯的书单中提到庇西特拉图以及假定荷马所有史诗的存在之外，还有其他证据表明，从公元前 570 年—公元前 560 年开始，在庇西特拉图和庇西斯特拉提得统治时期，他们确实采取了一些措施，意欲把过去的和同时代的作品编辑成“标准版本”，同时在雅典建立一个公共图书馆。根据普鲁塔克的说法，赫里亚斯（写于 200 年后）指责庇西特拉图篡改了赫西奥德的文本，删掉了其中的一整行：大概他指的是庇西特拉图时代就存在的书面文本。[③]雅典的奥诺玛克利图是庇西斯特拉提得的支持者，【76】他系统地收集了穆赛乌斯（Musaeus，希腊远古诗人和乐师，奥菲斯（Orpheus）的

---

① 波吕克拉底大概在公元前 532 年夺取政权，死于公元前 522 年。他的宫廷是学者和文化人士的聚集地，包括医生德谟凯得斯（Democedes）和诗人伊比库斯（Ibycus）、阿那克瑞翁（Anacreon）。另一个经常光顾波吕克拉底宫廷的是来自开俄斯的 Cynaetus，他是一位叙事诗朗诵者，活跃于公元前 500 年左右。品达的注释者指责 Cynaetus 及其同伙篡改了荷马的很多话语，也有一些人将《阿波罗赞歌》*Hymn to Apollo* 的原创者归于 Cynaetus。作为“荷马里德”（Homeridae）的成员，Cynaetus 几乎可以肯定是在叙拉古和西西里朗诵荷马作品的第一位游吟诗人。参见 Scholia Vetera in Pindari carmina, ed. A.B. Drachmann, III, Leipzig 1927 (Nemean Odes, II.1); R. Janko, Homer, *Hesiod and the Hymns: Diachronic Development in Epic Diction*, Cambridge 1982, 112-114; W. Burkert, *Kynaithos, Polycrates and the Homeric Hymn to Apollo* , in Arktouros: Hellenic Studies presented to Bernard M. W. Knox, ed. G. W. Bowersock, W. Burkert and M. C. J. Putnam, Berlin/New York 1979, 53-62. 更多资料参见 Berve, op. cit., II, 107-114.

② 希罗多德（Herodotus），V.67. 戴维森（Literature and Literacy...’, 152）认为克利斯提尼的图书馆是出于政治上的权宜之计。

③ 普鲁塔克，*Theseus*, 20: Dreadful indeed was his [Theseus’] passion for Aigle, the daughter of Panopeus. 根据麦加拉的赫里亚斯所说，庇西特拉图从赫西奥德的诗中删去了这句话，就像他在荷马的《死亡之书》（*Book of the Dead*）中插入了这段诗。

同时代人和学生）的神谕，并进行了编辑和出版①，穆赛乌斯是奥菲斯（希腊神话中的色雷斯诗人和歌手，亦译“俄耳甫斯”，欧律狄刻的丈夫）的学生。

庇西特拉图的儿子希帕库斯继承了他父亲作为艺术和文献赞助人的传统，他邀请忒奥斯的阿那克瑞翁加入他的宫廷②，这在一定程度上促进了他的抒情诗的发展。在希帕库斯的再次倡议下，开奥斯的西摩尼得（Simonides）也来到雅典。③有一段时间，作为抒情诗人，赫耳弥俄涅（Hermione）的拉苏（Lasus）与西摩尼得可以相提并论④。在希帕库斯的资助下，拉苏来到雅典。毋庸置疑，所有这些证据都指向同一个方向，这是一个事实，但这一事实并不一定证实存在这样一种趋势：将史诗和抒情诗的标准文本放在莎草纸卷上，目的是创建一个“学术”的公共图书馆。

• 一位留着胡须的抄写员，戴着帽子，坐在凳子上，右手拿着一支手写笔。雅典国家考古博物馆

① Onomacritus，公元前五六世纪的雅典诗人，主要是对收集穆赛乌斯的神谕感兴趣，但赫耳弥俄涅的拉苏揭露他是个神谕的伪造者，因此，他不得不离开雅典去往苏萨（Susa）。参见希罗多德，Ⅶ.6.3：‘... an Athenian named Onomacritus, a diviner who had edited the oracles of Musaeus. The Pisistratids, who had not been on good terms with him, had since made up the quarrel. This man had been expelled from Athens by Hipparchus, the son of Pisistratus, when he was caught by Lasus of Hermione in the act of interpolating into the writings of Musaeus a prophecy that the islands off Lemnos would disappear into the sea.’

②[亚里士多德]，*Constitution of the Athenians*, XVIII; Pseudo-Plato, *Hipparchus*, 228b-c；J. M. Edmonds，*Greek Elegy and Iambus*, I, Cambridge, Mass. 1968, 25.

③ 开奥斯的西摩尼得斯，公元前五六世纪的一位抒情诗人，生于公元前 556 年左右，在被邀请到雅典之前，他已经在希腊和小亚细亚成为一名著名的颂诗作者。在雅典，他参加了很多酒神赞歌的比赛，根据他自己的说法，他曾在男子合唱中赢得过 56 次胜利。

④ 赫耳弥俄涅的拉苏，是一位公元前 6 世纪的抒情诗人，当他揭露奥奈西克里图斯是个神谕的伪造者时，就已经享有很高的声誉。参见 F. W. Schneidewin, *De Laso Hermionensi*, Göttingen 1842—1843.

根据奥鲁斯·盖留斯的说法，在“僭主”庇西斯特拉提得倒台后，雅典人扩大了庇西特拉图建立的图书馆[①]，并将其移到了卫城〔如果我们假设由庇西特拉图收集的寓言书，保存在卫城上，之后被斯巴达的克勒奥美涅（Cleomenes）盗取，这些书构成了该图书馆的一部分〕。[②]盖留斯还告诉我们，在公元前480年或公元前479年雅典被洗劫后，庇西特拉图的公共图书馆里的藏书作为战利品被带到波斯。但是，这些书并没有丢失，因为塞留库斯一世尼卡托在公元前280年占领波斯波利斯后，又将它们带回了雅典。[③]许多学者认为，荷马史诗朗诵比赛之所以在公元前480年的泛雅典娜节上终止，是因为史诗的固定书写本已经丢失，而伯里克利所发起的更多的是关于音乐和诗歌的比赛。[④]

下一个问题是：在公元前6世纪，负责编辑荷马史诗并为之创建阿提卡语版本的考据学者究竟是谁？答案可以在策策斯的作品中找到，这部作品写于12世纪。【77】策策斯在他的《阿里斯托芬·序言》（*Prolegomena to Aristophanes*）中，写到了托勒密在亚历山大里亚的图书馆，其中，他引用了一个未知来源的资料，列出了四个人的名字，这四个人是庇西特拉图雇佣来准备修订荷马史诗的[⑤]：他们分别是Epicondylus、雅典的奥诺玛克

---

① 参见 Aulus Gellius, *Noctes Atticae*, Ⅶ. ⅩⅦ.1-2：‘Libros Athenis disciplinarum liberalium publice ad legendum praebendos primus posuisse dicitur Pisistratus tyrannus. Deinceps studiosius accuratiusque ipsi Athenienses auxerunt; sed omnem illam postea librorum copiam Xerxes, Athenarum potitus, urbe ipsa praeter arcem incensa, abstulit asportavitque in Persas. Eos porro libros universos multis post tempestatibus Seleucus rex, qui Nicanor appellatus est, referendos Athenas curavit.’

② Herodotus，V.90: ‘It was from the Acrop olis of Athens that Cleomenes took the prophecies, which had formerly been in the possession of the Pisistratids. When the latter were exiled, they left them in the temple, from where they were retrieved by Cleomenes.’

③ 参见 n. 32 above. 除了庇西特拉图图书馆的藏书，哈谟狄乌（Harmodius）和阿瑞斯托吉唐（Aristogeiton）的雕像也归还给了雅典。参见 Gellius, Ⅶ. ⅩⅦ.1-2; Pausanias, I.8.5.

④ 关于泛雅典娜节和希帕库斯（Hipparchus）音乐比赛的规则，参见 J.A. Davison, *Notes on the Panathenaea*，*JHS* 78 (1958) 23-42; Id., *Addenda to Notes on the Panathenaea*，*JHS* 82 (1962) 141-142; J. Neils, *Goddess and Polis: The Panathenaic Festival in Ancient Athens* (with contributions by E. J. W. Barber, D. G. Kyle, B. S. Ridgway and H. A. Shapiro), Princeton 1991; E. Simon, *Festivals of Attica*, Madison/London 1983.

⑤ 参见 Chapter Ⅲ.

利图、赫拉库里亚的佐皮鲁斯和克罗顿的奥菲斯。我们不知道 Epicongylus 的生平信息；奥诺玛克利图是收集穆赛乌斯神谕的诗人，当他被发现伪造这些神谕时，他不得不离开雅典；除此之外，我们也并不了解佐皮鲁斯，只知道他是一位诗人，写了一部描写忒修斯神话的散文；克罗顿的奥菲斯是公元前五世纪、六世纪的一位诗人，在庇西斯特拉提得的宫廷之中写了一首关于阿尔戈瑙人远征的史诗。考古学已经有了一些可能与这四位编辑的传统有关的发现：人们在雅典卫城发现了三个坐着工作的抄写员雕像（以及第四个雕像的一些残片，可能属于同一组雕像），有些人认为他们代表了编辑荷马史诗的那四位学者。[①]然而，普费弗（Pfeiffer）提出的观点是，没有任何古代资料提到有荷马史诗的阿提卡语版本存在，因此我们可以假设的是，庇西特拉图时代的这四位学者是第一批按固定顺序排列荷马史诗（《伊利亚特》和《奥德赛》的 48 部“作品”）的人，在这个过程中，他们对史诗的文本做了一些修订。

游吟诗人有他们自己的私人图书馆或公共图书馆吗？

从公元前 6 世纪初开始，游吟诗人对史诗和抒情诗传统的语言演变产生了决定性的影响，他们也在创造“文学观念”方面发挥了重要作用。这

① 其中三个破损的雕像是由 Humry Payne 在他的著作 *Archaic Marble Sculpture from the Acropolis*（1936 年，伦敦）中发表的。关于它们的日期问题，参见 M. S. Brouskari，*The Acropolis Museum: A Descriptive Catalogue*, Athens 1974: Dr. Brouskari, who identified the object held by one of the figures (inv. no. 144) as a box containing writing implements, dates them to ca. 520 and 510—500 B.C. 更多内容参见 H. L. Alford, *The Seated Figure in Archaic Greek Sculpture*, Los Angeles 1978, 396-408. 最大和保存最完好的雕像的头部残片是由 Ismene Triandi 鉴定的。可参见其论文：*‘Παρατηρήσεις σέ δύο ϊμάδες γλυπτ῍ν τοÜ τέλους τοÜ 6ου α ̈ώνα ἀπό τήν \Ακρόπολη’* in The Archaeology of Athens and Attica under the Democracy: Proceedings of an International Conference celebrating 2500 years since the birth of Democracy in Greece, held in the American School of Classical Studies at Athens, December 4-6, 1992, ed. W. D. E. Coulson, O. Palagia, T. L. Shear, Jr., H. A. Shapiro and F. J. Frost [Oxbow Monograph 37], Oxford 1994, 83-86; Ead., *Τό ΜουσεÖο τΈς \Ακροπόλεως*, Athens 1998, 199-205.

自然就导致了从口述传统到书写文本的转变。让我们从头开始说起。

公元前 6 世纪初，由一代又一代的游吟诗人流传下来的史诗被视为“经典”。这些吟诵史诗的人，既不是学者，也不是文学家，但当他们凭记忆歌唱英雄时代时，他们常常要根据自己的方式来解读和阐释某些段落，有时还会将自己的诗放到里面。此外，Γένος Αριστοτέλους 不仅充分证明了他对荷马史诗的透彻了解和作为表演者的熟练程度，也证明了公众普遍接受像他这种角色。

公元前 6 世纪吟诵史诗的人有没有技术辅助手段以帮助他们理解和研究古老的史诗传统呢？比如，书写文本。【78】换言之，他们是否在史诗中使用了罕见的词汇或已经被淘汰过时的词汇（glossai）？亚里士多德在《诗学》中断言，情况确实如此，因为这些所谓的过时的词汇是“最适合英雄诗歌的”。① 事实上，吟诵史诗的人可能对荷马史诗中发现的词汇进行了解释和润色，并对词源上晦涩难懂的模糊单词进行了解释和说明，然后将这些词汇汇编成口语传统的“语法教科书”。②

正如吟诵史诗的人意识到他们在延续史诗传统以及后来的抒情传统方面所起的作用一样，从某个角度来看，他们肯定同样意识到他们“依赖”于被普遍接受为权威的书面文本。公元前 6 世纪初，科罗封的克塞诺芬尼和他对荷马史诗的态度引起了轩然大波，这一事件为 6 世纪初形成的叙事诗文学的倡导者们提供了一个有趣的线索。③ 这位吟诵史诗的人，自己也是个诗人，游历了整个希腊世界，从小亚细亚到意大利南部的希腊殖民地。人们认为，他是从巡回吟唱荷马史诗开始他的职业生涯的，尽管没有

① Aristotle, *Poetics*, 1459a ff. αî δb γλ˜ˆτται τοÖς ΤΜρωικοÖς. 也可参见 K. Latte, *Glossographika*, Philologos 80 (1925) 125 ff.

② Pfeiffer, op. cit., 9-13.

③ 来自科罗封的克塞诺芬尼在公元前 6 世纪处于旺盛时期。他称自己是哲学家（fr.b8），靠写诗为生，他常常自己朗诵诗歌。他是一个有洞察力和批判性的观察者，他从在旅行所看到的东西中学到了东西，因此他从诗歌走向了哲学。参见 S. M. Untersteiner, *Senofane*, Florence 1956; A. Kelesidou- Galanou, ^Η κάθαρση τΈς θεότητας στή φιλοσοφία τοÜ Ξενοφάνη (dissertation), Athens 1969.

确凿的证据能够证明这一点。随着时间的推移，他逐渐成为一名朴素的民间哲学家，并强烈批判荷马和赫西奥德把神描绘成人类认为不道德的行为的作恶者，例如偷窃、通奸和欺骗。这位虔诚的游吟诗人的责难引发了对荷马的一系列批评，以至于柏拉图实际上正是基于这些理由才将荷马从他的“理想国”中驱逐出去，其他人也做出了类似的反应。[①] 另一方面，克塞诺芬尼的非难激起了其他游吟诗人争先恐后地为荷马辩护：其中之一是莱吉姆（Rhegium）的泰阿奇尼斯（Theagenes），他首先提出了解释学的诸多原则，以此解释诸神行为背后的动机。[②]

可以肯定的是，所有这些“文学”都不可能以口述的方式持续下去，游吟诗人们越是获得新的受众并继续提供他们自己的解释和语言变体，就越有必要将所有文字材料以“标准”版本的形式书写固定下来。确切地说，游吟诗人开始逐渐意识到书写下来的文本是提高他们职业可靠性的重要辅助手段这个过程很可能始于 6 世纪。关于这个主题，我们仅有的证据是无关紧要的，没有实质意义。一张上面有提摩修《波斯人》的残篇的莎草纸，可以追溯至公元前 4 世纪下半叶。它是在孟斐斯（古埃及城市，废墟在今开罗之南）附近的阿布西尔的一座坟墓里发现的，里面有一个流浪游吟诗人的遗骸，他被埋在他死后想要陪葬的东西里：【79】书籍，背囊和手杖。这本莎草纸作品实际上是已知最古老的希腊手稿，仅次于德韦尼莎草纸（Derveni Papyrus，公元前 340 年抄写的莎草纸作品）。[③]

---

① 柏拉图，《国家篇》，II.378d：“而赫拉如何被她的儿子捆绑，赫淮斯托斯如何见到母亲挨打前去救援，被他的父亲从天上摔到地下，还有荷马诗歌所描述的诸神间的战争，诸如此类的事情，作为寓言讲也罢，不作为寓言来讲也罢，无论如何不能让它们在我们的城邦里流传。”也可参见 E. A. Havelock，*Preface to Plato*，*Cambridge*，Mass. 1963, 115.

② Pfeiffer, op. cit., 11-14; F. Buffière, *Les mythes d'Homère et la pensée grecque,* Paris 1956.

③ 现存最古老的希腊手稿，是 1962 年在塞萨洛尼基附近的德韦尼发现的莎草纸。它包含了一个关于奥菲斯神谱的寓言评论，显然是由一个匿名的语法学家写的，这个语法学家比较熟悉阿那克萨戈拉（Anaxagoras）和来自阿波罗尼亚的第欧根尼的（Diogenes of Apollonia）思想。它是在公元前 330 年的一个墓穴中发现的，呈烧焦的状态，将由 K.Tsantsanoglou 和 G.Parasoglou 出版。Cf.W. Burkert, *La genèse des choses et des mots: Le papyrus de Derveni entre Anaxagore et Cratyle*, É tudes Philosophiques 25 (1970) 443-455.

第一批书写形式的哲学著作

到公元前6世纪，已经存在书写文本。据说，这些作品是属于奥菲斯、穆赛乌斯和厄庇美尼德的。大约在那个时候，奥菲斯开始被视为与生和死有关的各种仪式的支持者，而那个时期的一些神学方面的诗歌都被认为是他的作品。正是这样，形而上学开始在希腊世界中站稳脚跟，一些奥菲斯学说的追随者宣称奥菲斯主义是一种宗教，他们的信仰建立在一系列神圣的文本基础上[①]，这些文本都写在各种各样的材料上，除了在意大利南部和克里特岛发现的著名的金盘外，没有人知道这些材料上的具体信息：它们是一些刻有关于酒神节、奥菲斯和毕达哥拉斯埋葬仪式字样的牌匾。[②]

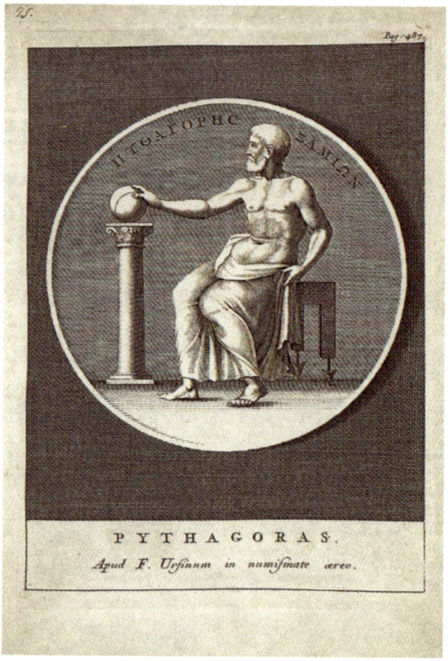

• 毕达哥拉斯

① 在希腊语世界，尤其是雅典，前苏格拉底哲学家在书籍的发展和传播中的作用还没有得到足够的重视。如果他们有更多的作品幸存下来，我们可能会对“书籍”的形式有更多的了解，如赫西奥德的《神谱》、俄耳普斯的赞美诗、斐瑞居德的作品等。关于这段时期，参见：H. Diels, *Doxographi Graeci*, Berlin 1879; Id., *Die Fragmente der Vorsokratiker*, ed. W. Kranz, Berlin 1951—1954; W. K. C. Guthrie, *A History of Greek Philosophy*, 6 vols., Cambridge 1962—1981; G.S. Kirk, *J. E. Raven and M. Schofield*, Οἱ Προσωκρατικοί Φιλόσοφοι (= The Presocratic Philosophers, 2nd edn., Cambridge 1983, tr. D. Kurtovik), Athens 1988 (hereafter abbreviated as KRS).

② 早在公元前6世纪，奥菲斯和他的学生穆赛乌斯的作品就以书籍的形式流传。而被认为是厄庇美尼德（Epimenides）的一首神学方面的诗显然也是在那时就被写的（*KRS*，38）。参见 I. M. Linforth, *The Arts of Orpheus*, Berkeley 1941; W. K. C. Guthrie, *The Greeks and Their Gods*, London 1950. Guthrie 认为，到6世纪，奥菲斯的文本已经在一本神圣的书中写过。一般认为，奥菲斯（Orpheus）生活在荷马之前，奥菲斯派把他们教义的真实性建立在书面传统的基础上（ta biblia, *the books*）。参见 *KRS*, 228, 478.

第欧根尼·拉尔修提到了历史上最早的哲学信仰的书面阐述，他说，在6世纪末，赫拉克利特在他出生地以弗所的阿耳忒弥神庙里存放了一部他的著作，著作的名字为《论自然》。

大约150年后，这本著作进入了亚里士多德的私人图书馆。[①]我们并不清楚这部著作是以多联版的形式还是以莎草纸卷的形式书写的。

大约在同一时间，即在公元前6世纪的最后几十年里，两位来自爱奥尼亚的移民，科罗封的克塞诺芬尼和萨摩斯的毕达哥拉斯，开始在希腊城市大希腊（Magna Graecia，大希腊地区，雅典等城邦在那里建有许多殖民城邦。——中译者注）教授哲学，从而开创了一个新的学术研究时期。在他们去世以后，他们的学生以书籍的形式将他们的成果保留了下来。虽然毕达哥拉斯本人没有写任何东西，尽管他的哲学流派具有深奥而神秘的特征，但是，受到他思想的启发，其他人创作了许多作品。这些作品后来被汇集在一本书中，并且被大量抄写，不久就在大希腊之外流传开来。[②]【80】公元前540年—公元前522年，毕达哥拉斯移居到大希腊的克罗通：命运的捉弄，将他流放的人据说也是在萨摩斯建立了第一个公共图书馆的人，这个人就是“僭主”波吕克拉底。毕达哥拉斯的一个弟子，即来自克

① Diog.Laer., IX.6：“他有一部著作传世，是关于自然的一部论文集，全书分为三个部分……，据一些人讲，他将该书藏在阿耳忒弥（Artemis）神庙里，并且故意用晦涩的语言进行撰写，以便只有那些有能力的人才会前去阅读它，从而免遭大众的轻薄。”也可参见E. G. Turner, *Athenian Books in the Fifth and Fourth Centuries B.C*, London 1952, 17. 作为哲学家，赫拉克利特的活跃时期，大约是公元前480年左右，《论自然》的写作风格比较潦草，赫拉克利特因此得到“晦涩哲人”的称号。第欧根尼·拉尔修评论说，那些深研他的著作的人也无法对他所表达的话给予正确的理解。据罗德岛的希洛尼谟（Hieronymus）记载，公元前4世纪，忒奥斯的讽刺诗人西色留斯（Scythinus）曾着手将赫拉克利特的学说改成诗文。赫拉克利特是许多讽刺短诗的主题，其中一首讽刺了《论自然》的写作风格：“不要那么急迫地翻完赫拉克利特的书，这是一条非常艰辛的路，那里满是迷雾和黑暗，不见一丝亮光。”（Diog. Laer., IX.16）.

② 正如柏拉图在《蒂迈欧篇》和《斐莱布篇》中所描述的，毕达哥拉斯的不成文的“学说”，留下了一个空白，这些空白被许多包含其生活和学说的作品填充起来。参见W.D. Ross, *Plato's Theory of Ideas*, Oxford 1951, Chs. 9-16. 这些作品大多不可靠，很大程度上归功于作者的想象力，唯一可靠的是菲罗劳斯和阿尔基塔（Archytas）出版的作品。参见*KRS*, 221-245. 约瑟福斯（Josephus）在公元1世纪的著作*Against Apion*（I.167）中指出，在众多著述毕达哥拉斯学说的作家中，最可靠的是士麦那的赫米普斯（Hermippus）。参见*KRS*, 478.

· 赫拉克利特

罗通的菲罗劳斯保存了毕达哥拉斯的作品。来自底比斯的西米亚斯和克贝是菲罗劳斯的学生，两位年轻的哲学家后来在苏格拉底的指导下学习，从而在毕达哥拉斯传统和雅典学派之间形成了一种联系。正如我们将看到的，毕达哥拉斯的学术书写传统与柏拉图及其他在狄奥尼修一世（Dionysius Ⅰ，公元前405年—公元前367年）作为叙拉古的统治者时对大希腊的访问有关。①

另一个与莎草纸书籍有关的人是叙罗斯的斐瑞居德，他是一位神话作家和神谱学者，几个世纪以来，关于他与毕达哥拉斯的友谊，形成了一系列传奇故事。②第欧根尼·拉尔修说，斐瑞居德写的书在他在世时（公元3世纪）仍然存在③，而塞奥波普坚持认为他是第一个写关于自然和神的人，有人说他是第一个用散文形式写书的人。④根据《苏达辞书》记载，他有一个图书馆，图书馆中有一些用希腊语以外的语言写成的书，包括《腓尼基人的秘密书》（*the secret books of the Phoenicians*），他大部分的知识都是从阅读这些书籍中获得的，并不是从毕达哥拉斯那里获得的。⑤斐瑞居德把他的书遗赠给了米利都的泰勒斯："我已经指示我的仆人，在我死了被埋葬以后，把我的书寄给你。如果

---

① 参见 Lesky, op. cit., 671-727. 关于柏拉图的图书馆，参见原书 p. 93。与毕达哥拉斯学派传统表现出相似性或者至少有一些相似之处的文本，是一本早期由俄耳普斯写的哲学家论述集。毕达哥拉斯的学生，依然使用这本论述集。

② 参见 KRS, 64-83.

③ Diog. Laer., Ⅰ.119:"现在还保存有一本由叙罗斯的斐瑞居德撰写的著作，它是这样开头的……"

④ Diog. Laer., Ⅰ.116:"塞奥波普告诉我们，它是第一个就自然和神进行书面论述的人。"也可参见 Souda, s.v. Pherecydes: *Some record that he was the first to publish a composition in prose.*

⑤Souda, s.v. Pherecydes: 'There is a story that Pythagoras was taught by him, but that he himself had no teacher and taught himself after acquiring the secret books of the Phoenicians.'

你和其他有智慧的人赞成，就请将它们出版；如果你不赞成，就不要出版了。”①

从口述传统到书写的传统

所有的证据都表明，在公元前5世纪初的几十年，【81】书籍的时代在希腊世界出现，这一时期，口述的传统逐渐衰落。从公元5世纪30年代起，诗歌和其他艺术中，对读和写的介绍越来越多。抄写员和读者的形象逐渐成为新时代的象征，书写文字逐渐取代了朗诵和纯粹的记忆，朗诵的形式在三大悲剧家的作品中经常被提及，至少在公元前470年左右是这样的。

埃斯库罗斯在《被缚的普罗米修斯》(*Prometheus Bound*)②中给了我们一个普罗米修斯，他自称是一个文化的创造者，他吹嘘自己发明了“字母组合法”：“是的，还有数字，也是我为人类发明的，还有字母的组合，是缪斯艺术的创造性之母，用它来记忆所有的事物。”在《福灵》中③，他敢于陈述诸神使用神圣的“精神书写板”：【82】“因为阴间有权柄，要凡人在地底下负责，他观察万有，心里也记着。”宙斯自己也有记录凡人恶行的泥板。

有人指出，宙斯及其神圣的石碑的画面暗示着更古老的东方宗教形象，但埃斯库罗斯实际上遵循了赫西奥德的传统，在这个传统中，正义作为宙斯的助手，作为抄写员为宙斯服务：“正义……在宙斯的石碑上写

---

① Diog. Laer., Ⅰ.122: âπέσκηψα δ’ tν τοÖσιν οκιήτηF σιν, âπήν με καταθάψωσιν, âς σb τcν γραφcν âνέγκαι. σf δb jν δοκιμώσηF ς σfν τοÖς ôλλοις σοφοÖς, ο≈τω μιν φÉνον. jν δb οé δοκιμώσητε, μc φcνηF ς.

②Aeschylus, Prometheus Bound, 460 ff. Further on in the play (788 ff.), Prometheus says to Io, ‘First will I declare your much-vexed wandering, and may you engrave it on the recording tablets of your mind.’

③ Aeschylus, *Eumenides*, 273-275.

• 索福克勒斯

• 欧里庇得斯

下罪行。[①] 在《乞援衰女》(*The Suppliant Women*) 中，也许这是希腊悲剧中的第一次，埃斯库罗斯暗示一本书不是一块或几块泥板："没有刻在板上，也没有封在折叠的书上。"[②] 索福克勒斯在他最早的悲剧《特利托勒莫》(*Triptolemus*) 中再次使用了泥板的形象："把我的话写在你的脑海中的泥板上[③]。最后，大约 50 年后，欧里庇得斯再次提到这些神圣的记录[④]。" 现在让我们转向视觉艺术，我们发现阿提卡花瓶画家没有在黑色人像花瓶上

① Aeschylus, Aetnae(?), ca. 470 B.C. = Oxyrhynchus Papyrus XX (1952), 2256, fr. 9a 21, ed. E. Lobel. E. Fraenkel, in Eranos 52 (1954) 64 ff, recognized this as a fragment of a play intended for performance at the festival in honour of Hieron I of Syracuse, the founder of the city of Aetna: cf. F. Solmsen, *The Tablets of Zeus*, *Classical Quarterly* 38 (1944) 27-30.

② Aeschylus, *The Suppliant Women*, 946 ff. 60. Euripides, Melanippe, fr. 506 N2.

③Sophocles, fr. 597 P.

④Euripides, Melanippe, fr. 506 N2.

• 阿伽松中的会饮

画“书籍”的图画，而最早的抄写者形象是在雅典卫城发现的坐着的“泥板书写者”的雕像，可追溯到公元前 6 世纪末或公元前 5 世纪初。刻有卷轴图案的场景最早出现在红色的花瓶上，这些花瓶上的画是在三位伟大的悲剧家（公元前 490 年—公元前 435 年）写作时期[①]绘制的。这些花瓶画中最著名的是杜里斯（Duris）的一幅画在基里克斯陶杯（ kylix，古希腊的一种有双把手的浅酒杯）上的绘画，【83】现在保存于柏林考古博物馆，上面描绘了学校课程的所有三个分支。在这幅画中，我们看到一个莎草纸

① 参见 F. Winter, *Schulunterricht auf griechischen Vasenbildern* , Bonner Jahrbücher 123 (1916) 275-285, esp. 281; also the detailed study by J.D. Beazley of an unpublished vase painted in the style of Duris and eight other representations of inscribed rolls in his paper ‘Hymn to Hermes’, AJA 52 (1948) 336 ff. According to E. Pöhlmann in his book Griechische Musik- fragmente, Nürnberg 1960, 83 ff., certain signs written on the inside of the rolls are passages of musical notation: R. P. Winnington Ingram (Gnomon 33 [1961] 693) believes them to be poems.

卷和一幅双联书写板，即一对连在一起的泥板。莎草纸最早的表现形式可能是奥涅西姆斯（Onesimus）(也称为“Good Panaitios”）在基里克斯陶杯上的那一幅，其年代可以确定追溯到公元前490年：在这里，读者脚下地板上的箱子可能是阿尔基比亚德使用的那种便携式书柜。①

在雅典，人们对书籍兴趣的增长和私人图书馆的发展显然是受到爱奥尼亚和大希腊哲学流派的影响。②它可以追溯到第一批悲剧作家和杜里斯那一代的花瓶画家成长起来的时候，也就是公元前5世纪初的几十年：这一时期正好与苏格拉底诞生处于同一时期（约公元前470年）。雅典人最早与书籍接触，大约是在公元前450年，当时苏格拉底和其他许多人都希望听到爱利亚学派的芝诺的课程，这时候芝诺和他的老师巴门尼德正好第一次访问雅典。柏拉图在他的对话《巴门尼德篇》中保存了这一信息，在

① 参见 p. 274.

② 关于古典时期图书馆和希腊书籍的有用信息可以在以下著作中找到：K. Dziatzko, *Untersuchungen über ausgewählte Kapitel des antiken Buchwesens*, Leipzig 1900; J. W. Clark, *The Care of Books: An essay on the development of libraries and their fittings from the earliest times to the end of the eighteenth century*, Cambridge 1901, 5; J. W. Thompson, *Ancient Libraries*, Berkeley 1940, 17-25 (=‘Libraries of Ancient Greece’); H. L. Pinner, *The World of Books in Classical Antiquity*, Leiden 1948; C. Wendel, *Das griechisch-römische Altertum* (completed by W. Göber), in F. Milkau and G. Leyh (eds.), Handbuch der Bibliothekswis- senschaft, Ⅲ.1, Wiesbaden 1955, 51 ff.; E. G. Turner, Athenian Books in the Fifth and Fourth Centuries B.C., London 1952; F. G. Kenyon, *Books and Readers in Ancient Greece and Rome*, Oxford 1951; E. Bethe, *Buch und Bild im Altertum*, Amsterdam 1964; J. Platthy, *Sources on the Earliest Greek Libraries with the Testimonia*, Amsterdam 1968; M. Burzachechi, *Ricerche epigrafiche sulle antiche bibliotheche del mondo greco* , Rendiconti dell’Accademia dei Lincei 18 (1963) 75 ff. and 39 (1984) 307 ff.; H.A. Thompson, *The Libraries of Ancient Athens*, in N. C. Wilkie and W. D. E. Coulson (eds.), *Contributions to Aegean Archaeology: Studies in Honor of William A. McDonald*, Minneapolis 1985, 295-297; T. Kleberg, *La Grecia a l’epoca ellenistica* , in G. Cavallo (ed.), Libri editori e pubblico nel mondo antico, Rome/Bari 1989, 27-39; H. Blanck, Tó βιβλίο στήν ἀρχαιότητα (= Das Buch in der Antike, Munich 1992, tr. D. G. Georgovasilis and M. Pfreimter), Athens 1994, 176-204; K. Sp. Staikos, The Great Libraries from Antiquity to the Renaissance (3000 B.C. to A.D. 1600), (=Βιβλιοθήκη. \Από τήν \Αρχαιότητα ≤ως τήν \Αναγέννηση (3000 π. X. - 1600 μ. X.), tr. T. Cullen), New Castle, Del./London 2000, 29-55; J. Irigoin, *Le livre grec des origines à la Renaissance*, Paris 2001; W. Hoepfner (ed.), *Antike Bibliotheken*, Mainz 2002, 19-29.

这篇对话中，他描述了苏格拉底对芝诺思想的批判。①

书籍的作用被接受

从公元前 5 世纪中叶起，在智者的帮助下，书籍的传播聚集了巨大的推动力。这就产生了一个“社会问题”——学者分成两个对立的阵营，而苏格拉底则是尖锐批判书籍的先锋。

苏格拉底本人没有留下书面形式的作品。他对书籍有些厌恶，甚至是蔑视书籍，认为书籍不可能成为富有成效的交流工具，这是柏拉图在《智者篇》中提出的观点。然而，他却承认书籍在教育年轻人和传播知识方面的有益作用。我们所知道的关于苏格拉底对书写传统和书籍传播的态度，大部分来自他的学生柏拉图，也有一部分来自色诺芬 Xenophon。色诺芬也是他的圈子里的一员。苏格拉底轻蔑书籍的最早例子，是针对克拉佐门尼的阿那克萨戈拉（公元前 480 年从克拉佐门尼赴雅典）用带讽刺的幽默表达出来的。据说阿那克萨戈拉是雅典第一位“自然哲学”的教师（从公元前 460 年起，整整持续了 30 年）。当苏格拉底听到有人读到阿那克萨戈拉的著作《论自然》中一些有趣的段落时，他派人去给自己找了一本，但他最初的兴趣很快就变成了对作者的智力和能力的失望。根据柏拉图在《申辩篇》中的记载，【84】苏格拉底用嘲讽的语言驳斥了阿那克萨戈拉的著作，他说阿那克萨戈拉的书非常便宜，因为一个德拉克马（drachma，

① 柏拉图，《巴门尼德篇》127c：“苏格拉底和其他许多人去那里是因为他们想听芝诺的作品，这些作品是由他们第一次带到雅典的。苏格拉底那时很年轻。于是芝诺亲自给他们朗读，巴门尼德不在屋里。”Cf. Diog. Laer., Ⅸ.21-23. 巴门尼德是克塞诺芬尼的杰出学生，因其关于古代“自然哲学”（即自然科学）一书的可靠性以及他没有剽窃其他作家的作品而受到普鲁塔克（To Colotes 1114b）的赞誉。参见 *KRS*, 246-270.

• 刻在方碑上的苏格拉底的头像。那不勒斯国家考古博物馆

希腊货币名，约合银 4.4 克）就能买到一本。[①] 柏拉图承认，在伯罗奔尼撒战争（公元前 431 年）的最后几年里，智者在雅典的知识生活中起了主导作用，阿那克萨戈拉被赞誉为“自然哲学家”(《大希庇亚》, 281c)。

然而，苏格拉底对书写传统的反对和他对书籍有用性的怀疑，并没有因此阻止他查阅某些“收藏”的书籍。事实上，根据色诺芬的说法，苏格拉底习惯于和朋友一起研究早期哲学家的著作，边研究边做笔记。另一方面，据说麦加拉的欧几里德曾听说苏格拉底鼓励奴隶大声朗读给他的朋友，这表明他认识到，当一个人的听觉也发挥作用时，阅读的价值可能会更大。事实上，古希腊人有大声朗读的习惯，即使在他们自己学习的时候也是这样。[②]

所有的证据都表明，大约在公元前 5 世纪中叶，雅典开始了系统地进行图书制作。【85】在接下来的几十年里，由于智者们的活动和他们的鼓励，它如雨后春笋般迅速发展，智者的对手们开始严重担忧起来。对此，受过教育的公众的态度在下面的这段苏格拉底和欧绪德谟（Euthydemus）的启发性的对话中可以得到说明。这段话来自色诺芬的《大事记》

---

① 柏拉图，《申辩篇》，26 d-e：“你如此藐视这些先生，认为他们竟连克拉佐门尼的阿那克萨戈拉的书中充斥着这样的理论都不知道，是吗？青年人在市场上顶多花一个德拉克玛就能买到这些书，如果苏格拉底声称这些思想是他自己的，他们会嘲笑苏格拉底，而不说他们自己愚蠢，这种时候你是否还真的认为那些青年是从我这里得到这些想法的吗？”柏拉图断言，苏格拉底在一次阅读中，已经掌握了阿那克萨戈拉的所有思想。

根据 A. H. M. Jones（*KRS*, 489）的计算，德拉克玛的价值相当于一个奴隶一天的劳动量。这意味着一本书以一德拉克玛（相当于 6 个奥伯尔）的价格出售，不到一天就可以抄写出来，因为奴隶的主人必须为奴隶支付一天的食宿费用，相当于 4 个奥伯尔，这样他就可以用两个奥伯尔来支付莎草纸的成本加上他的利润。

在公元前 5 世纪末期，莎草纸的成本只能粗略计算。众所周知，Erechtheum 的专员们在莎草纸卷轴上记账，每卷莎草纸他们支付一德拉克玛和两个奥伯尔，但我们不知道纸卷的长度。参见 Turner, op. cit., 21; R. Flacelière, ^Ο Δημόσιος καί \Ιδιωτικός Βίος τ˜ν \Αρχαίων ^Ελλήνων (= La vie quotidienne en Grèce au siècle de Périclès, Paris 1959, tr. G. D. Vandoros), Athens 1990, 151 ff. Lilian Jeffery 认为一卷莎草纸价值六个奥伯尔，参见 n. 14 above. 关于书店，参见 p. 144 (n. 85).

②Antiphanes，Sappho：参见 Th. Koch (ed.), *Comicorum Graecorum Fragmenta*, Ⅰ, Leipzig 1881, fr. 196. Cf. Plato, Theaetetus, 143a-b; Xenophon, Symposium, Ⅳ. 27. 从大声朗读到默读的转变不是突然之间发生的。也许是亚里士多德使默读成为了一种规范（cf. Kenyon, op. cit., 21），但我相信这可能是自公元前 4 世纪初以来的标准做法。

(*Memorabilia*): [①]

“告诉我，欧绪德谟，”他说，“你真的有一大堆过去智者写的书吗？”

“是的，苏格拉底，”欧绪德谟说，“我有，我还在收集，我还会继续收集，直到我收集到尽可能多的书籍。”“苏格拉底反驳说：“我衷心地祝贺你，因为你把智慧的宝藏看得比金银更重要。因为金银不能使人有所改善，而智者的意见却能使拥有者富有美德。”

欧绪德谟听到这话很高兴，因为苏格拉底认为他正在通往智慧的路上。

欧绪德谟接受了苏格拉底的祝贺，并相信他“获得智慧”的努力将有助于他的政治生涯。但苏格拉底可能是在用这种与头脑简单的爱书者的对话来讽刺流行的“藏书癖”，智者们的教育方法已经植入到年轻人的头脑中，那就是灌输给他们书籍对于获得“所有知识”的重要性。他的讽刺，意在刺穿那些花钱从智者那里获得智慧并认为拥有书籍就可以充分替代真正知识的有钱年轻人的自负和浮夸。

智者如何帮助普及书籍

从公元前 5 世纪中叶开始，在智者们的倡导下，人们普遍认为书籍是每一个受过教育且有好奇心的人不可或缺的工具，这一观念似乎在雅典逐渐流行起来。但直到亚里士多德的时代（公元前 4 世纪中叶），这种观念才真正根深蒂固。在此之前，书籍的价值一直备受争议，部分原因是智者对书籍的“利用”,【86】部分原因是大量未经监管的粗制滥造的新书涌入

①Xenophon, Memorabilia, IV.2.8-10. 欧绪德谟，狄奥克勒（Diocles）的儿子，在《会饮篇》（*Symposium*）中提到过，222b（Kleine Pauly, Ⅱ, 446）.

市场。尽管如此，智者对雅典高等教育和知识传播的贡献具有开创性的意义。在公元前5世纪以前，除了听说过梭伦之外，没有人听说过还有其他雅典作家，而从公元前450年—公元前350年，人们发现几乎所有的作品都是雅典人的，这种现象绝非偶然。因此，在相当长的时期里，只要提到希腊世界的学术和文学，我们自然地就会想到雅典。

智者们来自希腊各地，在某种程度上，他们是游吟叙事诗朗诵者的继承者，他们都曾在雅典教过书，这是唯一一个发现他们在这里活动的城市。① 在这些智者中，最出名的是来自阿布德拉的普罗泰戈拉、西西里的高尔吉亚、开奥斯的普罗狄科、埃利斯的希庇亚和卡尔凯顿的塞拉西马柯。此外，还有一些二流的智者，如欧绪德谟和狄奥尼索多洛兄弟，最出名的是两个雅典人，即安提丰和克里底亚。第一批智者活跃了50年：从公元前450年普罗泰戈拉到达雅典，到公元前399年苏格拉底被处死。

对于早期智者的真正价值和他们所提供的教育的真正性质，至今仍然存在着不同的观点，主要是因为他们写的许多曾经久负盛名的作品，今天几乎全部都已散失：如果将他们所有幸存下来的作品片段都放在一起，可能连20页纸都不到。那么智者们是如何定位自己的呢？他们不是圣人（sophoi，“聪明的人”，一个表示“思想品质”而不表示“职业”的词），也不是哲学家（Philosophi，“智慧的爱好者”，意思是追求真理——柏拉图强调用这个概念来区分智者和他自己）。柏拉图对他们进行了严厉抨击，“智者”一词就成了“诡辩”的代名词。当然，智者是传授关于心智过程方面的专家，他们擅长教学生如何思考和说话。他们的人生观可以用塞拉西马柯为他自己的墓碑选择的墓志铭来概述：“我的祖国是卡尔凯顿，我

① 在关于早期智者的大量文献中，一些最重要的作品有：R. Pfeiffer，*Die Sophisten, ihre Zeitgenossen und Schüler im fünften und vierten Jahrhundert*，in C. J. Classen (ed.), Sophistik, Darmstadt 1976, 170-219; N. M. Skouteropoulos, ^H \Αρχαία Σοφιστική: Τά σωζόμενα ἀποσπάσματα (fragments edited, translated into Modern Greek and annotated by —), Athens 1991; W. K. C. Guthrie, Oî Σοφιστές (= *The Sophists*, Cambridge 1971, tr. D. Tsekourakis), Athens 1991; Jacqueline de Romilly, Oî Μεγάλοι Σοφιστές στήν \Αθήνα τοÜ ΠερικλÉ (= *Les grands sophistes dans l'Athènes de Périclès*, Paris 1988, tr. F. I. Kakridis), Athens 1994.

的职业是智慧。”[①]

那么，智者们打算教什么呢？对于公元前5世纪的雅典人，甚至对古典时期的所有希腊人来说，要想在公共生活中取得成功，就必须具备良好的演讲能力，因为所有重大决策都是通过公开辩论达成的。所以智者们教学的首要目标是传授演讲的技巧，换句话说就是修辞术。在柏拉图的对话《普罗泰戈拉篇》（312d）的开头，【87】苏格拉底问年轻的希波克拉底，他到底要向智者请教什么（“智者要使人们可以雄辩有力地谈论什么主题？”）。后来在对话中，普罗泰戈拉说：“我承认自己是一个智者和人类的导师。”智者的主要目的是教授公民美德和正确的判断力，换言之，给他们的学生一个适当的教育，他们断言，他们能够通过教授修辞术来达到这一目的。可以肯定地说，对于智者而言，并不是所有的人都对人文价值感兴趣，相反，他们的目的是让学生掌握必要的专业技能，主要是语言方面的专业知识，并在术语和概念的使用上给予他们较为彻底、稳固的根基。

在公元前450年以前，雅典没有我们现在所说的高等教育，智者也没有竞争对手，他们觉得年轻人的学术和文化训练完全掌握在他们手中。[②] 鉴于智者们声称能够对所有问题给出令人满意和权威的答案，他们所能提供的教育是没有界限的。此外，智者们的作品证实了批评家对他们的指责：他们的写作风格接近于修辞学，他们所呈现的是当时雅典流行的某些片段性的观点和假说。作为专业教师，人们期望智者们可以为他们的学生提供优秀诗人创作的作品（柏拉图《普罗泰戈拉篇》，325e），不久他们就开始把自己的作品拿出来，并以此作为范例（柏拉图，《斐德罗篇》，266d］和编写课堂教科书。这就是他们所有的书几乎都被销毁的主要原因，因为这些作品只是为他们的学生所用，而不是为公众所用。

①A8: Πατρdς Χαλκηδών· TM δb τέχνη σοφία.

②关于古代的教育，参见H.- I. Marrou的著作，^Ιστορία τΈς \Εκπαιδεύσεως κατά τήν \Αρχαιότητα（ = *Histoire de l'éducation dans l'antiquité*, Paris 1948, tr. Th. Fotinopoulos），Athens 1961；also M. A. Manacorda，‘Scuola e insegnanti’，in M. Vegetti (ed.), Oralità, scrittura, spettácolo, Turin 1983.

无论他们的演讲多么聪明巧妙，他们都不过是修昔底德所说的“为赢得当下掌声而故意设计的文章”。在智者们写的大多数作品中，没有迹象表明他们想要创造某种东西，这种东西可以让子孙后代将其视为“永远的财产”。在宣传他们教育理念的活动中，智者们把书籍作为他们最有力的盟友，并作为课堂教学的基本工具。智者和苏格拉底以及与其他知识分子之间冲突的根源，是一个原则性的问题：智者所承诺的一切是否都能真正地通过教学的方式来实现？因此，由于对智者教学方法的不认同，就出现了一些与之观点不同的对立派别。这些对立派别认为，智者对教育的所谓真正贡献几乎完全没有价值可言。具有讽刺意味的是，我们所知道的关于这场争论的所有信息都来自智者的反对派，因为他们自己的作品太过肤浅，【88】既无法经受时间的考验，也无法为他们的辩护提供证词。

普罗泰戈拉

对于两个智者，普罗泰戈拉和普罗狄科，我们有他们与书籍直接相关的证词。阿布德拉的普罗泰戈拉（约公元前 490 年—公元前 420 年）是职业智者的领袖，他于公元前 5 世纪中叶抵达雅典。他在雅典教了 40 年书，结交了许多朋友，同时，也有许多敌人。[①] 也许正是因为他与伯里克利的密切友谊，才说服这位雅典领袖在宫廷里阅读他的演讲，这个演讲是一个准备好的文本。普罗泰戈拉对哲学最重要的贡献是他关于“人是万物的尺度”的学说，但他最具争议的著作《论神》引起了公众的强烈抗议。据说，他在欧里庇得斯或梅加克利德家里第一次宣读了这篇演说；但

①Souda, s.v. *Protagoras of Abdera*; Guthrie, Oî Σοφιστές, 38. 公元前 443 年，普罗泰戈拉一定在雅典，因为在那一年，伯里克利委托他起草图里的宪法——图里是意大利南部的一个殖民地，建立于公元前 444 年或公元前 443 年。Cf. K. M. Dietz, Protagoras von Abdeira: Untersuchungen zu seinem Denken, Bonn 1976.

据另一位消息提供者，也就是他的一个学生，塞奥多图的儿子阿尔奇哥拉斯（Archagoras）说，他是在吕克昂学园朗读的这篇演说。无论如何，这篇作品引起了很大的争议，因为在这本书的开头，普罗泰戈拉说他无法对诸神做出任何确证的结论，甚至无法确证他们是否存在。[①] 据第欧根尼·拉尔修所言，雅典人指控他亵渎神明，他们不仅要判处对他进行流放，还派了一个传令官在城里四处搜集所有能找到的关于他的书，然后在市场里焚烧。[②] 如果这是真的，那将是古希腊第一个有记录的书籍审查案件。

普罗狄科

开奥斯的普罗狄科，也许是普罗泰戈拉最有才能的门徒，甚至得到了与他同时代的苏格拉底的称赞。苏格拉底认为普罗泰戈拉是研究语词之间差异的权威。[③] 事实上，普罗狄科对于区分意义相似的语词过于挑剔，也因此受到苏格拉底圈子的责备和嘲弄，因为他对每节课收取了过高的费用，就像柏拉图所说的，“五十德拉克马的讲座”。在《普罗泰戈拉篇》中，柏拉图描绘了普罗狄科给学生授课时候的样子：“侧躺着，身上盖着

① 参见 Turner, op. cit., 18. 据一位研究柏拉图《理想国》(X.600c) 的学者所说，普罗泰戈拉是第一个向学生要学费的老师，因此被称为“雇佣演讲”。正是他把各门学科分为两大类：一类是算术、天文学、几何学和音乐；另一类是语法、修辞学和逻辑，分别构成了中世纪的三艺（Trivium）和四艺（Quadrivium）。参见 Marrou, op. cit., 89, 97.

② 第欧根尼·拉尔修, IX.51: δια ταύτην δb τcν ὰρχcν τoÜ συγγράμματος â̓ξεβλήθη πρες \Αθηναίων. καd τα βιβλία αέτοÜ κατέκαυσαν âν τÉF ὰγορÄ÷ •πε κήρυκι ὰναλεξάμενοι παρ' ěκάστου τ῀ν κεκτημένων. 据说，对普罗泰戈拉的流放判决和焚烧他的书籍是公元前 5 世纪中叶在雅典发起的反对无神论运动的一部分，最初指向的是苏格拉底，在此过程中，阿那克萨戈拉和弥罗斯的狄阿戈拉斯（Diagoras）也因不虔诚而被指控：参见 E. Derenne, *Les procès d'impiété intentés aux philosophes au Vème et au IVème siècles*, Liège 1930. 然而，第欧根尼·拉尔修所讲的事实，也受到了严重的质疑，参见 C. W. Müller, *Protagoras über die Götter*, Hermes 95 (1967) 140-159; Skouteropoulos, op. cit., 41.

③Souda，s.v. *Prodicus of Ceos*；Guthrie, Oî Σοφιστές, 73 ff.; Skouteropoulos, op. cit., 286-335.

羊皮和其他的覆盖物。”[1]

普罗狄科最著名的作品，标题为《时序》(*Horae*)，约于公元前416年就以书籍的形式呈现出来。也许正是这部作品的普及，促使阿里斯托芬将之与*Tagenistai*中的智者等同起来：“这个人已经被一本书或普罗狄科腐蚀了。”我们至少可以推断出智者已经开始用书籍来代替实际口语式教学。【89】普罗狄科以及他的作品《时序》在《会饮篇》中再次遭到嘲讽。在这篇著作中，柏拉图将他与一位博学的人进行比较，后者写了一篇关于盐的有用性的颂词。

· 阿里斯托芬

尽管柏拉图可能声称自己是智者诡辩术的主要批评者和表达了苏格拉底对智者诡辩术的看法的人，但智者的第一个“公开控诉者”却是阿里斯托芬。[2] 早在公元前423年，在《云》(*The Clouds*)中，阿里斯托芬不仅因为智者的无道德的课程对其进行了讽刺，还讽刺了苏格拉底及其门徒。换言之，他扩大了批评的范围，批评的对象包括那个时代的所有知识分子和炫耀自己从藏书中获得知识的人。

① 柏拉图，Hippias Major, 282c-d: “还有普罗狄科，我们杰出的朋友。他经常从开奥斯来雅典履行公务，上次，也就是最近，他来这里执行一桩使命，他的口才在公民大会上受到人们的敬仰，在私下里他也给年轻人作示范，并接受他们加入他的团体，挣了一大笔钱。古代的伟人没有一个认为要为自己的智慧收费，或者认为给各种各样的听众讲演要收费，他们头脑太简单，以至于不知道金钱的无比重要性。”

② 参见 de Romilly, op. cit., 59, 72-73, 75, 79, 206.

Das Dionysos-Theater in Athen,

nach den neuesten Ausgrabungen reconstruirt.

Zur Linken über den Sitzen der Zuschauer der Anfang der umgebenden Säulenhalle, unten vorn die Orchestra mit der Thymele, das Proskenion mit der Balustrade, darnach das große Bühnengebäude mit der offenen Bühne in der Mitte.

· 雅典的狄奥尼索斯剧场

阿里斯托芬及其对知识分子的嘲讽

《云》和9年后的《鸟》(第1288行)中提到的"坏"书，是公元前5世纪最后几十年雅典盛行的讽刺对象的典型。阿里斯托芬向我们展示了年轻人早晨做的第一件事就是像鸟一样去赶上最新的新闻："然后他们向布告猛扑过去，最后吞食下了法令。"阿里斯托芬被大量不分青红皂白地抄书行为所困扰，在《蛙》(第1083行)中，他挖苦地评论说，雅典突然"挤满了工作人员"；但这并没有阻止他告诉雅典人，在私人阅读和讨论中，书籍的形式也是有用的。阿里斯托芬将智者的作品和戏剧的书写文本做了鲜明的区分。他相信雅典人永远不会有陷入无知的危险，因为剧院经常有军人和受过优良教育的"能理解正确观点的读书人"(《蛙》，1114行)光顾，言外之意是大多数观众都带着书籍来到剧院。在其他地方(《蛙》，52 ff)，当他描述狄奥尼索斯在船上独自安静地读书时，他又提到了专心好学的读者的形象。

【91】不以比赛表演为目的而写的剧本，可能是为了营利或是为了宣传才以书的形式出版。尽管悲剧表演是雅典社会和政治生活中的大事，但它们的文本却是文学批评家和哲学批评家的"猎场"。在阿里斯托芬的《蛙》中，埃斯库罗斯批评欧里庇得斯的《安提戈涅》中的两行文字，因为它未能准确描述俄狄浦斯的命运。

如果没有可供查阅的书面文本，几乎是不可能找到这个错误的，因为它不是这种类型中的唯一案例。无论如何，有明确的证据表明悲剧作家确实有私人图书馆。在《蛙》一书中，阿里斯托芬嘲笑欧里庇得斯的书本知识，嘲笑他拥有精美的藏书室和雇用了一位私人的抄写员。出版商[①]对欧

①The Frogs，943. 在这里，阿里斯托芬嘲笑欧里庇得斯，不仅因为他的学究气，还因为他曾跟从高尔吉亚学习过。参见 Aulus Gellius, XV . XX .4.

里庇得斯进行讽刺的另一个原因是：他不仅参加了阿那克萨戈拉的讲座，更糟糕的是，还参加了普罗泰戈拉和普罗狄科的讲座。

• 阿尔基比亚德

有一个关于阿尔基比亚德和他对书籍的渴求的故事，这个故事在阿里斯托芬的时代是很流行的，在此后的几个世纪里，这个故事肯定一直存在于通俗文学中，因为它在公元2世纪阿里安的《历史杂记》中重新露面。在阿里安同时代的朱利乌斯·波吕克斯的作品中也发现了这个故事，朱利乌斯·波吕克斯引用这个故事来说明古希腊的爱书者和书商之间的密切关系："阿尔基比亚德是荷马的伟大崇拜者。有一天，他进了一所学校，要了一本《伊利亚特》(大概是他已经预订的)。当校长告诉他没有荷马的作品时，他狠狠地打了校长一拳，然后走开了。"人们推断校长是靠抄书挣外快，可能是因为他没有及时完成所做的工作而挨打的。【92】阿尔基比亚德称他为一个没有受过教育的人，并嘲笑说他的学生注定会和他一样。① 公元前410年左右，阿里斯托芬与阿尔基比亚德发生了争吵。很可能是阿里斯托芬将这个故事传播开来，以此证明总是被他指责的阿尔基比亚德的自私贪婪，就像在"*Tagenistai*"中那样。②

①Aelian, *Varia Historia*, XIII.38: \Ισχυρ˜ς ≠Ομηρον âθαύμαζεν \Αλκιβιάδης, καί ποτε διδασκαλεί ω παίδων προσελθgν ®αψ ωδίαν \Ιλιάδος ¦F τει. τοÜ δb διδασκάλου μηδbν öχειν ^Ομήρου φήσαντος, âντρίψας αέτ˜ κόνδυλον ες μάλα στερεεν παρÉλθεν, âνδειξάμενος ¬τι âκεÖνος àπαίδευτός âστι καd τοιούτουςàποφαίνει τοfς παÖδας. Cf. Plutarch, *Alcibiades*, Ⅶ.1："他成人之后，有一次，他问学校索要一本荷马的作品。老师回答说，他没有荷马的作品，于是阿尔基比亚德用拳头打了他一拳，就离开了。"

②The world of the sophists forms the back- ground to Aristophanes's Tagenistai ('the Fryers'), a comedy of which only fragments survive and which seems to be about various well-known Athenian rakes, notably Alcibiades: see Jacqueline de Romilly's recent monograph \Αλκιβιάδης (= Alcibiadès, tr. Athina-Babi Athana- Siou and Katerina Miliaressi), Athens 1995, 51, 107.

阿里斯托芬所传达的东西，胡尔穆齐亚迪斯在一部“年代剧”中进行了重新创造，他生动而富有想象力地再现了苏格拉底时代戏剧表演的气氛，这种气氛是通过一个名叫安瑟莫克里特的雅典人的眼睛所看到的呈现出来的。[①] 需要补充的唯一一点是，在他从宁妇仙女山下到狄奥尼索斯剧场的路上，安瑟莫克里特很可能遇到了一些流动的商贩，其中包括一两个卖书的人。前面我们从《蛙》(第 1114 行）中引用的那段话证实了经常爱看戏的人，确实有可供阅读的戏剧作品，但对于如何将这些文本作品投放市场的过程，人们却一无所知。有一件事我们可以肯定的是，在戏剧上演的过程中，如果事先没有做一些相当彻底的功课，对文本的理解就会变得很困难，因为要听懂对话，就需要大量的练习。其中所使用的标点符号是不太正式的；词语之间仍然没有被空格隔开；重音系统可以更容易地分辨出一个单词的结尾和下一个单词的开始，但是，直到很久之后的希腊化时期这种系统才被设计出来。在戏剧的书面文本中，没有什么可以表明哪些台词是由哪些角色说的——虽然这在我们现在看来很不寻常——通常，说话人改变的唯一标志是在台词开头加一个破折号或冒号。同时，因为粗心的抄写员反复地抄写，更加加剧了这种文本的混乱性，比如米南德唯一幸存下来的手稿《恨世者》就属于这种情况。[②]

①N. Hourmouziadis, ≠Ένας \ΑθηναÖος θεατής στά âν ôστει Διονύσια, Athens 1988.

② 关于希腊的古文字学，参见 esp.: E. G. Turner, ^Ελληνικοί Πάπυροι: Ε ̈σαγωγή στή μελέτη καί τή χρήση τ ̃ν παπύρινων κειμένων (= *Greek Papyri: An Introduction*, Oxford 1968, tr. G. M. Parasoglou), Athens 1981, 81, 166; L. D. Reynolds and N. G. Wilson, \ΑντιγραφεÖς καί Φιλόλογοι: Τό îστορικό τΈς παράδοσης τ ̃ν κλασικ ̃ν κειμένων (= *Scribes and Scholars: A guide to the transmission of Greek and Latin literature*, 2nd edn., London 1975, tr. N.M. Panayotakis), Athens 1981, 19; E. Mioni, Ε ̈σαγωγή στήν ^Ελληνική Παλαιογραφία (= *Introduzione alla Paleografia Greca*, Padua 1973, tr. N. M. Panayotakis), Athens 1977, 45-53 (and, on Menander, 32). What made it even more difficult to read the texts was that the old alphabet – in which, for example, the letter ε was also used for ει and η – was still in use right down to 403 B.C.

书店

公元前5世纪末，雅典市场里的书店是文人经常光顾的地方。在《鸟》(1288行)中，雅典人被描绘成贪婪的读者的形象：早餐后，他们直接冲向市场，浏览翻阅关于法律方面的书籍，获得最新出版的作品，并与朋友谈论他们所读书籍的优点与缺点。有两个词是用来形容书商的：一个是中性词“bibliopoles”，Aristomenes Thyropoeus 在《巫师》这部作品中第一次使用，之后塞奥波普又在《和平》这部作品中使用了它。但朱利乌斯·波吕克斯使用了一个更具贬义性的词语“bibliokapelos”(意为卖书的“小贩”)。【93】至少从公元前425年起，这些书店就已出现在市场上。[①] 雅典喜剧诗人欧波利斯和色诺芬在《苏格拉底在法官前的申辩》(公元前399年或更晚)中，都提到了图书售卖的地方，所有书店都集中在被称为书铺(Orchestra)的区域附近，市场内有一块半圆形的平地，位于卫城脚下，附近有两座雕像，分别是“刺杀僭主者”哈谟狄乌和阿里斯托吉顿，这可能被视为书籍为民主服务的象征。[②] 另一方面，尼科芬在他的喜剧 Cheirogastores(意为“勉强糊口度日的苦工”)中，把书商和鱼贩与木炭销售商归为同一类。[③]

---

①Aristomenes Thyropoeus, *The Wizards* (Goetes), fragment quoted by Julius Pollux (Polydeuces): 参见 Th. Koch (ed.), *Comicorum Graecorum Fragmenta*, I, Leipzig 1881, 691 (fr. 9).

② 关于这些书铺在公元前5世纪时期的使用目的，考古证据表明，约翰·坎普 John Camp 关于建造书店的假设几乎是正确的：即它们只不过是有屋顶的木制摊位，这些摊位是由架子工搭建的，与巴黎左岸的书摊或蒙纳斯提拉(Monastiraki)跳蚤市场没有什么两样。它们可能是永久性的，也可能是暂时性的，事实上，当酒神节或其他节日上演戏剧表演时，书摊很可能都搬到剧院去了。参见 H. A. Thompson and R. E. Wycherley, The Athenian Agora, XIV, Princeton 1972, 126-127.

③ 阿塞奈乌斯，Ⅲ.126e- f: Let me ask you, my friend, what Nicophon, poet of the Old Comedy, has to say in Hand-to- mouth Toilers. For I find him also mentioning spoons when he says: ‘Anchovy-peddlers, charcoal-peddlers, dried-fig-peddlers, hide-peddlers, barley-peddlers, spoon-peddlers, book-peddlers, sieve-peddlers, sweet-cake-peddlers, seed-peddlers.’

• 想象中的柏拉图学园的重构

• 柏拉图的头像（复制品）。柏林考古博物馆

• 阿尔基塔

第一个私人图书馆

柏拉图曾质疑书面文字的重要性，并攻击智者以及他们以书籍为核心的教育方式。但具有讽刺意味的是，柏拉图也同时被认为是希腊世界第一个图书收藏家。他的藏书是柏拉图学园的重要教学资源，图书馆中很可能不仅收藏有与他同时代学者的书籍，还包括前苏格拉底时期哲学家的著作——从他对毕达哥拉斯理论相关著作的系统研究来看，就可以知晓这一点。

柏拉图的寻书之旅

众所周知，当柏拉图第一次访问大希腊时，人们就向他介绍了毕达哥拉斯的理论，这一时期，在塔壬同的阿尔基塔的领导下，毕达哥拉斯主义再度复兴。[①] 当狄奥尼修一世统治叙拉古时，柏拉图去了西西里岛，当时狄奥尼修一世正处于权力的顶峰。【96】他和狄奥尼修斯相处得很不好，他留在叙拉古的唯一好处就是只要他愿意，他就可以得到非常丰厚的资助，这使他有足够的金钱来购买书籍。

人们关于柏拉图图书馆及其藏书的主要信息来源是第欧根尼·拉尔修和萨提鲁斯，前者是一个收集书籍的狂热爱好者，而后者则是公元 2 世纪的一位传记作家。萨提鲁斯的人物传记中，涉及的人物大部分是诗人和哲学家，他用各种有趣的轶事使传记变得格外有意思。萨提鲁斯说，柏拉图给西西里的狄翁（Dion）（狄奥尼修一世的连襟）写信，请他从菲罗劳斯那里买三本毕达哥拉斯的书，价格为 100 迈纳（10000 德拉克马）。据说柏拉图能付得起这笔钱，是因为狄奥尼修一世给了他超过 80 塔伦特（480000

①Lesky, op. cit., 703 ff.

德拉克马）。[①] 然而，据亚历山大里亚历史学家，来自士每拿的赫米普斯说，柏拉图本人在西西里从菲罗劳斯的亲戚那里购买了这些书，共花了 40 个亚历山大里亚迈纳；故事的第三个版本说，柏拉图是因为说服狄奥尼修一世把菲罗劳斯的一个学生从监狱里释放出来而得到了奖赏。[②]

柏拉图在叙拉古寻找的另一位作家是索弗隆，他是一位公元前 5 世纪的哑剧作家，哑剧为他赢得了巨大的声誉。柏拉图认为索弗隆是一位出色的哑剧模仿者，他买了几本索弗隆的书，并把它们带回雅典，在雅典引起了人们极大的兴趣。有人认为柏拉图可能在他的对话中模仿了索弗隆哑剧中的一些角色，但这可能是夸张的说法。第欧根尼·拉尔修讲过一个柏拉图在枕头下放了一本索弗隆哑剧的故事，但这个故事基本上是不足凭信的。[③] 那个关于柏拉图的无节制地购书的故事，我们所知道的唯一一件事是，根据普罗克洛的说法，他委托赫拉克利德·庞提库斯为他购买了安提玛库斯的诗作。[④] 从柏拉图与阿尔基塔的书信中，可以得出一个合理的推论：阿基塔斯为柏拉图的图书馆提供了早期作家的书籍，其中包含了来自弥拉的一位无名作家寄给阿尔基塔的一部《备忘录》（*Hypomnemata*，“回忆录”或“评注”）。【97】这部《备忘录》究竟是以何种形式书写的，是写在了莎草纸卷上还是黏土板上，目前还不清楚。[⑤]

---

① 第欧根尼·拉尔修，Ⅲ.9: λέγουσι δέ τινες, tv âστι καd Σάτυρος ¬τι Δίωνι àπέστειλεν ε¨ς Σικελίαν ènήσασθαι τρία βιβλία Πυθαγορικα παρα Φιλολάου μν˜ν ëκατόν. καd γαp âν εέπορί÷α φασίν, qv παρα Διονυσίου λαβgv •πbρ τα çγδοήκοντα τάλαντα. 昔勒尼的阿里斯提波（Aristippus of Cyrene）也从叙拉古的统治者狄奥尼修斯一世那里得到一笔钱，他热衷于吸引哲学家到他的宫廷。当人们批评他的行为时，阿里斯提波反驳道：“好吧，我需要钱，柏拉图需要书！”（Diog. Laer., Ⅱ.81）。

② 第欧根尼·拉尔修，Ⅷ.85: ≤τεροι δb λέγουσι τεν Πλάτωνα λαβεÖν αέτα παρα Διονυσίου παραιτησάμενον âκ τÉς φυλακÉς νεανίσκον àπηγμένον τ˜ν τοÜ Φιλολάου μαθητ˜ν.

③ 第欧根尼·拉尔修，Ⅲ.18：“有人认为柏拉图第一个把以前不被人注意的索弗隆的模拟剧著作带到了雅典，还以作家的风格来安排和塑造人物性格。在他的枕头下面人们也确实发现过这种东西。”

④ 普罗克洛，*Commentary on ‘Timaeus’*, 21c.

⑤ 第欧根尼·拉尔修，Ⅷ.81：“柏拉图向阿尔库塔斯致意。非常高兴收到你寄来的那些论文，对于其他作者我也万分敬仰，在我看来，他比得上其先辈们。”

柏拉图本人，以毕达哥拉斯和苏格拉底为榜样，并不是以书面文本的形式教学。在《斐德罗篇》(275c）中，他轻视书面文字的重要性，在《第七封信》(341c-d）中，他确认他从未使用过书面讲稿：正如亚里士多德所说，他的讲义是"未成文的学说"。根据第欧根尼·拉尔修的说法，现存的唯一一个提到柏拉图的对话，第一次被编辑并以书籍的形式出版的，是柏拉图的一个学生，即来自奥布斯的腓力（Philip of Opus）。在听了柏拉图的口述之后，腓力借助他在课堂上的听课笔记，制作了一个《法律篇》的版本。腓力不满足于仅仅再版柏拉图的对话，他还自己负责把这部著作分成了十二卷，并加了一卷他自己的作品，作为《法律篇》的附录，他将自己的这一卷命名为《伊庇诺米》(*Epinomis*)。柏拉图的另一个学生，叙拉古的数学家赫谟多洛斯，尽管他的主要兴趣——也是他的作品《论科学》(*On Science*）的主题——星体，但是他还是花了大量时间用来誊写柏拉图的对话，可能是为了出版。尽管没有经过柏拉图的同意，但这些书却依然被拿来出售，甚至被卖到了遥远的希腊世界的边远地区，如西西里岛，并带来可观的利润。①

修辞和书籍

对于古典时期的希腊人，尤其是对于公元前 5 世纪的雅典人来说，语言表达能力是一项必不可少的条件，因为正如我们所见，所有重大决定都是通过公开辩论达成的。因此，辩论术在智者的哲学教育中占有重要的地位，智者的主要目标之一就是培养公众演讲的艺术，也就是修辞学。因此，修辞学的技巧，尽管是应用于口语之中，但是要通过书面文字的方式才能学会的。尽管专注于修辞往往会违反伦理道德，但修辞和论辩已经不再是

① 芝诺庇乌 , V.6. 也可参见 J.W. Thompson, *Libraries of Ancient Greece*, 19; Kleberg, op. cit., 30.

手段，而变成目的本身。有一位雅典教师——伊索克拉底，高尔吉亚的学生，将调和修辞与传统批评的伦理关系作为自己研究的目的。

伊索克拉底

伊索克拉底出生于公元前 436 年，当时雅典正处于鼎盛时期。在伊索克拉底大约 46 岁的时候，也就是公元前 390 年或之后，在第一批著名的智者出现后的半个世纪，他开办了一所具有极大影响力的学校。他在教学中创立了一种诡辩的方法，旨在提供全方位的教育，这也是出于切合政治现实的需要。【100】而且，尽管他在智者高尔吉亚的领导下接受过诡辩论的教育，但他的新学校的第一份宣言却是以《诉智术师》为标题的。

· 伊索克拉底

伊索克拉底在修辞学课上写的演讲稿是雄辩修辞的典范，这些演讲稿被创作出来，旨在展示话语的力量，这是他的学校向学生灌输的宗旨。① 伊索克拉底本人从未否认自己欠下的书本债：他将自己的演讲《安提多西斯》描述为“一篇旨在（向听众）阅读的演讲”，并在演讲中承认，当他的作品被写出来发行之后，他的声誉与日俱增，学生们蜂拥而至。②

伊索克拉底远远超过了他的前辈普罗泰戈拉和普罗狄科，他选择把书籍作为传

① 关于伊索克拉底的教学方法，参见 Marrou, op. cit., 130 ff.; W. Jaeger, Παιδεία: ^Η μόρφωσις toÜ ≠Ελληνος ἀνθρώπου (= Paideia. Die Formung des griechischen Menschen, tr. G. P. Verrios), Ⅲ, Athens 1974, 128 ff.; de Romilly, Oἱ Μεγάλοι Σοφιστές..., 93-94, 118-119.

② 参见 Turner, *Athenian Books*, 19（Isocrates, *On the Antidosis*, 12）.

· 柏拉图和亚里士多德。拉斐尔《雅典学院》，复制品

授修辞技巧的主要工具之一。亚里士多德对于伊索克拉底在法庭上发表的大量演讲所作的评论（哈利卡尔纳苏斯的狄奥尼修斯也报道过），可能与实际情况相差无几。尽管人们不得不考虑一些特别夸大其词的说法，因为毕竟他们两个学派之间是一种竞争对手的关系。① 在他的宣言《诉智术师》中，他解释了他对哲学家的观点，也表达了对法庭演说的即兴化表演的特点和对他的反对者的错误断言的看法："我撰写并发表了一篇演说"，"把我的这篇演说分发给那些希望得到它的人"。② 尽管他从来没有受到哲学家的青睐，但人们普遍认为，他的演讲不像智者那样明目张胆地宣传，甚至连柏拉图也承认他具有哲学家的品质。

德谟斯提尼

另一位伟大的古希腊演说家德谟斯提尼，他出生于公元前 384 年，也就是伊索克拉底之后的半个世纪。【101】他对书写传统的态度鲜为人知，但我们知道他对与书籍有关的一切都非常感兴趣。

德谟斯提尼用自我训练的方式克服了身体上的缺陷，他用同样的方式训练自己的心智：根据西塞罗（《布鲁图》（*Brutus*），121）的说法，德谟斯提尼研究柏拉图，但从未上过他的任何课程。他还研究伊索克拉底和修昔底德，这两个人极大地影响了他，并使他具有了极大的热情

· 德谟斯提尼

①Aristotle's disparaging comment led Cephisodorus, a loyal pupil of Isocrates, to take up the cudgels in defence of his teacher：参见 Dionysius of Halicarnassus, Isocrates, 18.

② 参见 Turner, *Athenian Books*, 19（Isocrates, *On the Antidosis*, 193; *Panathenaicus*, 233）.

为伟大的雅典献身。这也许就是他抄写修昔底德整部《历史》的原因，不是为了朋友，也不是出于命令。[①] 众所周知，他曾教授过修辞学，并为诉讼当事人写演讲稿，但我们不知道他是否是一位有才华的书法家，也不知道他是否作为抄写员赚过钱。西塞罗与琉善（Lucian）的说法一致。琉善说，德谟斯提尼本人曾抄写过他所拥有的大部分书籍，并完整地抄写过修昔底德的《历史》。

佐息末是一位来自阿斯卡隆或加沙的历史学家，生活在公元前 5 世纪，写了德谟斯提尼的生平并提到了他那个时代（公元前 4 世纪）雅典有一座伟大的图书馆。据索西穆斯所说，后来这座图书馆被烧毁了，其中收藏的修昔底德唯一的作品的抄本《历史》也随之被毁；但幸运的是，德谟斯提尼早已经记住了它，因此《历史》这部作品才得以保存下来。[②]

希腊世界的图书贸易

从公元前 5 世纪中叶起，雅典成为希腊世界智慧发展的驱动中心，它是“希腊的典范”（修昔底德，Ⅱ.41）。毫无疑问，雅典是希腊图书贸易的中心，至少直到公元前 4 世纪末是如此，因为从公元前 450 年开始，绝大部分文字形式的书籍都是雅典人的作品。这种文化发酵的结果之一，就是大量的文字以书籍的形式向公众开放【104】，奴隶们经过专门训练成为抄写员和读者（即大声朗读的读者），以帮助抄写和口述传播内容。我们完全有理由相信，雅典和希腊世界其他国家，特别是雅典联盟的成员国之间，存在大量的书籍贸易往来。

色诺芬在他的《长征记》（*Anabasis*）中，描述了希腊军队从波斯出发，翻山越岭到黑海，然后穿过博斯普鲁斯海峡的艰苦旅程。在萨弥得

① 参见琉善的引用（*To the Ignorant Book-Collector*, 4）on p. 129.

②C. Müller (ed.), *Oratores Attici*, Ⅱ, Paris 1848, 523.

· 来自东方的哈德良式的雅典

索斯（Salmydessus）的海岸上，他们遇到了一艘失事的船，船上装满了装有家庭用具和“许多书籍”的板条箱①：显然，那些在雅典学习的人喜欢带些东西回家，以彰显雅典的书香气息以及书籍和图书馆在

· 修昔底德

① Xenophon, Anabasis, Ⅶ .5: ‘Here was a great find, beds and boxes and written books, and everything else which mariners carry in their wooden chests.’也可参见 Kenyon, op. cit., 23-24. 第欧根尼 · 拉尔修（Ⅳ .47），在他的 *Life of Bion of Borysthenes*［一位来自玻里斯提尼斯（奥比亚）的哲学家］中说，由于我的父亲以某种方式弄虚作假，结果把全家连同我们都卖掉了。我算是一个令人喜欢的年轻人，遂被一位修辞学家买下来，他死后把所有的财产都留给了我。我烧掉他的书卷，凑齐所有家当来到雅典，搞起了哲学研究。

保存知识方面的重要性。门农（Memnon）在他的作品《历史》[其中的摘录由佛希亚斯（Photios）保存在他的《图书馆》(*Bibliotheca*）中]中记载，庞提尼亚统治者克利尔库斯（Clearchus）曾在雅典跟随柏拉图和伊索克拉底学习，在他学成回国后，就在自己的国家建立了一个图书馆，建造时间不晚于公元前364年。我们也不应忘记柏拉图的学生赫谟多洛斯的出版活动，他靠卖书为生，这些书也包括他老师柏拉图的对话录。

知识产权

要确定古希腊是否接受了“版权”这个概念并不容易，也就是说，书面作品的遗嘱遗赠是否给予了遗产受赠人该作品的知识产权，如果有，给予他的保护力度有多大（例如，斐瑞居德将他的书遗赠给米利都的泰勒斯，并附有说明，如果泰勒斯同意的话，就将这些书出版）。[1] 但我们确实知道，侵权案件确实发生过，主要是那些作者已经去世或住在离雅典很远的地方的作者的书，或者是那些没有标明作者的书。【105】这大概就是在公元前4世纪的最后10年里，包括三位伟大悲剧作家的作品在内的许多著作变得腐坏不堪的原因。[2]

很可能正是在那个时期，出版业诞生了。出版商是受过教育的人，他们自己动手制作各种精良的书籍，然后进行市场营销以赚取利润。支持这一假设的证据可以从公元前5世纪中叶的阿那克萨戈拉时代找到，这使我相信苏格拉底所嘲笑的那些书，事实上并不是阿那克萨戈拉本人写的，它们可以用一德拉克玛就能买到。[3] 在伯罗奔尼撒战争（公元前404年）结束后的几年里，我们发现有人提到被雇作抄写员的奴隶，甚至还有专门的抄写员，比如安提戈努·戈纳塔斯（Antigonus Gonatas）派送到芝诺那里

① 参见 p. 80.
② 参见 p. 118.
③ 参见 p. 84.

的那些人就属于这一类。芝诺是斯多葛学派的创始人。

通过这些证据，我们只能得出这样的结论：从公元前 5 世纪中叶开始，“私人图书馆的数量和雅典市民的数量一样多”。这个听起来似乎不太可能的论断得到了波里比乌（Polybius）的证实，他说在公元前 3 世纪，雅典有如此多的私人图书馆和公共图书馆（即学校和体育馆图书馆），以至于西西里历史学家蒂迈欧（Timaeus）在被叙拉古的统治者阿伽索克莱流放期间，他花了整整 50 年时间才将这些图书馆一一列出。① 波里比乌还提到了蒂迈欧论述希腊在西方的殖民地历史的长篇著作（38 卷），这部著作中的资料几乎都是从当时雅典的各图书馆中查阅引用的。

作为书本学习中心的雅典哲学学校

公元前 404 年，雅典在伯罗奔尼撒战争中败北，尽管雅典正处在一场深刻的政治和社会危机的阵痛中，但在这一时期还是产生了四个重要的哲学学校，它们分别由柏拉图、亚里士多德、伊壁鸠鲁和芝诺创建。

柏拉图

公元前 388 年或之后不久，柏拉图在纪念缪斯和阿提卡英雄阿卡德谟［或赫卡德谟（Hecademus）］的石窟墓地附近建立了他的学园，并以“阿卡德谟”的名字来命名。作为一所学校，它持续了 900 多年。② 不过柏拉图本人以毕达哥拉斯为榜样，提倡口授教学，他不仅拥有自己的私人图书馆（正如我们之前看到的），而且他的学生和学园里的其他老师还把柏拉

①Polybius，Ⅻ.25h. 也可参见 Lesky, op. cit., 1000.

② 参见 H. Cherniss，*The Riddle of the Early Academy*, Berkeley 1945; Id., Das Problem der frühen Akademie, Heidelberg 1965. 也可参见 K. Gaiser, *Platons ungeschriebene Lehre*（with the testimonia and sources of information on the Academy and Plato’s oral teaching），Stuttgart 1963. 关于雅典哲学学校的简要回顾，参见 L. G. Benakis, *Philosophy in Athens*（*from Anaxagoras to Damascius*，in Athens: From the Classical Period to the Present Day (5th century B.C. - A.D. 2000)，ed. Ch. Bouras, M. B. Sakellariou, *K. Sp. Staikos and Evi Touloupa*, Athens 2003, 109-143.

· 柏拉图学园。来自庞贝的马赛克地板，那不勒斯国家考古博物馆

图的“未成文的学说”汇集在一起，并按顺序进行排列。也许这些“未成文的学说”在柏拉图于公元前347年去世前不久就以书籍的形式出版了。

【106】斯彪西波接任柏拉图成为学园园长。斯彪西波也有一个很好的图书馆，最终亚里士多德得到了这个图书馆。① 公元前339年，来自卡尔凯顿的塞诺克拉底接任斯彪西波成为园长，直到公元前1世纪，学园的园长一职一个接一个地传承，从没有中断。公元前269年，阿凯西拉对学园的接管，标志着众人所知的新学园（或“中期学园”）的开始。阿凯西拉把新的学说引入到学园的教学中，据第欧根尼·拉尔修记载，阿凯西拉在他的图书馆中收藏有柏拉图的所有著作。② 从公元前213年起，在卡尔涅亚得的领导下，学园陷入了与斯多葛学派的竞争之中。公元前87年后，学园的老师纷纷逃离雅典，学园开始逐渐走向衰落，没过多久，它就不复存在了。然而，普鲁塔克告诉我们，“学园”或“学园的”一词在此后很长一段时间仍在继续使用。

毫无疑问，柏拉图学园的资源之一是一个藏书丰富的图书馆，尽管我们对这个图书馆的合法地位或内部规定以及它的藏书和最终命运知之甚少，甚至可以说是一无所知。这个图书馆是跟学园一起同时传给了每一任学园的园长，还是柏拉图本人在生前就留下了他死后如何处理这个图书馆的指示，我们不得而知。我们唯一可以确认的是，柏拉图的继任者斯彪西波有一个很好的图书馆，这个图书馆最终被亚里士多德得到。事实上，亚里士多德在学园期间，是以另一种身份与学园里的书写文字联系在一起的。

根据一个古代流行的传说，我们得知，亚里士多德被称为“学园之灵”（the mind of the school）；而在另一个版本中，他的绰号是“读书

① 第欧根尼·拉尔修，IV.5：“它们一共有43475行。提蒙尼德斯记述了他的历史，其中还提到了狄翁和彼翁的成就。法伯里诺斯在其《回忆录》的第二卷中断言，亚里士多德花了三个塔伦特购买他的著作。”

② 第欧根尼·拉尔修，Ⅳ.32-33：“他对柏拉图似乎非常敬佩，还拥有他的著作的抄本。”

人”。① “读书人”这个职位，本来是为训练过的奴隶设定的，经过“读书人”在公众场合的公开朗读后，基本就相当于这部著作已经出版。② 学园里的大多数年轻学生都是通过听“读书人”大声朗读来发现书中所写的东西的。但亚里士多德则不同：他自己读书，而且根据自己的理解将书中的段落抄写成读书札记，就像今天学生的做法一样。上面提到的传说很有意思，它说明了柏拉图和亚里士多德之间的一个根本区别：柏拉图给亚里士多德起的绰号可能带有轻蔑的意味，这一点我们从柏拉图对“自以为是的智者”（当然是想讽刺亚里士多德）的毫不掩饰的蔑视中，就可以判断出来。亚里士多德确实是所有哲学家中的一个执着的发问者。③

亚里士多德

柏拉图学园最著名的学生是亚里士多德，他从公元前 368 年在那里学习，直到柏拉图于公元前 347 年去世。公元前 335 年，他决定给柏拉图学园一些有益的竞争，于是自己开办了另一所学园，这所学园最初被称为“吕克昂学园”，后来，至少从他的继任者塞奥弗拉斯特开始，被称为“漫

①John Philoponus, Against Proclus on the Eternity of the World, Ⅵ.27: Plato so admired his sagacity that he called him ‘The Mind of the School’. Also in the Vita Marciana, 7, which in this form is derived from the Arabic tradition, and more specifically from Ptolemy el- Garib. Philoponus’s source for this item of information was probably the Life of Ptolemy. Quite possibly, when Plato gave this nickname to his favourite pupil, he was thinking of Epicharmus’s words: ‘It is the Mind that sees and hears, all else is deaf and blind.’ 参见 I. Düring, ^O \Αριστοτέλης, Παρουσίαση καί ^Ερμηνεία τΈς Σκέψης του (= Aristoteles. Darstellung und Interpretation seines Denkens, tr. P. Kotzia-Panteli), I, Athens 1991, 51; Id., Aristotle in the Ancient Biographical Tradition [Studia Graeca et Latina Gothoburgensia 5], Göteborg 1957 (hereafter abbreviated as Düring, Biog. Trad.), 108-109.

② 吕孔（Lycon）是兰萨库斯的斯特拉波的继任者（吕克昂学园），他将那些在公开场合阅读过的书籍留给了读者（Diog. Laer., V.73）。斯特拉波从塞奥弗拉斯特那里继承了园长的职位，他留下了遗嘱，并在其中说“那些我们写的书”：他可能指的是那些他亲手写的还没有出版的书。柏拉图将那些在市场上可以获得的书称为 δεδημοσιευμένα（字面意思为“已出版的”）：参见 Plato, *The Sophist*, 232d; Düring, Biog. Trad., 441.

③ 柏拉图，*Phaedrus*, 248b（“他们的营养就只剩下貌似真理的意见了”），275b（“他们的心是装满了，但装的不是智慧，而是智慧的赝品”）。

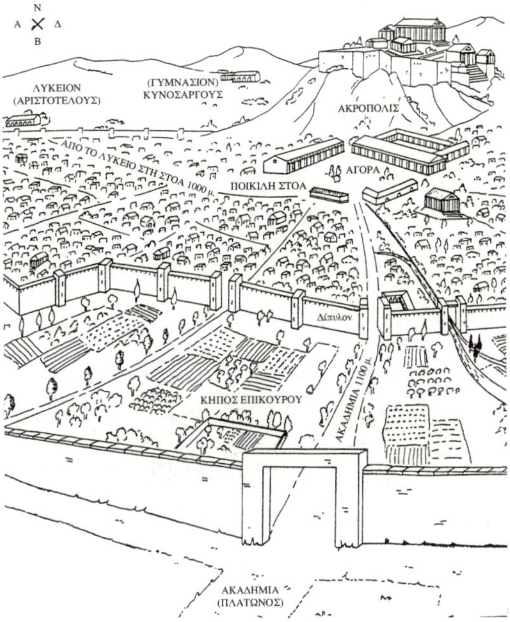

· 雅典的重构，展示了各哲学学校的位置

步学派”（Peripatos）。[①] 在亚里士多德的继任者塞奥弗拉斯特的领导下，学园达到了它的发展顶峰，据说有2000名学生。这两所学园不仅负责保存他们创建者的作品和讲座以及早期的一些文献资料，还负责提高人们对书籍和私人图书馆、对学术写作重要性的认识。学园中的教师和他们的学生，都在身体力行，并且形成了收集、整理和出版他们的作品的风气，其规模之大是西方和东方任何一个哲学学校或哲学运动都无法比拟的。

① 关于吕克昂学园，参见 p. 115. 最完整的研究由 F. Wehrli 所作，Die Schule des Aristoteles, 10 vols., Basel 1944—1959: I, Dikaiarchos, 1944; II, Aristoxenos, 1945; III, Klearchos, 1948; IV, Demetrios von Phaleron, 1949; V , Straton von Lampsakos, 1950; VI, Lykon und Ariston von Keos, 1952; VII, Herakleides Pontikos, 1953; VIII, Eudemos von Rhodos, 1955; IX, Phainias von Eresos and others, 1957; X, Hieronymos von Rhodos and others (with index), 1959. 也可参见：F. Grayeff, *Aristotle and his School: An Inquiry into the History of the Peripatos with a Commentary on Metaphysics* Z, H, Λ and Θ, London 1974, 49-68; J. P. Lynch, *Aristotle's School: A Study of a Greek Educational Institution*, Berkeley 1972.

伊壁鸠鲁

公元前 341 年，伊壁鸠鲁出生在萨摩斯，但他的父母都是雅典人。18 岁时他去了雅典，但很快就跟随父母一起四处流亡，直到公元前 306 年，他带着一大群学生再次回到雅典。他的哲学学校坐落在迪庇隆门附近的一个花园里，伊壁鸠鲁和他的学生一起住在迪庇隆门附近的社区里，共同致力于学术研究。同时，伊壁鸠鲁开设的学园，与柏拉图学园和吕克昂学园展开了竞争。伊壁鸠鲁著述广泛，他的哲学在罗马时期也非常有影响力，这一点可以从在赫库兰尼姆发现的伊壁鸠鲁所写的一部名叫《自然》的莎草纸卷得到证明。[①] 伊壁鸠鲁把他的藏书遗赠给赫玛库斯，仅他自己的著作就有 300 个莎草纸卷。[②]

【109】伊壁鸠鲁“花园学派”（后来人们这么称呼他的学校）的直接继承人是赫玛库斯（公元前 271 年—公元前 240 年），紧随其后的是波利斯特拉（Polystratus），最后一位是雅典的阿波罗多洛（公元前 150 年—公元前 120 年），绰号“花园的暴君”。阿波罗多洛是一位多产的作家，他的名下有 400 多部作品：其中有伊壁鸠鲁的传记，不过现在已经失传。

在他的《学说集》（*Collection of Doctrines*）中，阿波罗多洛写道，伊壁鸠鲁比克律西波（Chrysippus，斯多葛学派的领袖，公元前 281 年—公元前 208 年）领导有方，尽管后者是一位以多产而著称的作家。阿波罗多洛断言伊壁鸠鲁的著作完全是独创性的，远远超过了克律西波的著作。克律西波的作品都是引用的别人的东西，他得出一个讽刺性的结论：如果把克律西波作品中所有的引用别人的段落都去掉，就会只剩下一些

---

① 关于伊壁鸠鲁学派，参见 A. A. Long, *Hellenistic Philosophy: Stoics, Epicureans, Sceptics*, London 1974.

② 第欧根尼 · 拉尔修，X.21：“我将我的所有书籍都赠予赫玛库斯” Id., X.26：“伊壁鸠鲁是一位著述非常多的人，就其作品的数量而言超过了所有其他的作者，总计达 300 多卷。”

空荡荡的白纸。[①]

伊壁鸠鲁学派是一个主要由学生和研究学者组成的群体，同时也是一种生活的方式。伊壁鸠鲁去世后，这个学派对后世产生了巨大的影响。伽达拉的菲洛德谟将伊壁鸠鲁的学说引介到意大利，很快就赢得了包括维吉尔、贺拉斯（Horace，罗马诗人，维吉尔的朋友，全名 Quintus Horatius Flaccus）和卢克莱修在内的许多追随者。

芝诺

· 芝诺

芝诺，公元前 333 年或公元前 334 年出生于塞浦路斯的昔提乌姆，他作为哲学家的地位归功于雅典的书店。芝诺的船在阿提卡海岸失事后，他第一次踏上雅典，在前往雅典的途中，他在一家书店歇息，书店里听书商正在大声朗读色诺芬的《大事记》。色诺芬所论述的关于苏格拉底的思想给芝诺留下了深刻的印象。芝诺问道："是否还能找到像苏格拉底这样具有深刻哲学学识的人？"就在这时，犬儒学派哲学家，来自底比斯的克拉底正好碰巧路过，于是书商就把他介绍给了芝诺，这样，芝诺就成了克拉底的学生。[②]

芝诺创立的斯多葛学派对后世的哲学家产生了深远的影响，吸引了

① 第欧根尼 · 拉尔修，Ⅶ .181："雅典人阿波罗多洛斯在《学说汇编》中试图指出，伊壁鸠鲁完全靠自己的能力进行写作而不引用别人的观点，但其作品数量超过了克律西波，他的原话是这样的：'如果有人拿走了克律西波书中属于他人的引文，书中纸页留下的就是光秃秃一片。'这就是阿波罗多洛斯的话。"

② 第欧根尼 · 拉尔修，Ⅶ .2-3.

来自世界各地的大批学生。他们的教学似乎是建立在书写传统基础之上的。【110】克林塞斯（Cleanthes，公元前 304 年—公元前 232 年）后来接替芝诺成为学校的校长，据说因为没有钱买纸，他曾用牡蛎壳和牛的肩胛骨做笔记。[①] 不同于他的继任者，芝诺有一个相当大的私人图书馆，他建立这个图书馆的时候，正好在伯罗奔尼撒战争之后。为了满足图书馆与日俱增的书籍需求，有很多人在为他抄书，其中，不仅有马其顿国王安提戈努·戈纳塔斯（也是芝诺原来的学生[②]）派来的抄写员为他抄写书籍，而且还有他自己雇佣的一些奴隶。斯多葛学派因在雅典集市广场〔译者注：集市里或许是最为知名的建筑“漆彩柱廊”（Stoa Poikile，英译为 Painted Stoa）〕的廊苑聚众讲学而得名，这个廊苑到处都用波吕格诺图（Polygnotus）的画作为装饰，芝诺主要在这里讲学，他在伦理和政治领域也获得了巨大成就。[③] 人们普遍认为，芝诺之所以选择在“漆彩柱廊”的廊苑教书，是为了清除“三十僭主”（the Thirty，伯罗奔尼撒战争后当权的“僭主”）在广场上留下的污点，他们曾在那里杀害了数百名雅典人。

芝诺创始人的继任者是克林塞斯，他来自特洛德，定居在雅典。然而，对于斯多葛哲学在所有领域（逻辑学、伦理学、物理学、政治学）的最充分的陈述，我们要感谢索利的克律西波所做的贡献。雅典人认识到了他的重要性：“没有克律西波，就没有斯多葛学派。”当然，这种评价与阿波罗多洛对克律西波的评价不太一样，事实上阿波罗多洛的评价是不公平的，因为他之前说过，克律西波的大部分著作的内容都是从别人那里引用来的。从公元前 2 世纪中叶开始，斯多葛学派通常被称为“中期斯多葛学

---

① 第欧根尼·拉尔修，Ⅶ.174. 克林塞斯是斯多葛学派的哲学家，来自小亚细亚阿苏斯（Assus），他是下面这则轶事的主人。有一天，有人辱骂他“老不死”。克林塞斯回答说：“是的，我也想离开，但当我发现我身体各方面都还好，既能写又能读，我就留了下来。”

② 第欧根尼·拉尔修，Ⅶ.36：“芝诺门人众多，最为著名的有以下几位。德谟特里俄斯的儿子佩尔塞俄斯，是基提翁人。一些人说他是芝诺的朋友，而另一些人则说是他的家仆，是安提戈努王派来给他做文书工作的人中的一位……”

③ 参见 J. H. Rist, *Stoic Philosophy*, Cambridge 1969; Long, op. cit.; M. Schofield, ^Η στωική ̇δέα τΈς πόλης (= *The Stoic Idea of the City*, Cambridge 1991, tr. Chloe Balla), Athens 1997.

派”（Middle Stoa）[①]。在这一时期，斯多葛学派被罗马的贵族学者们所接受，因此，早期斯多葛学派的著作以及中期斯多葛学派的倡导者的著作中的一些段落，被保存在西塞罗、普鲁塔克、塞克斯都·恩披里柯以及其他人的著作中。“新斯多葛”（New Stoa）这个名字用来描述从基督教时代早期开始的阶段，代表人物包括哲学家塞涅卡（公元前 4 年—公元 65 年）、爱庇克泰德（公元 60 年—公元 140 年）和哲学家皇帝马可·奥勒留（公元 121 年—公元 180 年）等。

从图书馆史的角度来看，我们最感兴趣的是亚里士多德的私人图书馆：它是如何形成的？它在吕克昂学园中发挥了怎样的作用？它最终发生了什么？我们有什么文献证据来证明它的历史？

亚里士多德的工作方法

从公元前 4 世纪中叶起，作为现代意义上的教育和研究工具，书籍的地位得到了确立。这主要得益于亚里士多德百科全书式的知识，特别是他的思想的科学性，即任何无法证明的事情都要进行质疑。亚里士多德学识渊博，在知识的广博性方面远远胜过其他人，而且与智者不同，他根据自己的哲学理论，成功地将浩瀚无垠的知识进行了分类。除此之外，他是第一个列出自己著作目录的伟大哲学家，同时，也非常重视书写的传统。

---

① 参见 A. Schmekel, *Die Philosophie der mittleren Stoa*, Berlin 1892; B. N. Tatakis, *Panétius de Rhodes, le fondateur du moyen Stoïcisme*, Paris 1931. 在克律西波之后的这段时间里，斯多葛学派和学园之间发生了争端。罗德岛的帕奈提乌（Panaetius）开创了学校历史上的一个新阶段，斯多葛哲学在古罗马的知识分子，如西庇阿·艾米利亚努（Scipio Aemilianus）、莱利乌斯（Laelius）和西塞罗中，重新绽放。这一段时期，很多现代学者称之为“中期斯多葛学派”。

· 亚里士多德大理石头像。雅典国家考古博物馆

· 亚里士多德

亚里士多德图书馆的历史参考文献

斯特拉波是第一个提到亚里士多德的图书馆的学者，他把这个图书馆列为古希腊最伟大的私人图书馆，图书馆中大部分藏书都由亚里士多德的继任者传承了下来。这些藏书为吕克昂学园的教学提供了很好的帮助。[①] 斯特拉波之所以这样说，可能是因为他知道亚里士多德图书馆的藏书丰富，几乎涵盖了所有学科门类。亚里士多德图书馆的声誉和它的不凡经历，一直延续到斯特拉波时代，西塞罗也能够阅读亚里士多德亲手创作的作品。

① 斯特拉波，Ⅶ.C.608–609："亚里士多德把自己的图书馆遗赠给了塞奥弗拉斯特，据我所知，塞奥弗拉斯特是第一个收集书籍的人，也是第一个教埃及国王如何组织图书馆的人。" Cf. Athenaeus, I.3. 也可参见 p. 74 .

亚里士多德图书馆的形成

亚历山大大帝赠予他的老师（亚里士多德）800 塔伦特，这些钱主要是用来扩大他的图书馆。[1] 亚里士多德曾送给亚历山大一部编辑校订过的《伊利亚特》（著名的 *casket Homer*[2]，这个版本称为“神珍本”或“巾箱本”）。在亚历山大东征的途中，他寄回了大量有价值的资料，供亚里士多德写作他的鸿篇巨制《158 个城邦的政制》（对希腊半岛的 158 个城邦进行考察）。除了亚历山大寄给他的资料之外，亚里士多德还有很多钱可以用来给自己买书：众所周知，他曾花过 3 塔伦特购买斯彪西波的著作，这

① 参见 W. D. Ross, Αριστοτέλης（= Aristotle, tr. Marilisa Mitsou），Athens 19932, 19.

② 在新柏拉图主义者所写的关于亚里士多德的几部著作中，只有一部提到亚里士多德所谓的《伊利亚特》版本。“……他将《伊利亚特》的这个版本交给了亚历山大。”“casket Homer”这个著名的故事，有一些人认为是真实的，但是有些人却认为是虚构的。亚历山大船的舵手奥涅西克里特（Onesicritus）——他自己也是一位历史学家，尽管并不总是可靠的（Düring, ^O \Αριστοτέλης..., Ⅰ, 218，在这里他的名字被称为 Onirocritus）。根据普鲁塔克（Alexander, Ⅷ.2）的观点，奥涅西克里特说，亚历山大睡觉的时候，身边总是放着一把匕首，在他的枕头下面还放着一本亚里士多德编辑过的《伊利亚特》的抄本。因此，人们称之为“casket copy” [\Αριστοτέλους διορθώσαντος mv âκ τοÜ νάρθηκος καλοÜσιν]。普鲁塔克（Alexander, ⅩⅩⅥ.1）解释说，亚历山大获得了一个属于大流士本人的名贵珠宝箱，他在珠宝箱中保存了一部《伊利亚特》。普鲁塔克补充说，这并不是什么秘密：“这一点被很多权威的文本证明过。” Cf. Plutarch, *On the Fortune or the Virtue of Alexander*, Ⅰ.4; Pliny the Elder, *Natural History*, Ⅶ.29 (30).

亚里士多德的一本新柏拉图主义传记提到了《伊利亚特》的一个版本，而普鲁塔克（也许是跟随奥涅西克里特）将其称为亚里士多德自己修订的版本。斯特拉波（ⅩⅢ.C594）也提到了亚里士多德对文本的修订，但是，他在故事中进一步介绍了其他人物，从而模糊了这个问题：“据说存在一个经过编辑的《荷马史诗》版本，即所谓的‘casket copy’，亚历山大与卡利斯塞涅和阿那克萨库以及他们圈子里的其他成员，一起进行了阅读和注释。”参见（FGrHist 124 T 10）。关于阿那克萨库，参见 Wehrli, op. cit., Ⅲ, 67.

可以得出的结论是，亚历山大确实有一本珍贵的《伊利亚特》的抄本，他把它放在一个贵重的箱子里。众所周知，他热爱荷马，也非常崇拜阿喀琉斯，他把阿喀琉斯当作自己的榜样。很有可能是亚里士多德在马其顿研究 Homeric Questions（参见 H. Hintenlang, *Untersuchungen zu den Homer-Aporien des Aristoteles* [论文], Heidelberg 1961）时，有一本为亚历山大而作的《伊利亚特》，他可能已经通读了一遍，纠正了抄写者的错误。这似乎是最有可能的解释——考虑到没有历史证据表明亚里士多德曾经编辑过《伊利亚特》并出版了一个新版本，而且在亚里士多德的失传作品列表中也没有出现过这样的版本。（参见 P. Moraux, *Les listes anciennes des ouvrages d'Aristote*, Louvain 1951）.

· 亚里士多德和亚历山大（阿佛洛狄西亚的）。青铜小匾。伦敦维多利亚和阿尔伯特博物馆

些著作共有 43475 行。① 斯彪西波是柏拉图学园园长的继任者。如前所述，据说亚里士多德的图书馆中有一部赫拉克利特的《论自然》，这本书是约在 150 年前由赫拉克利特本人在以弗所的阿耳忒弥神庙里存放的一部作品。② 这些都是亚里士多德为其私人图书馆购买书籍的证据。

【114】在第欧根尼·拉尔修列出的目录中，亚里士多德自己的著作共有 445270 行。根据摩劳克斯的计算，这些著作加起来大约有 550 卷。其中，亚里士多德文集，包括从公元前 1 世纪开始出版并流传至今的亚里士多德在学校讲课的所有文本，加起来共有 106 卷。③

在我看来，有足够的证据可以重建亚里士多德图书馆的藏书，我们可

① 第欧根尼 · 拉尔修，Ⅳ .4.

② 第欧根尼 · 拉尔修，Ⅸ .6.

③ 按照 Düring 的观点（^O \Αριστοτέλης..., I, 75-76），根据亚历山大里亚的亚里士多德著作目录，亚里士多德大概写了 550 部古代意义上的书籍，即莎草纸卷。摩劳克斯（op. cit., 192）在检查了 Topica 的作品后，确认了这个信息是正确的。考虑到一本普通的书（莎草纸卷）相当于 20 页的打印页面，那么 550 本书就相当于 11000 页的打印页面。

亚里士多德已知的著作共有 106 部作品，所有这些作品都被收录在《亚里士多德文集》（*Corpus Aristotelicum*）中，尽管只有少数作品被列在亚历山大里亚目录中。在 Bekker 的版本中，它们占据了 2500 列 =87500 行 =875000 字。

以将这些藏书分为四类：(a)“开放性”作品；(b)“秘传性”作品；(c)参考书目；(d)其他学者的作品。为了帮助我们做到这一点，我们可以借助四个亚里士多德著作的目录汇编，其中，最早的一个是由第欧根尼·拉尔修给出的。关于这个目录的来源，即它是从后卡利马库斯亚历山大里亚目录得来的还是来自于漫步学派，这是一个文本考据的问题，它还直接关系到亚里士多德书籍的命运。还有一个问题就是：亚里士多德著作的原作和抄本，究竟是都被托勒密王朝占有并保存于亚历山大图书馆，还是只是其中的一部分？①

(a)亚里士多德自己称之为“开放性”的作品，这类作品并不是为其

---

① 参见 Moraux, op. cit.; C. Lord, ‘On the Early History of the Aristotelian Corpus’, *AJP* 107 (1986) 137-161.

亚里士多德的作品目录我们知道的共有四个：一个来自第欧根尼·拉尔修，一个来自匿名编辑者(“Anonyme de Ménage”)，还有两个来自阿拉伯学者。第欧根尼·拉尔修和匿名编辑者在编辑目录列表的时候，都没有对列表的来源给出哪怕是细微提示。

第欧根尼·拉尔修给出的目录并没有列出亚里士多德的所有作品，尽管他声称它已经列出了亚里士多德的所有著作，因为他在正文中还提到了一些亚里士多德的著作，而这些著作并没有包括在他的目录中。据推测，他的目录列出了所有由它出处的作品，而书名的排列方式清楚地表明，他对安德罗尼柯版本的《亚里士多德文集》一无所知(参见 pp. 126-128)。有人认为，第欧根尼·拉尔修目录的来源是公元前 3 世纪的语法学家和哲学家赫米普斯，他在亚历山大里亚卡利玛库斯的门下学习，并且用卡利马库斯提供的《皮纳克斯》(*Pinakes*)为材料，写作了他的 *Lives of Men Famous for their Learning*。尽管那本书现在已经遗失，但有证据表明，它是由不同的传记组成的，这些传记按照他们最著名的作品主题分类：立法者、七贤、魔术师等。赫米帕斯的作品以《皮纳克斯》为基础(他逐字引用了相当长的摘录)，这一事实表明，他打算写的并不是一部非常科学的文本，而仅仅是一部充满各种奇闻逸事的选集。如果是这样的话，很难指望他会花时间和精力去寻找亚里士多德的全部著作。当然，他可能已经在《皮纳克斯》中找到了一个完整的列表，但在这种情况下，书名将被安排在主题标题下(并且在每个主题中按字母顺序排列)，因此人们会希望它们与在第欧根尼·拉尔修目录中的顺序是相同的。参见 J.S. Heibges, *Hermippos* [6], in RE, 8/1 (1912), 845-852; F. Montanari, *Hermippos aus Berytus*, in NP, 5 (1998), 439-440; Moraux, op. cit., 22 ff.

Vita Menagiana 以亚里士多德的作品目录结尾，其中目录的第一部分与第欧根尼·拉尔修的目录有许多相似之处。尽管“Anonyme de Ménage”的 Life of Aristotle 实际上与米利都的海西吉乌斯的 Onomatologos 中“亚里士多德”下的词条相同，但它的来源出处仍然是模糊的，因为海西吉乌斯的来源还没有找到。(关于 Vita Menagiana，参见 H. L. M. Flach, *Hesychii Milesii Onomatologi qua supersunt*, Leipzig 1883, 245-249.)

基于这一证据，我们不可能将之与第欧根尼·拉尔修的目录建立联系。*Anonyme de Ménage* 目录分为三个部分：第一部分包含 139 个标题，与第欧根尼·拉尔修的列表非常相似；第二个部分包含 46 个标题，其中一些与第一部分有重复；第三个部分有 10 个标题，被归类为伪造的。参见 E. Heitz (ed.), *Aristotelis Fragmenta* [= *Aristotelis opera omnia*, Ⅳ .2], Paris 1869, 5-9. 在 *Anonyme de Ménage* 的列表中，第一部分有一个附录，这个附录又包含两部分：参见 Moraux, op. cit., 249-288.

学校的学生创作的，而是为公众创作的。这些作品基本都是关于论辩术或反驳术的：其中一部就是《劝勉篇》，它是对伊索克拉底对学园批评的回应。这类作品还包括《欧德谟斯》《亚历山大》（又名《为了殖民》）、《分类》（*Diaireseis*）等著作，还包括一些专著，如《答毕达哥拉斯派》《答高尔吉亚作品》和《答芝诺作品》以及其他各种作品。

【115】（b）我们在这里主要关注的是"秘传性"著作，这类作品代表了亚里士多德在吕克昂学园讲课的精髓，因此，这些作品是他不断修改的作品，可能还增加了旁注和交叉参考的标记。它们没有我们今天所使用的意义上的标题，今天我们所知道的这些作品的标题，都是在亚里士多德去世几个世纪以后，很有可能是在公元前 1 世纪，人们特意给它们加上的。① 这一类作品包括《前分析篇》《后分析篇》《物理学》《尼各马可伦理学》《论问题》《论修辞》《论诗人》以及其他著作。

（c）第三类作品包括亚里士多德为继续研究而收集的参考资料：按学科分类的其他作家书籍中的段落；各种类型数据的目录和作品集、词汇表、随笔随想、书面记录的资料；研究荷马传统提出的问题（"荷马问题"）、阿基洛库斯和欧里庇得斯；人物、事物和城市的名称目录；以及任何其他可能增加扩大他对人物和事物的认识的信息。② 这一类作品可能还包括由吕克昂学园的学生作为作业所写的各种作品，如塞奥弗拉斯特的《自然哲学家的思想》（Φυσικ˜ν δόξαι）。

（d）最后，还有其他学者的著作，亚里士多德购买或以其他方式获得这些著作，目的是为了更全面地进行知识的储备和积累，其中至少包括关于希腊的知识传统。

---

① 关于亚里士多德"秘传性"著作的编辑和出版。

② 从我们对亚里士多德工作方法的了解来看，他一定是在很早的阶段就收集了大量不同的材料，随后他又以不同的主题将这些材料进行了分类：亚历山大目录中超过三分之一的条目都是由这类作品构成的。参见 Düring, ^O \Αριστοτέλης..., I, 70-75 ("Στόχος καί μέθοδοι τΈς δουλειΆς του").

· 雅典的市场

吕克昂图书馆

当谈到亚里士多德的图书馆和亚里士多德肯定接触到大量的书面资料这一无可争辩的事实时，我们应该在这里首先聊几句吕克昂学园，以严格区分他的个人藏书和吕克昂学园中的藏书，其中吕克昂学园中的藏书也有他自己的一部分。重建吕克昂学园的藏书只能是一个假想，因为没有任何古代的资料告诉我们它是如何形成的或最终发生了什么，我们所知道的，只是基于一些零散的证据所获得的。①

考虑到托勒密·菲拉德福想任命吕克昂学园的园长来组织亚历山大图

① 参见 p. 146 (n. 111).

· 莱喀古斯

书馆这一情况，我们可以推测，保存在吕克昂学园缪斯神殿和图书馆中的图书一定组织得非常好。毫无疑问，吕克昂学园图书馆中肯定藏有早期哲学家和智者的各种著作，其中包括已出版和未出版的作品，诗歌和其他文学作品、论著和各种有关希腊知识文化传统的书籍，以及课堂讲稿，【118】学生的随笔和论文，还有大量待评估、编辑和出版的作品。① 其中，最后一类主要是亚里士多德让他最有才华的学生和学园老师撰写的教育著作，如欧德谟斯② 关于数学和天文学历史的作品，美诺③ 关于早期医生的学说的作品，塞奥弗拉斯特关于植物学史的作品。④ 与此同时，亚里士多德自己也在不断地研究各种书面文献，甚至包括关于雅典城的官方记录，以便尽可能地找到戏剧作品和酒神颂歌。莱喀古斯从公元前 328 年—公元前 326 年负责雅典的公共财政。也许正是他对戏剧文本真实性的评论，才促使莱喀古斯出版了三大悲剧作家作品的新的正式版本。这些作品的新版本存放在国家档案馆，从那时起，法律规定演员必须遵守

---

① 亚里士多德，Topica, 105b, 12：“我们也应该从手写的手册中进行挑选。”

② 罗德岛的欧德谟斯是公元前 4 世纪的哲学家，他和塞奥弗拉斯特都是亚里士多德最喜欢的学生。他承担了写作各学科历史的项目：算术、几何学、天文学，也许还有神学。在当今时代，这三位哲学家和其他作家被称为 doxographi：参见 Diels, *Doxographi Graeci*.

③ 美诺，公元前 4 世纪的一位医生和哲学家，他为亚里士多德写了一篇论文，总结了大约 370 年的医学教学史，书名是 *Medical Collection* 或 *Menonian Medicine*。作品本身已经遗失，但仍有一些保存在莎草纸上的残篇（Anonymus Londinensis）：参见 W. H. S. Jones, *The Medical Writings of Anonymus Londiniensis*, Cambridge 1947.

④ 塞奥弗拉斯特，亚里士多德在吕克昂学园中的继承人，承担写一部从泰勒斯到柏拉图的哲学史，以此对“自然哲学家”的信仰做一个调查：完成的著作（现在已经遗失）有 18 卷，标题为 *Doctrines of Natural Philosophers*（Φυσικῶν δόξαι）。参见 O. Regenbogen, *Theophrastos*, in RE, suppl. 7 (1940), 1535 ff.

正式文本。①

公元前 322 年，亚历山大大帝去世后，吕克昂学园中的情况完全改变了，人们认为亚里士多德是亲马其顿人的。为了避免来自反马其顿党羽的报复，于是，亚里士多德决定离开雅典，到尤卑亚岛的卡尔昔斯他的母亲家中居住。在那里，他度过了生命的最后几个月，只有几个优秀的学生陪伴在他身边。亚里士多德在公元前 322 年 10 月去世，享年 63 岁。在起草遗嘱时，他为管家赫尔普莉丝（Herpyllis）提供了生活费，但他对自己图书馆的未来没有做任何安排。② 没有证据表明他把他图书馆里的藏书带到了卡尔昔斯。【119】但是，我们也可以合理地推测，他确实带了一些藏书（大概是一些"秘传性"的作品），如果他离开了他内心生活中最不可或缺的一部分，那就太奇怪了。亚里士多德委任他最喜欢的学生和最亲密的伙伴塞奥弗拉斯特为他的继任者，并担任学园的园长。根据随后事态的发展，我们可以合理地假设，亚里士多德把大部分教学书籍都委托给了塞奥弗拉斯特。

塞奥弗拉斯特和亚里士多德之后的吕克昂学园

塞奥弗拉斯特大约在公元前 370 年出生在莱斯堡岛（爱琴海一岛）的伊勒索斯，活到 85 岁，是亚里士多德最有天赋的学生。当亚里士多德自愿流亡时，塞奥弗拉斯特留在雅典。尽管他不是雅典公民，但在他的学

① 伪普鲁塔克，*Lives of Ten Orators*, Ⅶ .841F. 也可参见 A. Pickard-Cambridge, *The Dramatic Festivals of Athens*, 2nd edn. revised by J. Gould and D. M. Lewis, Oxford 1968; A. Wilhelm, *Urkunden dramatischer Aufführungen in Athen* [*Sonderschriften des Österr. Archäolog. Instituts in Wien Ⅵ*], Vienna 1906.

② 第欧根尼 · 拉尔修，Ⅴ.12-16. 流传下来的亚里士多德的遗嘱有两个版本：一个是第欧根尼 · 拉尔修记录的希腊语版本，另一个是阿拉伯语翻译的部分版本。希腊版本是基于亚历山大里亚历史学家赫米普斯，他使用了逍遥学派的档案，并可能借鉴了阿里斯通的一个未知的作品，这个未知作品中有几个逍遥学派的遗嘱。通过 Ptolemy el- Garib，阿拉伯语翻译的版本可以追溯到罗德岛的安德罗尼柯。很有可能安德罗尼柯曾经有一段时间拥有亚里士多德的亲笔签名手稿，他在这些手稿中找到了亚里士多德遗嘱的原件。参见 Düring, Biog. Trad., 238-241.

• 塞奥弗拉斯特

生德美特利的帮助下，接管了吕克昂学园。第欧根尼·拉尔修写了一部《塞奥弗拉斯特传记》，其中，涉及塞奥弗拉斯特的作品目录。[①] 塞奥弗拉斯特有 221 部作品，每部从 1 卷到 24 卷不等，总计 232808 行，有 466 卷莎草纸。任何重建塞奥弗拉斯特私人图书馆藏书的尝试，都必须考虑到他为亚里士多德所进行的雄心勃勃的出版计划所收集的大量资料，包括从泰勒斯到柏拉图的哲学史的写作。

托勒密一世想让塞奥弗拉斯特把亚历山大图书馆提升到跟吕克昂学园一样高的学术水平，[②] 于是，他邀请塞奥弗拉斯特到亚历山大里亚。但是塞奥弗拉斯特拒绝了托勒密一世的邀请，继续留在吕克昂学园。吕克昂学园正是从塞奥弗拉斯特的时代开始，才被人所知晓，并逐渐声名赫赫。吕克昂学园的名声和威望非常高，据说在鼎盛时期有 2000 名学生（第欧根尼·拉尔修，V.37）。

在遗嘱中，【120】塞奥弗拉斯特将“花园、散步长廊以及连接花园的房屋”，全都遗赠给愿意在那里共同研究文学和哲学的人。[③] 我们推断，从塞奥弗拉斯特时代起，吕克昂学园的图书馆在某种意义上已经成为一个为学生服务的院校图书馆，学生可以使用属于园长和教师们的书籍。当然，

① 第欧根尼·拉尔修，V.36-57（catalogue, 42-50）.

② 参见 Chapter Ⅲ.

③ 第欧根尼·拉尔修，V.52. 塞奥弗拉斯特将钱留给希帕库斯以重修祭坛和神庙，还有就是修复马其顿人镇压雅典叛乱时所造成的破坏（Plutarch, *Demetrius*, XXXⅢ，XXXIV，XIVI）。参见第欧根尼·拉尔修，V.51：“我希望从我委托给希帕库斯处理的钱财中完成我的如下心愿……”

如果教师们离开学校，他们可以带着自己的书离开，就像狄凯亚库[①]和欧德谟斯那样。显然，欧德谟斯在回到罗德岛继续担任导师的工作之前，继承了亚里士多德教学书籍的一些亲笔签名的手稿。[②]与亚里士多德不同的是，塞奥弗拉斯特在遗嘱中留下了一个条款，明确规定了如何处理吕克昂学园图书馆中的藏书（大概还有他自己的藏书）："我把全部书卷遗留给涅琉斯。"[③]这一遗赠也标志着亚里士多德图书馆沧桑变迁的开始。

涅琉斯

涅琉斯来自特洛德的一个叫司凯昔斯的小镇，他是一个神秘的人物。事实上，如果他的名字与亚里士多德的著作无关的话，我们可能对他一无所知。他和亚里士多德都是柏拉图学园同一时期的学生，当斯彪西波接替柏拉图成为园长之后，他和亚里士多德一起去了赫米亚斯的宫廷。赫米亚斯是一个太监，之前是个奴隶，后来成为亚述和阿塔涅斯的统治者。[④]

但究竟是什么原因促使塞奥弗拉斯特把他的书遗赠给涅琉斯呢？涅琉斯只是一个年龄很大的人，只是一个教师，而不是学者——当然是指吕克昂学园水平意义上的学者。这些问题的答案我们还不清楚，但也许这与涅

① 参见 Grayeff, op. cit., 69. 西西里岛墨西涅的哲学家狄凯亚库（Dicaearchus）约出生于公元前 340 年，曾在亚里士多德和塞奥弗拉斯特的指导下学习。他游历过很多地方，是一个多产的作家，其中，他的作品之一是一部三卷本的《希腊文明史》(*Life in Greece*)。他离开漫步学派的原因可能是因为他与亚里士多德特别是塞奥弗拉斯特在研究方向上的分歧。狄凯亚库认为它应该指向积极的生活，而塞奥弗拉斯特则支持隐居冥思性的生活：事实上，这正是西塞罗在他的 *Letters to Atticus*（Ⅱ.16.3）中赞扬塞奥弗拉斯特的原因。

② 欧德谟斯和塞奥弗拉斯特，都是亚里士多德最喜欢的学生。显然，亚里士多德去世后第四年，塞奥弗拉斯特重新开了吕克昂学园，这时候他离开了雅典，回到了他的家乡罗德岛。从当时罗德岛上所形成的漫步学派传统和当时在罗德岛有哲学学校这些事实，可以判断，也许是欧德谟斯自己创办的。他似乎随身携带了一些亚里士多德的教学书籍。有一段很长的摘录，是对亚里士多德《物理学》的一段阐释，参见 Wehrli，op. cit, Ⅷ（Eudemos von Rhodos，1955）。

③ 第欧根尼 · 拉尔修，Ⅴ.52.

④ 参 见 D. E. W. Wormell, *The Literary Tradition Concerning Hermias of Atarneus*，*Yale Classical Studies* 5 (1928).

琉斯和亚里士多德在亚述建立的友谊有关。[①] 涅琉斯可能是幕后操纵者，他认为，既然亚里士多德把他的书籍留给他，他一定会被任命为吕克昂学园的园长，但他的希望最后破灭了——当德美特利·波里奥西特于公元前307年在雅典夺取政权时，他发现自己不受当权派的青睐。为了进行报复，涅琉斯退休后带着亚里士多德的大部分书籍回到了自己的家乡，那时他已经60多岁了。

公元前307年这个日期标志着亚里士多德藏书曲折历史的开始，正像斯特拉波记录的一样。[②] 塞奥弗拉斯特之后，来自兰萨库斯的斯特拉波（公元前286年—公元前268年）开始担任吕克昂学园的园长，在他的领导下，学园的氛围发生了很大变化。【121】斯特拉波认为，学园的衰落是由于亚里士多德的藏书以及塞奥弗拉斯特的书籍丢失所造成的。[③] 这可能不

---

① 亚里士多德在《大伦理学》(*Magna Moralia*）中提到了涅琉斯，并且评论说，当他们学习“书写技艺”的时候，他和兰普鲁斯（Lamprus）是同学：参见 Düring, ^O \Αριστοτέλης..., II (Athens 1994) 217.

② 斯特拉波，XⅢ .C.609：“司凯昔斯是苏格拉底学派哲学家厄拉斯托（Erastus）和科里司库（Coriscus）的故乡，也是科里司库之子涅琉斯的家乡：涅琉斯不仅在亚里士多德和塞奥弗拉斯特的指导下学习，还继承了塞奥弗拉斯特的图书馆，其中包括亚里士多德的许多藏书。无论如何，亚里士多德把自己的图书馆遗赠给了塞奥弗拉斯特，他也把吕克昂学园交给了他。据我所知，他是第一个收集书籍的人，也是第一个教埃及国王如何组织图书馆的人。塞奥弗拉斯特把这些书遗赠给了涅琉斯，涅琉斯把它们带到了司凯昔斯，并把它们遗赠给他的继承人——一些普通人，这些普通人把书锁起来，甚至都没有仔细保管。但是，当他们听说他们所在城市的统治者阿塔利（Attalids）国王正在为建立帕伽马的图书馆而四处寻找书籍时，他们就把书藏在地下的一条壕沟里。很久以后，当这些书被湿气和飞蛾损坏时，他们的后代把亚里士多德和塞奥弗拉斯特的书卖给了忒奥斯的亚贝里康，赚了一大笔钱。此时，亚贝里康对书籍的兴趣大于对哲学的兴趣；因此，为了试图修复那些已经腐烂损坏的书籍，他重新制作了很多抄本，错误地填补了文本中的空白之处，最终出版了这些充满错误的书籍。其结果是，在塞奥弗拉斯特之后的早期逍遥学派除了很少一部分书以外（大多是‘公开性’的作品），根本就没有书可读，也就没有办法学习哲学，因此，他们只是夸夸其谈地谈论一些常见的命题；然而，在这些书重新出现之后，后来的逍遥学派，虽然能够更好地学习哲学，特别是学习亚里士多德的作品，但由于大量的错误，他们很难判定这些作品的真实性的概率。罗马人对此也做出了很大贡献，因为在亚贝里康死后，占领雅典的苏拉带走了亚贝里康的书籍，最终把这些书带到了罗马。语法学家提拉尼奥喜欢亚里士多德，他将这些书从图书管理员那里骗取出来，有些书商也这么做过。这些书商雇用了一些蹩脚的抄写员，抄写这些著作拿来出售，他们根本不会对文本进行校正，在罗马和亚历山大里亚都存在这样的情况。但对这些人来讲，只要能够赚到钱已经足够了。”

③ 斯特拉波，XⅢ .C.609：“结果是，在塞奥弗拉斯特之后的早期逍遥学派除了少数几本书之外，根本就没有书。”

是事情的全部真相（我们必须记住，斯特拉波是在事件发生两个世纪后才开始这样记述的），但事实情况可能是斯特拉波的研究兴趣与吕克昂学园的传统教育原则并不相符造成的。

斯特拉波应托勒密二世的邀请去了亚历山大里亚，在那里花了一段时间辅导托勒密的儿子。回到雅典后，他可能成为雅典和亚历山大博物馆之间的一个联系者，除此之外，他还担任亚历山大图书馆扩建的顾问。他在吕克昂学园做了 18 年的园长，并把自己的藏书以及那些属于这所学校的藏书，一起遗赠给了吕孔。①

特洛德的吕孔并不是以他的哲学知识和才华而闻名。在担任学园园长的 44 年里，吕孔拓展了学园的课程，改进了学园的管理方式，但他未能重新振兴哲学研究。吕孔在遗嘱中规定，在他死后，学园将由他的一群朋友（安菲翁、年轻的吕孔、吕科马丘斯和其他人）经营，他劝诫他们要和谐地进行合作。② 关于“漫步学派”，我们所知的最后一任园长就是吕孔（年长），他把所有已出版的作品留给他的继任者和同名者，而他未出版的作品则留给卡利努斯，并指定他将来要将这些作品进行编辑和出版。③

① 第欧根尼 · 拉尔修，V58. 也可参见 Wehrli, op. cit., V（Straton von Lampsakos, 1950）。在他掌管漫步学派的 18 年里，他很可能会发现，缺乏合适的教科书严重阻碍了学校的教学水准，尤其是如果涅琉斯继承了塞奥弗拉斯特和亚里士多德的书籍，而且没有抄本的话；另一方面，很可能正是斯特拉波对物理主义理论的个人兴趣，而不是教科书的缺乏，导致了漫步学派教育理念的转变。

② 第欧根尼 · 拉尔修，V.70：“我把漫步的长廊留给我的朋友中那些愿意使用它的人，留给布隆、卡里洛斯、阿里斯通、安菲翁、普宋、阿里斯托马斯、赫拉克勒俄斯、吕科马丘斯和我的侄子吕孔。”

③ 第欧根尼 · 拉尔修，V.73: Λύκων αέτεν κad παιδευσάτω àπε τοÜ νÜν χρόνου £ξ ötη. κad Χάρητα àφίημι âλεύθερον· κad θρεψάτω Λύκων αétóν. κad δύο μνÄς αét˝ δίδωμι κad τα âμα βιβλία τα àνεγνωσμένα· τα δ’ àνέκδοτα Καλλίνω ¬πως âπιμελ˝ς αéτα âκδ˝ .

亚里士多德图书馆的曲折历史

从涅琉斯离开雅典回到他的家乡司凯昔斯之日起，亚里士多德的书籍经历了一段曲折的历史，听起来像是一部传奇小说。① 涅琉斯离开雅典时究竟带了多少书、哪些书，这是一个无法回答的问题。因此，如果要证实任何假设，我们必须要从源头上筛选每一个证据，并将其与文字材料联系起来进行考证。最重要的是，我们必须记住，这个故事的主要来源是斯特拉波和西塞罗（公元前 1 世纪曾记录过相关问题）、普鲁塔克（公元前一二世纪）和阿塞奈乌斯（大约公元 200 年）。

在这段故事所引发的所有问题中，首先需要回答的是：从亚里士多德死后到塞奥弗拉斯特去世期间，亚里士多德的任何或全部的“秘传性著作”是在塞奥弗拉斯特的倡议下出版或抄写的吗？【122】这样做的目的是为了使学园不会失去亚里士多德的著作，或者是使人们阅读亚里士多德的著作更加方便吗？根据斯特拉波的说法，塞奥弗拉斯特之后的“逍遥学派”（又称“漫步学派”）除了拥有一些亚里士多德的“公开性著作”之外，根本就没有别的书籍，这意味着严肃的哲学讨论是不可能的，老师和学生所能做的就是“夸夸其谈地谈论一些常见的命题”。② 结果是，后来当亚

---

① 尽管亚里士多德亲笔签名的教学书籍最终落入涅琉斯手中的这段历史，读起来有点像虚构的小说。安德罗尼柯将这些遗失了近三个世纪的手稿进行编辑，并最终出版，没有任何书面证据或其他资料可以证实，除了安德罗尼柯以外还有任何其他同时代的历史学家真正地参与到这件事情中来。关于亚里士多德书籍的故事是由斯特拉波（XⅢ .C.608-60）和普鲁塔克（Sulla, XXVI）讲述的。关于亚里士多德私人图书馆的命运，也可参见 Düring, ^O \Αριστοτέλης..., Ⅰ, 93-101; L. Canfora, ^H Χαμένη Βιβλιοθήκη τΈς \Αλεξανδρείας (= *La biblioteca scomparsa*, Palermo 1986, tr. F. Arvanitis), Athens 1989, 41-44; Grayeff, op. cit., 71 ff.; N. J. Richardson, *Aristotle and Hellenistic Scholarship*, in O. Reverdin and B. Grange (eds.), *La philologie grecque à l' époque hellénistique et romaine* [Entretiens sur l' antiquité classique 40], Vandoeuvres/Geneva 1993, 7-38.

② 斯特拉波，XⅢ .C.609. Cf. Plutarch, Sulla, XXVI：“逍遥学派中的年长者似乎都是一些有成就和有学识的人，但是对亚里士多德和塞奥弗拉斯特的著作，他们却并不是完全了解，因为涅琉斯（塞奥弗拉斯特将他的藏书遗赠给他）保存的这些书落到了无知之人的手中。”

· 亚里士多德在他的图书馆中

里士多德的书籍在雅典可以再次被使用时，逍遥学派不得不对书中的观点重新进行修订，因为文本中出现了太多的错误。① 如果我们承认在塞奥弗拉斯特执掌学园的 40 年时间里，他根本没有接触亚里士多德著作的机会，那么斯特拉波的证词就是可信的。但这就又与在塞奥弗拉斯特的遗嘱中亚里士多德的手稿著作遗赠给涅琉斯的事实相矛盾。很可能是，亚里士多德将他的教学著作遗留给了涅琉斯，涅琉斯将它们锁得严严实实，而塞奥弗拉斯特只是将他自己本人的作品遗赠给了涅琉斯。

尽管如此，涅琉斯带着亚里士多德的教学著作的手稿回到了司凯昔

① 斯特拉波，XIII.C.609："后来的逍遥学派，虽然能够更好地学习哲学，特别是学习亚里士多德的作品，但由于大量的错误，他们很难判定这些作品真实性的概率有多少。"

斯，但他对出版这些书一点也不感兴趣：毕竟，他自己并不是一个有任何地位和声誉的学者。这些书一直留在涅琉斯家中，直到他的后人把它们藏到一个山洞，这样做的目的是为了防止这些书落入帕伽马国王欧美尼斯（二世）手中，后者在为自己的图书馆四处找寻和收集书籍。①

阿塞奈乌斯则讲了一个版本完全不同的故事：他说托勒密二世菲拉德福（Philadelphus）购买了亚里士多德的教学书籍以及塞奥弗拉斯特遗赠给涅琉斯的书籍，并把它们以及他在雅典和罗德岛获得的更多书籍，都带到了亚历山大里亚的图书馆。②【123】随后事态的发展表明，这不可能是事实，但有可能的是，涅琉斯本人向托勒密二世菲拉德福出售了“秘传性著作”的抄本，或许还有一些原始手稿，这些著作构成了亚历山大里亚“世界图书馆”亚里士多德研究传统发展的基础。③

如果我们接受这个故事的另一个版本，我们会发现自己面临一个至关重要的问题：亚历山大里亚的“世界图书馆”是否拥有亚里士多德的教学书籍？答案或许可以从托勒密与逍遥学派的关系以及亚历山大里亚的学术传统中推断出来。④托勒密一世索特尔和他的继任者菲拉德福从一开始就明确表示，希望他们的博物馆与漫步学派保持一种特殊的关系，他们的主要目的是想强调亚里士多德及其学派与希腊文化的新中心亚历山大里亚之间的联系。这就可以说明后来塞奥弗拉斯特和斯特拉波被邀请到亚历山大里亚教书并帮助他们组织图书馆以及德美特利参与扩建图书馆计划的原因。无论如何，如果托勒密在努力建立整个希腊知识传统宝库的过程中，

① 斯特拉波，XIII.C.609：“当他们听说他们所在城市的统治者阿塔利国王正在为建立帕伽马的图书馆而四处寻找书籍时，他们就把书藏在地下的一条山洞里。”

② 阿塞奈乌斯，I.3a-b：“我们的国王托勒密·菲拉德福，从涅琉斯那里购买了所有的东西，并把它们和与在雅典和罗德岛购买的那些东西一起，转移到了他美丽的首都亚历山大里亚。”

③ 参见 n. 32 above.

④ 无论第欧根尼·拉尔修基于赫米普斯所整理的亚里士多德的作品，还是由漫步学派阿里斯通所编纂的作品，在托勒密图书馆工作的学者迟早都会得到这些作品的抄本。我们不应该忘记，雅典是书籍贸易的中心和寻找图书的猎场，当托勒密想要获得某本书时，他会先到那里寻找。

没有得到亚里士多德的一些教学书籍的抄本，那就很奇怪了。亚历山大图书馆确实有一些亚里士多德的著作，我们可以从下面这一事实得到证明，即拜占庭的阿里斯托芬曾写过一部标题为《论动物》（*On Animals*）的书，这本书是亚里士多德《动物志》（*History of Animals*）的一个纲要[①]，而塞奥弗拉斯特的《论措辞》（*On Words*）则是基于亚里士多德的《修辞学》第三卷创作的。

不管真实情况如何，传统的说法是亚里士多德教学书籍的原始手稿在司凯昔斯附近的山洞里藏了大约两百年，涅琉斯的后代把它们放在那里妥善保管，直到它们的命运与一个名叫亚贝里康的机会主义冒险家联系在一起。亚贝里康在公元前 1 世纪活跃在雅典。[②]

亚贝里康

公元前 1 世纪，雅典知识分子的舞台上出现了一个名叫亚贝里康的人，他出生在小亚细亚的忒奥斯，后来入籍成为雅典公民。他是一个古怪的人，自称是“逍遥学派的哲学家”（尽管当时逍遥学派还没有运转起来），他喜欢利用金钱为自己赢得文学赞助人的声誉。[③]【124】亚贝里康有一个很好的图书馆，但他的学识完全是浅薄的：正如斯特拉波（XⅢ .C.609）所言，他是一个藏书家，而不是哲学家。

为了满足自己的学术抱负，亚贝里康甚至从公共档案馆盗取了一些阿提卡的原始法令，他很可能因此被判死刑。他通过城市的统治者里恩佐（Cola di Rienzo）的干预，设法逃脱了这一惩罚。里恩佐曾使雅典人与本都王国的米特拉达梯六世结成联盟，以便在他的领导下与罗马人作战。亚贝里康通过呼吁他们在漫步学派中的共同利益而赢得了雅典人民的友谊，

① 参见 Pfeiffer, ^Ιστορία..., 206.

② 斯特拉波，XⅢ .C.609.

③ 参见 A. Sperling, *Apellikon der Grammatiker und sein Verhältnis zum Judentum*，Dresden 1886.

最后他仅被判处从雅典流放到其他地方。[①]

在爱琴海对岸的小亚细亚，帕伽马的最后一位国王阿塔路斯三世在公元前133年去世，他将王国遗赠给罗马元老院。由于罗马人无法将他们的统治强加于帕伽马，于是引发了冲突，使王国陷入近乎无政府状态。罗马人最终赢得了控制权，帕伽马也被纳入了罗马人的统治之下。涅琉斯的某位后代想起了亚里士多德著作的藏匿位置，因此，就重新找回了这些书籍，以期能在适当的时候将它出售。亚贝里康不知道从哪里听说了这件事，立刻就购买了这些书，为此他付了一大笔钱。因此，涅琉斯剩下的那些藏书——幸存下来的亚里士多德的原始手稿，也许还有其他的一些书——又重新回到了雅典。亚贝里康现在能够自诩为所有知识的源泉，他确实至少拥有新的亚里士多德抄本，这就使得很多哲学家可以有机会再次接触到它们。亚贝里康太过自负和虚荣，为了给雅典人留下深刻印象，他亲自编辑、出版了亚里士多德的一部未完成的、被虫蛀了的作品，并用自己的想象力填补了作品中缺失的部分。[②]

但是，亚里士多德的书籍在亚贝里康手中并没有保留很久。在第一次米特拉达梯的希腊战役中，苏拉在雅典城外扎营，经过长时间的围攻，于公元前86年占领了这座城市。亚贝里康被杀，苏拉劫掠了很多战利品，并将这些战利品带回到罗马，这些战利品中有很多亚贝里康图书馆的藏书，或者至少带走了幸存下来的亚里士多德的原始教学书籍。

公元前168年之后，艾米留斯·保卢斯洗劫了位于埃迦伊的马其顿皇家图书馆，并将这些书籍带到罗马，这些书籍大部分都归罗马贵族所有，他们中的许多人对希腊很感兴趣，也很了解希腊。【125】然而，近一个世纪后，在苏拉的时代，罗马仍然没有“图书政策”：私人图书馆寥寥无几，第一个公共图书馆直到公元前39年才开放。这意味着作为战利品带到罗

① 参 见 the fictional account by J. Bidez, Un singulier naufrage littéraire dans l’ antiquité, Brussels 1943; Düring, Biog. Trad. 382- 395; A. Stahr, Aristotelia, Ⅰ- Ⅱ, Halle 1832.

② 斯特拉波，XⅢ.C.609:“他出版了到处都是错误的书籍。”

马的大量的希腊书籍，即使在学术界也未能引起人们的兴趣。[①]然而，幸运的是，亚里士多德的书并没有只是被锁在苏拉的别墅里，它们落入了两个希腊学者的手中，这两位学者的名字与我们如今所知道的《亚里士多德文集》的开头有关：先是提拉尼奥，然后是罗德岛的安德罗尼柯。

提拉尼奥

提拉尼奥，出生于小亚细亚黑海沿岸的阿米苏，在著名语法学家色雷西人狄奥尼修斯的指导下学习。在第三次米特拉达梯战争中，他被俘虏，但幸运的是，俘虏他的是一个对希腊特别友好的人卢库鲁斯。卢库鲁斯对他很好，将其招致麾下，并把他带回罗马，这样他就可以在最显赫的罗马学术界自由活动。

卢库鲁斯是一个伟大的图书爱好者，在他周围聚集了一群对知识和艺术感兴趣的希腊人，而提拉尼奥因为他崇高的个人品格，赢得了包括朱利乌斯·凯撒、阿提库斯和伟大的西塞罗本人在内的许多著名罗马人的友谊与支持。提拉尼奥是亚里士多德主义者，也是一个狂热的藏书家，由于他与这些人的友谊，据说他很快就收集到了三万卷图书。更重要的是，他与苏拉及其图书馆管理员的关系越来越好，因此，他被允许可以自由使用苏拉的图书馆，甚至可以借阅亚里士多德的手稿。[②]

提拉尼奥记录下了所有带到罗马的大部头藏书，同时也记录下了书籍的销售情况，通过这种方式，他在图书馆学和出版业方面获得了极大的声誉。在图书馆的组织和以厄拉托斯塞尼为基础的地理著作的写作方面，他给了西塞罗许多宝贵的建议。[③]除了为自己收集书籍外，提拉尼奥还认真

---

① 关于罗马第一个公共图书馆与阿提库斯和西塞罗时代“书籍的时代”的黎明，参见 Chapter Ⅲ .

② 传记资料来自 Souda, s.v.‘Tyrannion [the Elder]’. 对提拉尼奥拥有的书籍数量的估计是第一个对古代私人图书馆规模的数值估计。参见 Moraux, Der Aristotelismus..., 33-44.

③ 参见 Düring, ^O \Αριστοτέλης..., Ⅰ, 95-96. 关于西塞罗的证词，参见其 Epistulae ad Atticum, Ⅱ.6, Ⅳ.8a.

地对亚里士多德的著作进行分类、编辑和出版，尽管他从未真正完成这项工作。[①] 与此同时，苏拉于公元前 78 年去世，他所有的书籍和其他财产都被他的儿子福斯图斯继承下来，福斯图斯拒绝借出任何书籍：任何想查阅这些书籍的人都必须亲自去福斯图斯的别墅，结果他的图书馆成了罗马知识文化生活的中心之一。也许正是在那里，西塞罗第一次有机会阅读亚里士多德的“秘传性著作”。[②]

福斯图斯挥霍了自己的财产，很快就负债累累，所以不得不变卖自己的财产[③]，【126】很明显，他的那些藏书也是他变卖的财产的一部分。与此同时，他站在贵族一边，在法萨拉和塔普苏斯与朱利乌斯·凯撒抗争。但很快就在非洲被俘，并于公元前 46 年，在凯撒的命令下被处决。福斯图斯的书籍和其他财产是在他死前还是死后被卖掉的，我们不得而知。根据普鲁塔克的证据和已知的事实，最终的结果是提拉尼奥占有了亚里士多德和塞奥弗拉斯特的作品。

提拉尼奥本来打算出版亚里士多德的教学著作，但出于某种原因放弃了这项计划．根据普鲁塔克的说法，他把这项计划委托给了来自罗德岛的

---

① Düring, Biog. Trad., 412-425.

② 即使在西塞罗的时代，亚里士多德的著作也没有被广泛阅读，而第一个将亚里士多德称为伟大哲学家的希腊人是哈利卡尔纳苏斯（Halicarnassus）的狄奥尼修斯（Dionysius），他也是第一个引用安德罗尼柯出版的《亚里士多德文集》中的段落的人。也许正是通过提拉尼奥（Tyrannio），西塞罗第一次认识了亚里士多德的一些说教著作，然后才由安德罗尼柯出版。当提拉尼奥读到亚里士多德的著作时，他被亚里士多德的风格震撼了，他将之形容为“流动着黄金的河流”。（Plutarch, Cicero, XXIV：veniet flumen orationis aureum fundens Aristoteles）。公元前 45 年，他在他的对话《霍腾修斯》（*Hortensius*）中写道：“当你阅读和解释亚里士多德时，你必须充分发挥你的思想”（magna etiam animi contentio adhibenda est explicando Aristotele si legas）. 西塞罗在卢库鲁斯（Lucullus）的图书馆里读了亚里士多德的一些著作，回忆起他与卢库鲁斯的会面：cf. Academica Ⅱ (Lucullus) XLVIII.148. 在 De finibus bonorum et malorum（Ⅲ. Ⅲ.10）中，卢库鲁斯死后，他写了一篇关于参观图书馆的文章：“我来借阅一些有关亚里士多德的评论，我知道这些评论就在这里，在有空的时候我会阅读。”

③ 普鲁塔克，Cicero，XXVII：“当独裁者苏拉的儿子福斯图斯·苏拉（他在独裁统治期间曾通过张贴剥夺人权的法案将许多公民处死）负债累累，挥霍了大量财产，他被迫将自己的财产张贴广告进行拍卖。”

安德罗尼柯。[①] 安德罗尼柯在公元前 40 年—公元前 20 年之间完成了这项工作。根据迪林的说法，最早对这一版本进行介绍的是来自 的狄奥尼修斯，他在公元前 30 年后活跃于罗马。[②]

安德罗尼柯

安德罗尼柯，漫步学派的哲学家，出生在罗德岛，在公元前 1 世纪较为活跃。据说，公元前 70 年—公元前 50 年之间，安德罗尼柯是漫步学派的第 11 任园长，但只有亚历山大里亚的新柏拉图主义者以利亚曾这样讲过，因此，这个故事可能是一个不太可靠的信息。[③] 安德罗尼柯在罗德岛学习，亚里士多德的天才学生欧德谟斯在罗德岛创立的亚里士多德传统仍然存在，他可能拥有欧德谟斯图书馆的一些书籍。安德罗尼柯以其渊博的学识而获得高度评价。[④] 在罗马，他与一群对亚里士多德传统感兴趣的读书人交往密切，他在福斯图斯的别墅里发现了亚里士多德的教学著作和漫步学派学者的书籍，在卢库鲁斯的图书馆里，也发现了很多教学著作的抄本。

出版项目

亚里士多德的原始手稿在出版之前，需要做大量的工作。这些著作没有现代意义上的书名：当亚里士多德想引用他自己的某本书时，他会用各

---

① 普鲁塔克，Sulla, XXVI：“据说，当这些藏书后来被带到罗马时，语法学家提拉尼奥获得了大部分的书籍，罗德岛的安德罗尼柯得到了他的抄本，同时，安德罗尼柯将这些书籍出版，并为这些书编辑了目录。”

② 参见 Düring, ^O \Αριστοτέλης..., Ⅰ, 98.

③ 参见亚历山大里亚的以利亚，On the ‘Categories’ (CIAG, XVⅢ.1, 113.17)，in Düring，Biog. Trad. 以利亚是一位 6 世纪的新柏拉图主义哲学家，曾在奥林匹奥多罗斯的亚历山大里亚学校学习。阿斯卡隆的欧托基奥斯，是亚里士多德的评论者，其著作的残篇由拜占庭学者保存：参见Ⅰ. Hadot, ‘Elias [2]’, in NP, 3 (1997), 991. 也可参见 Chapter Ⅲ 关于亚历山大时期的伪造。

④ 参见 F. Littig, *Andronikos von Rhodos*（论文），Munich 1890; and all the relevant matter in Düring, Biog. Trad., 412-425.

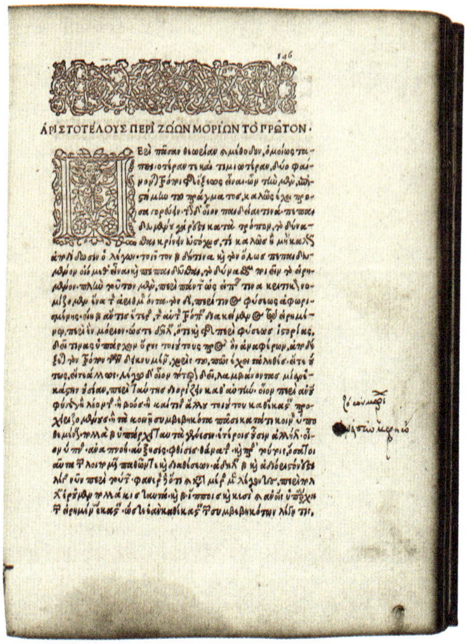

· 亚里士多德的作品

种各样的短语来描述这本书的内容。此外，他的工作方法是，当要修改措辞或完善观点时，他通常会在页边空白处写下许多注释。因此，有时修改得过多，到最后已经相当于修订了一个版本。【128】因此，编辑的时候不得不极其小心地抄写所有的旁注、交叉引用的注释和附加内容，并将它们编入文本中，使其读起来尽可能流畅。

对这个问题的深入分析属于文本学研究的范畴。有趣的是，在流传至今的《亚里士多德文集》的文本中，一定是由一位编辑根据亚里士多德的原始手稿编写的，他没有遗漏或忽略他在旁注中发现的任何东西。波斐利在编写他的普罗提诺版本时也面临着同样的问题，他实际上描述了安德罗尼柯是如何工作的：“他把亚里士多德和塞奥弗拉斯特的著作分类成专著 [*pragmateiai*]，把同一主题的所有著作放在一个标题下。”① 因此，安德罗尼柯按照主体分类的方式，对亚里士多德的著作进行了编排。②

安德罗尼柯的重新编排为世人展示了亚里士多德著作的广度，因为在这位哲学家去世 300 年后，他的作品第一次以全景概览的形式为世人所知。新版本出版后，亚里士多德的著作为广大读者打开了注释和解读的大门。

---

①Porphyry, Life of Plotinus, XXIV .6-11: ï δbτα \Αριστοτέλους καd Θεοφράστου ε ̈ς πραγματείας διεÖλε τας ο ̈κείας •ποθέσεις ε ̈ς ταυτεν συναγαγών. The material by Plotinus that Porphyry had to deal with consisted of untitled lecture notes. He therefore modelled himself on Andronicus's working methods, with which he was very familiar, as we can see from the passage quoted here.

② 参见 Düring, ^Ο \Αριστοτέλης..., Ⅰ, 98-99.

后记

在这一章中，我们概述和总结了形成第一批私人图书馆、公共图书馆和学园书馆的情况，以及这些图书馆在通过学校教学建立科学思维实践方面所起的作用。值得花一点时间来写一篇短篇讽刺文章，这是古希腊唯一一部专门讨论书籍主题的作品。尽管直到公元 2 世纪才写成，但它将我们带回到希腊书写传统的开端，而荷马提到的柏勒洛丰，使希腊古典时期的传统保持了活力。它让人想起苏格拉底与被色诺芬永生化的欧绪德谟的对话，因为它向我们表明，几个世纪后，无知的藏书人的行为没有改变。该书的作者琉善（公元 120 年—公元 200 年）是对所有人类愚蠢行为进行尖刻讽刺的作家，他用自己那个时代的例子和逸事，将矛头对准了那些自负的藏书家及其可疑的学问。这本书以“致那些无知的图书收藏者”命名。

【129】琉善把这则寓言作为“礼物”送给了一个拒绝借书给他的年轻人。[①] 他嘲笑那些无法区分有价值的古籍和被书商故意“推送”的其他书籍的受害者。他嘲笑这些人，即使他们买了德谟斯提尼的所有亲笔签名手稿和苏拉从雅典掠夺来的书籍，他们也永远不能称自己为一个受过教育的人（毕竟，俗话说，尽管穿金戴银，猿猴仍然是猿猴）。他嘲笑那些不能看穿假象，没有意识到他的朋友们因其虚荣心都在背后嘲笑他，因为他总是随身携带一个带有金把手的漂亮卷轴和紫色箱子。他把这位无知的年轻图书收藏家与叙拉古的“僭主”狄奥尼修一世做了一番比较——狄奥尼修一世想写作悲剧，于是花了一大笔钱买了埃斯库罗斯用过的书写板，他相信这将使他成为伟大的悲剧诗人。“既然你有那么多荷马史诗的抄本，”琉善继续说，“为什么不读一读呢？你会发现他们实际上对你没什么可说

① Lucian, *To the Ignorant Book-Collector*, 4，参见《洛布古典丛书》(*The Loeb Classical Library*)，Lucian, Ⅲ, 173-211.

的，但是让你的思想停留在那个滑稽的人身上吧！他是丑陋畸形的忒耳西忒斯，他们认为只要穿上阿喀琉斯的盔甲，他就会变成一个骁勇善战的英雄。”

琉善还把这个愚蠢的年轻人和柏勒洛丰做了比较，柏勒洛丰随身带着一封信，上面写着他自己的死刑判决。这让琉善想起了犬儒学派的德美特利的故事，他在哥林多遇见一个无知的人，在大声朗读欧里庇得斯的《酒神的女祭司》，当读到了送信人讲述彭透斯（Pentheus）可怕的命运时，德美特利把书夺走，愤怒地将其撕碎，喊道：“让我把彭透斯一刀切死，总比让你一而再再而三地撕成碎片要好！”

• 琉善

希腊化时期

——托勒密王朝的世界图书馆

【157】一谈到希腊化时期，首先浮现在人们脑海的便是亚历山大图书馆，它是当时希腊文化至高无上地位的一个标志，也是使各独立城邦统一起来的一个重要因素。有三个重要的因素使书籍在这一时期以惊人的速度积累起来：希腊世界与东方之间开放性的关系；托勒密王朝各君主对书籍的热爱；文献考据新方法的出现。

历史背景

公元前323年亚历山大大帝英年早逝，第二年他的老师亚里士多德也随即去世。这时候希腊人逐渐意识到一个令人惊叹的事实，那就是至高无上的希腊文明已经几乎扩展到了人们所知世界的最远疆域。希腊人提出了“古城邦”的概念，并坚信人是万物的尺度，他们发现东方的辽阔令人难以想象。人们熟悉的旧秩序，如希腊世界的“统一”、希腊化的生活方式等，正在迅速瓦解，至少对于那些定居在东方的人来说是如此。幸运的是，争夺霸权的继业者（Diadochi，即亚历山大大帝的继任者）之间的斗争没有造成灾难性的后果，也没有完全打破庞大的希腊帝国的内在凝

· 对亚历山大博物馆的构想图

聚力。① 然而，将希腊文化引介到其他许多国家，这些国家的哲学路径与希腊的文化截然不同，这种文化上的碰撞就为知识分子的活动创造了一个新的框架。希腊的文学和哲学传统现在面临着一种全新的思维方式，这种全新的思维方式在巴比伦、犹太地和埃及尤为盛行，它们以神秘主义和象征主义为主要特征，与希腊人的清晰的思维形成鲜明的对比。② 为了确保这种混合民族在日常生活中的融合性，希腊人必须对近东各民族的宗教和世俗传统表现出一定程度的理解和尊重，【158】因此建立一个“世界图书馆”就逐渐被提上行动的日程。

在语言层面上，希腊人与当地原著民族之间的接触与融合最富有成果，希腊语传播到了近东的所有地区，并很快成为当地的通用语。此外，托勒密人不仅鄙视埃及语，而且拒绝使用自己的马其顿方言，他们制定了促进希腊语“纯正化”的政策，也就是阿提卡希腊语。【159】这项政策的实施所产生的一个重要结果就是在很多纪念图书馆周围建立了大型文化中心。另一个成果是，一些近东各民族关于历史和宗教传统的主要著作被翻译成希腊语，其中最著名的就是《旧约圣经》的希腊文译本，即“七十士译本”，而另一些作家，如贝罗索斯（Berossus，曾写过一部名为《迦勒底》的巴比伦通史）和马内索（Manetho，用希腊文写成《埃及史》一书）

---

① 关于继业者之间争斗的历史，我查阅了 J. G. 德罗伊森的作品，^Ιστορία τ῀ν Διαδόχων τοÜ Μεγάλου’Αλεξάνδρου（=*Geschichte des Hellenismus*：*Geschichte der Epigonen*，Gotha，1843，tr. and annotated by Renos I. Apostolidis），new edn.，2 vols.，Athens 1992（an updated edition by I. R. and S. R. Apostolidis incorporating the latest findings of historical, archaeological and literary research）。希腊化时期的历史背景和从公元前 4 世纪向公元前 3 世纪的过渡，见 M. Rostovtzeff，*The Social and Economic History of the Hellenistic World*，3 vols.，Oxford 1941.

②18 世纪，J. G. 赫尔德是最早关注东方史诗和哲学对希腊思想影响的学者之一。从那时起，对苏美尔、埃及和巴比伦史诗和神谱的破译使许多可能的接触点变得更加明朗。马丁 · 韦斯特指出，赫西奥德作品中的某些元素似乎是从苏美尔人舒鲁帕克（Shuruppak）的“道德戒律”（Moral Precepts）、埃及人的“道德戒律”和巴比伦人的“智慧忠告”中汲取的，这些元素将赫西奥德置于东方的思想潮流之中：见 M. L. West（ed.），*Hesiod: Theogony*，Oxford 1966，74；Id.（ed.），*Hesiod: Works and Days*，Oxford 1978，172- 177。有人认为，来自近东的专家学者可能通过介绍“巴比伦方法”的方式，帮助亚历山大里亚人对文献作品进行分类。见 G. Zuntz，*The Text of the Epistles*：*A disquisition upon the Corpus Paulinum*，London 1953，270 ff. 对这个主题的进一步阅读，可参考：C. H. Gordon，*Homer and Bible: The origin and character of East Mediterranean literature*, Ventnor, N. J. 1967.

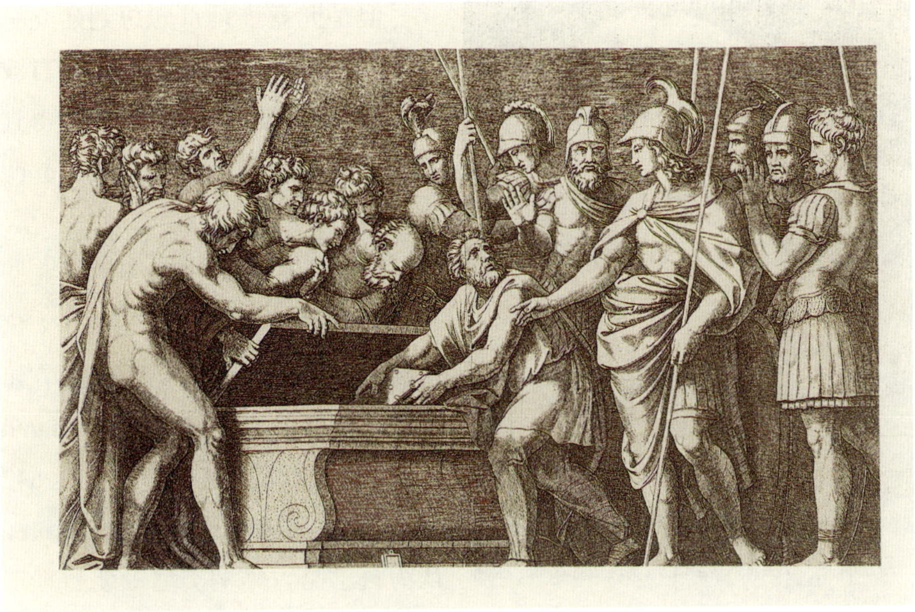

• 亚历山大大帝拯救荷马的作品。马安东尼奥·雷蒙迪（Marcantonio Raimondi）雕刻。法国国家图书馆

则是直接用希腊语写作的。

到公元前 322 年亚里士多德去世之前，他已经按照学科把大量的人类知识整理和编纂成序，并在吕克昂学园其他老师的帮助下，把所有的知识，按照学科编纂成卷。现在正是对这些文献进行批判性研究的时候。这一崭新的趋势最初出现在希腊世界的东南角，其主要代表人物齐聚于亚历山大里亚。也正是在亚历山大里亚，托勒密王朝于公元前 320 年在此建都。作为一门新学科，文献研究借鉴了爱奥尼亚和阿提卡希腊人的传统，亚历山大里亚为其进一步发展创造了条件。不久，这门以批评为主的新学科，大大增加和补充了古典时期的文献作品，反过来，这些评论又产生了新一批的批评著作。再次，由于文献评论家和文本学者的勤奋努力，以及他们不断发现自己需要新的、准确的文本，因此，世界图书馆所需的图书数量不断激增，这个数量远远超出所有人的预期。

· 亚历山大大帝大理石头像。嘉士伯艺术博物馆

但是究竟谁是首先想到建立一个世界图书馆的人呢？根据来自波斯人的资料（同时这个观点也得到很多人支持）认为，这个想法起源于亚历山大大帝。

波斯人的资料来源于琐罗亚斯德教的圣书和阿契美尼德的文化传统，这些资料可以大致总结如下：波斯国王的萨珊王朝（Sassanid dynasty）（公元 226 年 — 公元 642 年），其官方宗教是琐罗亚斯德教，认为自己是古阿契美尼王朝的真正继承者，【160】他们希望发展一种明确反映这种延续性的文化意识形态。当波斯帝国沦陷到阿拉伯人手中时，在波斯国王科斯洛一世（Chosroes Ⅰ，统治时期为公元 531 年—公元 578 年）去世半个世纪后，人们在波斯发现了琐罗亚斯德教和波斯文化的“宝库”中有一部关于哲学、宗教和科学传播的编年史，这部编年史从远古时期持续到科斯洛一世统治时期。这部编年史既保存在原始版本（中古波斯语）中，也保存在许多阿拉伯语译本中。最初的版本叫作《登卡德》[①]（*Denkard*，公元 10 世纪琐罗亚斯德教信仰和习俗的简编），写于科斯洛一世统治时期，下面的一段话来自于书中的第四卷：“大流士下令将琐罗亚斯德从善神（Ormazd）那里收到的两部《阿维斯塔》（*Avesta*，古代波斯琐罗亚斯德教经典）和《曾德》（*Zend*，对《阿维斯塔》经典的注解）妥善保管。一部保存在皇室‘宝库’中，另一部则保存在守卫严密的档案馆。弗洛

① 关于《登卡德》的翻译，参见 M. Shaki, *The Denkard Account of the Zoroastrian Scriptures*, Arch£v Orient˜ln£ 49 (1981) 114-125, which is based on R.C. Zaehner, *The Dawn and Twilight of Zoroastrianism*, New York 1961, 175-177.

• 亚历山大大帝和第欧根尼・拉尔修

伽希斯一世（Volagases Ⅰ）阿萨息斯（Arsaces）向各省发出指示，任何保存完整的《阿维斯塔》《曾德》和其他权威著作，无论是口述的或书面的，无论在波斯帝国任何地方，都要原封不动地将其保存好：因为亚历山大大帝的征服和马其顿人的掠夺（对皇家档案馆）造成了巨大的破坏，所以要按发现时的状态保存（这是必要的）。”

另一个版本的编年史是介绍一部阿拉伯翻译的占星学作品，人们一般认为是由琐罗亚斯德本人所作，这本书被命名为《本土之书》(*Kitab al Mawalid*)。[①] 在这部作品中，我们发现了如下一段话：“我翻译了这篇来

① 归属于琐罗亚斯德的作品存在于几个不同的标题之下。对现存手稿及其内容的描述，可参见 *GAS*, Ⅶ 85-86.

自琐罗亚斯德的作品……我发现他没有……关于哲学研究的作品……因为当亚历山大大帝征服大流士王国时，【161】他下令将所有这些文字翻译成希腊语。然后，在亚历山大的命令下，不仅将所有大流士宝库的原作统统烧毁，而且将所有被怀疑拥有类似书籍的人统统处死。根据第三个版本，亚历山大大帝下令将伊斯塔哈尔（Istahar）的档案和宝藏中的这些文字进行抄写并翻译成希腊语和科普特语。”①

这些关于亚历山大掠夺和将波斯作品翻译成希腊语的故事来自萨珊王朝晚期（7世纪初）的民间传说，并通过不同版本和改编的《统治者之书》的形式讲述。②

根据亚美尼亚的一个古老传说，大约在公元前150年，一个名叫马尔·阿巴斯·卡蒂娜（Mar Abas Katina）的迦勒底人前往尼尼微，为亚美尼亚国王瓦拉斯卡斯执行任务，这个任务是通过翻阅那里的档案，寻找有关亚美尼亚人历史的材料。在那里，他发现了一本书，开头是（希腊语）：“这本书是根据亚历山大的命令从迦勒底语翻译成希腊语的，讲述了我们祖先的真实历史。”③

波斯人和亚美尼亚人的传说并不一定能证实亚历山大大帝实际上构想过建立世界图书馆的想法，尽管他们暗示亚历山大大帝肯定有将东方人书

① 根据第三个版本，一旦抄写完成，亚历山大就下令烧掉波斯原稿，无论这些原稿是用普通文字还是正式的书法文字（kaštagˇ）写的。一旦他记录了所有与科学（天文学、医学等）和天体性质有关的必要信息，他就把所有这些“书籍”连同他在途经波斯途中遇到的任何其他文化或学术战利品一起送到埃及。

② 关于《统治者之书》及其翻译，参见 A. Christensen, *L' Iran sous les Sassanides*, Copenhagen 1944 59-62, 71; Mary Boyce, *Middle Persian Literature*, in Handbuch der Orientalistik, 1.4: Iranistik, 2: Literatur, 1, ed. B. Spuler, Leiden 1968, 57- 59.

③ 参见 F. Macler, *Extraits de la Chronique de Maribas Kaldoyo (Mar Abas Katina*[?]), Journal Asiatique (May-June 1903) 491 ff. 亚历山大希望他的帝国真正地走向多元文化，我们从他的将军托勒密（未来的国王托勒密一世）那里知道，他出席了伟大的和解宴会，这次宴会是在马其顿军队的哗变被平息后，亚历山大在底格里斯河的奥皮斯召集的。在那次公开宴会上，阿里安说，共有9000名希腊人和波斯人（“Persians”一词通常指亚洲人）参加，他们希望一起向诸神献祭，亚历山大发表演讲，呼吁马其顿人和波斯人之间和谐统一，并号召他们作为一个多国联邦的臣民生活在一起，他宣告两族皆他的“亲人”。阿里安记录了从托勒密传下来的亚历山大的演讲，这个片段，普鲁塔克（*On the Fortune or the Virtue of Alexander*）和斯特拉波也曾用不同的语言叙述过，这两个人的叙述，都是来自昔勒尼的厄拉托斯塞尼。

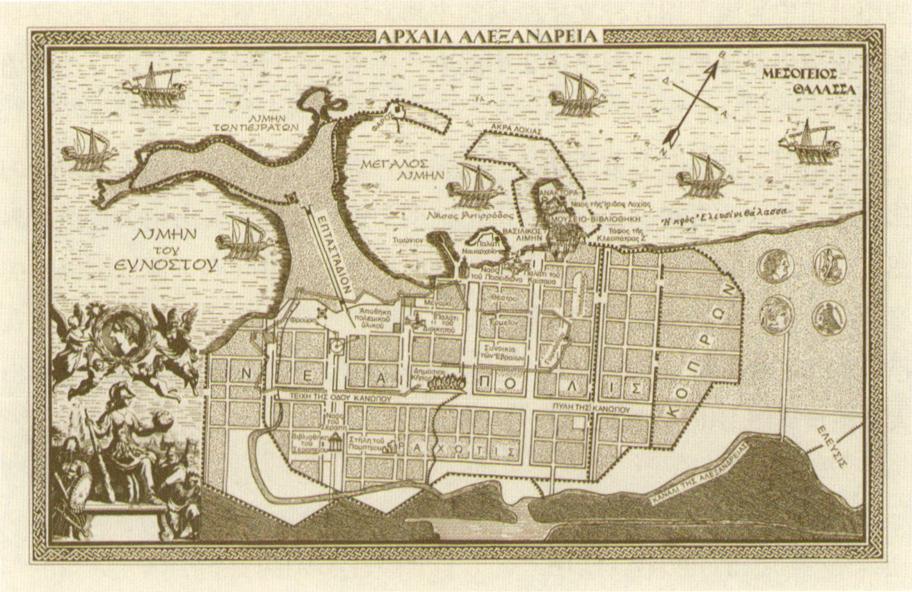

· 古亚历山大里亚平面图

写的文字翻译成希腊文的打算。

亚历山大和他的老师亚里士多德一起阅读和讨论书籍，加深了他对这些问题的理解：似乎他不仅有一个私人图书馆，而且在他所向披靡的征程中，他还设法腾出时间来进行阅读。正如普鲁塔克告诉我们的，当他在上亚细亚（upper Asia）时，因为没有别的书，他命令哈帕拉斯（Harpalus，古希腊马其顿贵族政治家，由于肢体缺陷未能跟随亚历山大大帝远征亚洲，但仍与亚历山大大帝保持联系）给他送来一些；哈帕拉斯给他送来菲利斯托斯（Philistus，叙拉古历史学家）的《西西里史》，以及欧里庇得斯、索福克勒斯、埃斯库罗斯的戏剧，还有泰勒斯特斯和菲洛塞奴的几部颂诗。[1] 更重要的是，亚历山大不仅慷慨地给了亚里士多德一笔购买书籍的资金，还为他提供了写作《政治学》所需的资料。亚历山大在波斯波利斯、巴比伦、尼尼微和其他地方的宫殿里发现了许多华丽的图书馆，这

①Plutarch, *Alexander*, Ⅷ.

些图书馆中装满了用各种文字所写的书籍。因为他有着巨大的野心，这自然会让他想到要把这些图书馆集中起来，建造一个规模更大的世界性的图书馆。

亚历山大世界图书馆的创始人托勒密一世索特尔是亚历山大最亲密的伙伴之一，这一事实也在一定程度上证明了这一假设。亚历山大建造世界图书馆的愿望如此强烈，【164】他可能向托勒密一世吐露了他这个美好的愿望。此外，托勒密曾写过一部马其顿征服者亚历山大的传记，不过现在已经失传。我们可以大胆推测，在这部传记中，他无疑已经解释过亚历山大建造世界图书馆的具体计划。①

托勒密一世——图书馆的创建者

托勒密一世是拉古斯与阿尔西诺伊的儿子。据说托勒密一世与马其顿的皇室有很大的关系。拉古斯娶了马其顿国王腓力二世的小妾阿尔西诺伊为第一任妻子，婚后阿尔西诺伊生下托勒密（也就是后来的托勒密一世）。但是也有史料称：阿尔西诺伊在和拉古斯结婚之前已经怀孕，因此托勒密一世可能是腓力二世的私生子。托勒密一世对亚历山大非常尊敬和爱戴。在亚历山大去世以后，托勒密一世就把他的遗体运到了亚历山大里亚，并

① 另一个来自同一来源的故事（Macler，op. cit., 533），也是关于书籍这个主题的，与希腊的传统有很大的冲突：据说当塞留库斯一世尼卡托（Nicator）在巴比伦登上薛西斯的王位时，他所做的第一件事就是烧掉所有他在那里发现的用世界上各种语言写成的书籍，这样他就成为整个时代的开启者。根据希腊的消息来源，塞留库斯第一个拯救了雅典公共图书馆的藏书，这些藏书是薛西斯在公元前 484 年带走的（见上文，第 76 页）。

有趣的是，在中国也有一个类似的故事。中国有一位皇帝，即秦朝的始皇帝，他统一了六国。据说他是中国的第一位皇帝，在修建长城的时候，他曾下令烧毁在他之前写的所有书籍。这个故事可以追溯到公元前 245 年，也就是在帕伽马国王阿塔路斯一世统治时期。参见 J. Delorme, Παγκόσμια Χρονολογική ^Ιστορία (= Chronologie des civilisations, tr. and ed. K. Dokou et al.), I, Athens 1985, 130. A fuller account is given by J.L. Borges in Διερευνήσεις (= Otras inquisiciones, tr. A. Kyriakidis), Athens 1990, 11-114 (= «Τό ΤεÖχος καί τά Βιβλία»). Borges took the story from Pope' s Dunciad.

· 托勒密一世。19 世纪版画

且建造了一座陵墓，以表对亚历山大的悼念。[①] 托勒密一世个性精明谨慎，且紧凑有序地处理持续 40 年的继业者战争。通过获得一些重要的战略要塞，如昔勒尼、科斯和塞浦路斯等 [②]，托勒密一世不断巩固加强其统治的疆域。并且他还置身于安提哥那一世与佩尔狄卡斯（也译作“帕迪卡”）的权力争斗中，后两者都意欲独自做整个亚历山大帝国的继承者。托勒密一世是一位非常有智慧的人，也是一位将军、外交官和和平缔造者，他实现了将亚历山大里亚建设成为希腊世界文化中心的目标。[③] 托勒密一世在亚历山大里亚建立了博物馆、世界性的图书馆、塞拉皮斯神庙（Serapeum）图书馆，并且他想把“逍遥学派”搬到亚历山大里亚，他还制定各种优惠政策吸引最卓越的学者和艺术家到他的首府。托勒密一世的这一传统也被其后继统治者传承下来，一直到克里奥佩特拉。

① 在托勒密一世统治的最后几年，他开始对历史产生兴趣，并对亚历山大的功绩做了最可靠和最翔实的叙述。不幸的是，他的叙述只有一些片段幸存下来，这些片段只存在于阿里安的作品中，他很少或根本没有谈及亚历山大在文化方面的抱负。参见 FGrHist 138, with notes by Jacoby (1930); C. B. Welles, *The Reliability of Ptolemy as an Historian*, in Miscellanea di studi alessandrini in memoria di Augusto Rostagni, Turin 1963, 101-106. 也可参见 H. Strasburger, *Ptolemaios und Alexander*, Leipzig 1934; 此外还有：J. P. Mahaffy, *A History of Egypt under the Ptolemaic Dynasty*, London 1898; P. M. Fraser, *Ptolemaic Alexandria*, 3 vols., Oxford 1972.

② 托勒密的这些新的领地，连同萨摩斯（托勒密二世于公元前 280 年获得的），不仅仅具有重要的军事意义：他们伟大的文化传统使亚历山大里亚获得了托勒密想要的全世界的地位，至少在文化层面上是如此。早在公元 6 世纪中叶，当波吕克拉底还是萨摩斯岛的统治者时，萨摩斯就已经成为一个有影响力的诗人圈子的中心。科斯，是托勒密 · 菲拉德福的出生地，同时，它还以医学院而闻名，也是菲勒塔斯（Philetas）的出生地。菲勒塔斯是学术研究的先驱。昔勒尼则是卡利玛库斯和厄拉托斯塞尼的故乡。昔勒尼、塞浦路斯和罗德岛为亚历山大里亚贡献了一批杰出的学者，这些地方保留了它们在政治上的自主权，同时当学术界于公元前 145 年遇到危机和动荡时，这些地方也充当了避难所的作用。

③ 没有直接的证据表明托勒密有使亚历山大里亚成为学术和文化中心的雄心壮志，除非我们将斯特拉波（XIV .C.673）的一段话也算上，在这段话中，他将托勒密首都的教育和哲学机构与其他城市进行了比较。

各类资源

在人们所提出的各种关于亚历山大图书馆的建立、发展和最终被摧毁的书面材料、证据与理论中，大都相互矛盾，特别是在关于图书馆如何被摧毁的观点方面，有一些特别荒诞的说法。这就意味着，研究这个主题的最好方法就是把所有这些相关材料视为一个基础，然后跟随着曾在这个博物馆中工作过的希腊学者，特别是那些伟大导师，追溯它的扩建过程，研究这些书籍的最终命运。我们首先要明确的一点是，这个图书馆是博物馆的主要部分，并且它是不向公众开放的。关于这个博物馆和图书馆历史的主要信息来源有：一个自称阿里斯提亚斯（Aristeas）写的“书信”；还有斯特拉波、盖伦、策策斯（Ioannes Tzetzes），他们都是《明哲言行录》中所记载的这座图书馆的执掌者；还有一些曾经访问过亚历山大里亚的著名学者的著作，如阿庇托尼乌斯和伊皮法纽。

• 斯特拉波。18 世纪版画

博物馆

亚历山大建立的博学园（Mouseion）是西方公认最早的博物馆，它与著名的亚历山大图书馆连为一体，成为当时科学和艺术的研究中心。但是，建立博学园的想法并不是始于托勒密一世，在此之前，在希腊世界就存在着很多类似的中心，有一些可以追溯至毕达哥拉斯和他的圈子。其中，最负盛名的就是泰奥弗拉斯托斯执掌下的“漫步学派”，这是一个专门化的教学和研究中心，换句话说，这就是个学园。① 学园中有讲堂、图书馆和供研究自然现象用的科学设备，还有一个庭院以及带有柱廊的展览馆、散步用的花园和各类神的雕像和凡人的塑像，此外，在中间还有一个庇护所和祭坛。第欧根尼·拉尔修曾引用过泰奥弗拉斯托斯遗嘱中的一段话：【166】“我希望从我委托给希帕库斯处理的钱财中完成我的如下心愿：首先，完成缪斯女神雕像馆的重建工作，并进行另外的某种装饰，以使其更加雄伟和漂亮。其次，把亚里士多德的雕像安放到神庙中去，连同以前存放在神庙里的那些剩余祭品。再次，重建连接缪斯馆的小画廊，且要建得至少不比以前差；再把挂在上面的那些画有旅行家们所游历国家地图的匾额放到下面的画廊中。此外，要整修祭坛，使它有着完美而雅致的外观。”

起初，托勒密一世想把博物馆的组建工作交给亚里士多德的继任者塞奥弗拉斯托斯，因此，他也邀请泰奥弗拉斯托斯从“漫步学派”搬到亚历山大里亚。然而，就像我们在最后一章所看到的，泰奥弗拉斯托斯拒绝了托勒密的邀请，选择继续与 2000 名学生留在“漫步学派”。最终，托勒密一世遵循了来自法勒隆的德美特利的组建博物馆的建议。托勒密一世有着雄心壮志，他想建立一个泛希腊的学术和教育中心，并且他邀请了希腊世界最卓越的学者：来自法勒隆的德美特利和斯特拉波，来自科斯的菲勒塔斯，来自以弗所的泽诺多托斯（Zenodotus），等等。

① “mouseion” 或 “museum” 一词被用来指服务于各种目的的中心。有些是为纪念著名诗人而建的殿宇，通常是在他们的出生地，比如位于士麦那的‘Museum of Homer’或位于帕罗斯的 heroön of Archilochus（参见 N. M. Kontoleon, «Αρχίλοχος καί Πάρος», Επετηρίς τΈς ^Εταιρείας Κυκλαδικ˜ν Μελετ˜ν 5 (1965) 53-103）；有些与葬礼有关，如纪念安德拉戈拉斯（Andragoras）的庙宇（mouseion）(参见 C. Boyancé, *Le culte des Muses chez les philosophes grecs*, Bibliothèque des Écoles Françaises d’Athènes et de Rome 141 (1937) 329 ff.)；还有一些是教育中心，最明显的例子就是斯塔吉拉的“漫步学派”和 mouseion。与以上这些相比，亚历山大博物馆在概念上没有什么大的不同，只是在规模和组织方面有差异。毋庸置疑的是，亚里士多德的吕克昂图书馆是亚历山大博物馆仿效的原型，它是由塞奥弗拉斯特发展起来的。关于在博物馆中组织的各种活动，可参见 Boyancé, op. cit.；更多的资料还可参见 G. Parthey, *Das alexandrische Museum*, Berlin 1838; E. Müller-Graupa, «ΜουσεÖον», in RE, 16 (1933), 797-821; Fraser, op. cit., Ⅰ, 305-317.

非常不幸的是，关于托勒密一世当政期间的史料非常稀少，比如在来自阿布德拉[①]的赫克特斯和古埃及祭司马内索所写作的以《埃及史》(希腊文转写：Aegyptiaca)命名的著作中，很少提到博物馆的信息。公元前3世纪的赫伦达斯（Herondas），只是粗略地将博物馆描述为是一处风景地，我们从中还是没有获得更加翔实的信息。整体而言，这座博物馆属于皇室。公元前1世纪，斯特拉波曾经拜访过亚历山大里亚[②]，他也曾对博物馆做过简短的描述。博物馆的地基大概占了整个城市面积的四分之一。主建筑是一座绚丽的大厦，配有柱廊和连接到宫殿的铺面人行道。主建筑外面还环绕着各种附属建筑和一个露天剧场。此外，博物馆还带有一些宗教性的特征，因为博物馆是由国王亲自任命的祭司掌管的。资料中还提到的一位成员就是Epistates，他可能是博物馆的负责人，负责行政、财政和全面管理工作。[③]斯特拉波对博物馆所做的简短描述很可能是来自阿里斯托尼卡的一部关于亚历山大博物馆的著作。这部著作在斯特拉波时期还存在，但现在已经遗失了。[④]

① 阿布德拉的赫克特斯（或者来自忒奥斯，阿布德拉是一个殖民地），是一位在公元前300年左右成长起来的哲学家和历史学家。在托勒密一世索特尔统治时期，他曾在埃及度过一段时间。他正式被委托写作一部关于埃及历史的著作（Aegyptiaca），并以此宣传和促进埃及人与希腊人之间的更亲密的关系。这部作品现在已经遗失，只有在狄奥多洛斯的作品《图书馆》(*Bibliotheca*)第一卷中保留了一些片段。这是一部根据第一手经验撰写的历史调查报告，比以往更加强调文化史，使读者不用怀疑写作背后的政治动机。对希腊人来说，埃及是一个古老的国家，有着浓厚的神秘文化；因此它被描述为是一个拥有最好政府形式的理想政体，一种君主立宪的制度。

② 赫伦达斯（阿塞奈乌斯这样称呼他）是公元前3世纪的一位诗人，他的名字表明他可能是多利安人的后裔。他的两首诗的背景似乎表明他是科斯本地人，或者他只是住在那里。在他的一首诗中提到的国王大概是托勒密三世尤尔盖特斯（Euergetes），他公元前246年—公元前221年在位。赫伦达斯在他的一个哑剧（Ⅰ.26-33）的场景中描述了亚历山大里亚，一个鸨母试图引诱一个贞洁的女人，她的丈夫在埃及："There is the goddess's house. Everything that exists or comes to pass is to be found in Egypt: wealth, athletic facilities, power, a good climate, fame, sights worth seeing, learned men, gold, young men, the sanctuary of the divine brethren [i.e. the Ptolemies], a worthy king, the house of the Muses, wine, all good things that you could ever want, women..."

③F. Durrbach (ed.), *Choix d'inscriptions de Délos*, Ⅰ, Paris 1921, 151-153 (No. 90) (ca. 125 B.C.): 'Chrysermus, son of Heraclitus, of Alexandria, "Kinsman" of King Ptolemy, exegete, head of the medical corps and Epistates of the Museum.' Cf. Fraser, op. cit., I, 316, II, 179 (n. 31).

④ 阿里斯托尼卡，语法学家，生活在奥古斯都统治时期，可能是语法学家托勒密的儿子。在他的大部分著作中，他详述了阿里斯塔库在他的修订本中使用的符号。

博物馆的成员

斯特拉波将博物馆的学术团体称之为一场“集会”(synodos),我们从其他渠道了解到,这个非同寻常的独立社区的成员获得了各种特权、大量赠款和便利设施,这就可以使他们能够集中精力为缪斯女神服务,而不必担心日常生计。他们有免费的食宿,也免除了税收,同时也为他们提供高薪以及诸多仆人来照顾他们的生活。① 他们的特权待遇引起了亚历山大里亚知识分子的不满。他们遭受严苛批评和讽刺嘲弄的原因,不仅针对他们的悠闲安逸生活,也针对他们低质量的工作。

来自夫利阿斯的蒂孟(Timon,约公元前 320 年—公元前 230 年),是怀疑主义哲学家皮浪的学生,他对那些靠“在缪斯女神的鸟笼里无休止地乱涂乱画、不断地互相打嘴仗”谋生的人表示不满;② 他还抨击了泽诺多托斯编辑工作的质量,并批评了博物馆的所有学者,建议索利的阿拉图斯“重新回到荷马的旧版本,而不是使用新的修正版本”。③ 阿拉图斯曾写过一部以“现象”命名的诗歌,该诗采用六步格,结合了天文知识、古神话和斯多葛哲学,描述了天空和星辰。事实上,博物馆的成员住在一个装饰得富丽堂皇的“监狱”里,因为即使走出大楼,他们仍然待在宫殿的院子

---

① 博物馆有自己的金库,资金直接来自皇室的国库。参见 W. Otto, *Priester und Tempel im hellenistischen Ägypten*, Ⅰ, Rome 1971, 42; Fraser, op. cit., I, 316-317. The main evidence for the members' free board and lodging comes from the Cornell papyrus of ca. 220 B.C., published by N. Lewis in his paper 'The Non- Scholar Members of the Alexandrian Museum', Mnemosyne, 4th ser., 16 (1963) 257-261.

② 蒂孟以其《嘲笑诗》(*Silloi*,书名的字面意思是“斜眼诗”)而闻名,这是一部三卷本的嘲笑所有教条主义哲学家的六步格诗。参见阿塞奈乌斯,Ⅰ.22d: "Timon of Phlius, the satirist, calls the Museum a birdcage, to ridocule the philosophers who made their living there because they were fed like the most valuable birds in a coop: 'There are many people in populous Egypt who make a livelihood by scribbling endlessly and waging a constant war of words with each other in the Muses' birdcage. "

③ 第欧根尼 · 拉尔修,Ⅸ.113: π˜ς τcv τοÜ ^Ομήρου ποίησιν àσφαλÉ κτήσαιτο, τev δb ε¨πεÖν, «ε¨τοÖς àρχαίοις àντιγράφοις âντυγχάνοι καd μb τοÖς ¦δη διωρθωμένοις»· See also U. von Wilamowitz-Moellendorf, Antigonos von Karys- tos [Philologische Untersuchungen, Ⅳ], Berlin 1881, 43.

里，几乎不被允许离开。例如，拜占庭的阿里斯托芬——图书馆馆长和博物馆最杰出的成员——当他被发现计划离开博物馆前往帕伽马的尤米内斯二世宫廷时，就被捕入狱。[①] 当然，博物馆成员和外部学者之间的相互嘲弄和贬损诽谤的故事在希腊世界也并不新鲜。在某种程度上，他们也是一种对公元前 4 世纪雅典的争论习俗的延续。唯一的不同是，苏格拉底、柏拉图和亚里士多德是在批判智者，而我们发现，这次的相互批判是发生在“保守派”与新研究方法倡导者之间，是博物馆小圈子内部之间的相互攻讦。

人们对博物馆学者的职责知之甚少，只知道图书馆馆长通常兼任王室成员的导师。例如，人们并不知道文献学者（如斯特拉波经常称呼其为“philologoi”）[②] 是否有固定的教学时间，是否每个人都有一批在他管辖下的学生，或者他们是否定期授课。唯一可以肯定的是，博物馆学者的大部分学术工作都是整理、评估、分类和扩充资料，这些资料几乎涵盖每一种诗歌流派的著作，【168】亚里士多德、泰奥弗拉斯托斯的哲学教学著作以及逍遥学派的其他作品。从欧几里得的著作和在托勒密时期地理学的发展，以及希腊解剖学家赫罗菲拉斯在医学上的进步来看，解剖学、数学、天文学和医学等似乎都包含在博物馆的课程中。[③] 换言之，在一定程度上讲，博物馆已经成为一所现代意义上的大学，它所处的环境非常优雅，馆内设施齐全：主楼和图书馆被各类辅助建筑环绕，与柱廊、庭院相连，铺砌好的人行道和露天演讲区（除此之外，还有室内演讲室），还有植物园和动物园。在宫殿广场的这一部分，也就是在博物馆的功能区，图书馆就建造

① 参见 p. 182.

② 参见 K. M. Abbott, «Φιλόλογος», in RE, 19/2 (1938), 2510-2514. 也可参见 H. Kuch, Φιλόλογος. Untersuchung eines Wortes von seinem ersten Auftreten in der Tradition bis zur ersten überlieferten lexikalischen Festlegung [Schriften der Sektion für Altertumswissenschaft 48], Berlin 1965, 30 ff. 库奇将“philologoi”一词的使用追溯到柏拉图的时代，当时哲学家、修辞学家和数学家都使用这个词。

③ 关于亚历山大里亚的科学家们在数学、天文学、力学和医学上取得的进步，参见 Fraser, op. cit., I, 336-446.

在这里。①

法勒隆的德美特利

来自法勒隆的德美特利②，学识渊博，才智过人，他坚信，在任何组织良好的社会中，鼓励文学艺术的发展具有极大的重要性。公元前350年，他出生于雅典附近的法勒隆，在亚里士多德的指导下学习，成为泰奥弗拉斯托斯的密友，并获得了较高的哲学修养和修辞技艺，他后来也曾被西塞罗称颂赞扬过。

【169】德美特利于公元前325年出现在政治舞台上，那时阿提卡演说家们已经失去了他们的优势，因此他很快就名声大噪。在政治上，德美特利是一个冒险家，他很快就从反马其顿的民主派转变成为寡头派的领袖。在这个职位上，德美特利赢得了马其顿统治者卡山德的青睐，从公元前317年起，他作为总督统治雅典10年。在统治期间，德美特利赢得了大量的追随者：他的逍遥学派的理念以及在培养人才方面的创新理念，使他非常受欢迎。德美特利还为剧院注入了新的活力——此前剧院一直处于停滞

① 参见 Parthey, op. cit. 关于亚历山大里亚世界图书馆的主要著作有：C. Wendel, *Das griechisch-römische Altertum* (completed by W. Göber), in F. Milkau and G. Leyh (eds.), Handbuch der Bibliothekswissenschaft, Ⅲ .1, Wiesbaden 1955, 62-82; E. A. Parsons, *The Alexandrian Library, Glory of the Hellenic World: Its Rise, Antiquities, and Destructions*, New York 1967; Fraser, op. cit., Ⅰ, 312-335; L. Canfora, ^Η Χαμένη Βιβλιοθήκη τΈς \Αλεξανδρείας (= *La biblioteca scomparsa*, Palermo 1986, tr. F. Arvanitis), Athens 1989; M. el-Abbadi, ^Η \Αρχαία Βιβλιοθήκη τΈς \Αλεξανδρείας. ^Η Ζωή καί ΤΜ Μοίρα της (= *The Life and Fate of the Ancient Library of Alexandria, Paris* 1990, tr. Lena Kassimi), Athens 1998; K. Sp. Staikos, *The Great Libraries from Antiquity to the Renaissance* (3000 B.C. to A.D. 1600) (= Βιβλιοθήκη. \Από τήν \Αρχαιότητα ≤ως τήν \Αναγέννηση (3000 π.Χ.-1600 μ.Χ.), tr. T. Cullen), New Castle, Del./London 2000, 57-89. 也可参见 R. M. MacLeod (ed.), *The Library of Alexandria: Centre of Learning in the Ancient World*, London/New York 2001; and the volume published to commemorate the opening of the new Bibliotheca Alexandrina in Alexandria: L. Giard and C. Jacob (eds.), Des Alexandries, Ⅰ: Du livre au texte, Paris 2001.

② 关于法勒隆的德美特利，参见 E. Martini, *Demetrios von Phaleron*, in RE, 4 (1901), 2817-2841; E. Bayer, *Demetrius Phalereus*, Tübinger Beiträge zur Altertum- swissenschaft 36 (1942) 105 ff.; F. Wehrli, *Demetrios von Phaleron*, in RE, suppl. 11 (1968), 514-522. 第欧根尼 · 拉尔修曾提供过一个他的作品目录（Ⅴ.80).

状态，因为城邦已经无法补贴昂贵的演出，这也是雅典人崇拜他的另一个原因。但很快，这种活力在公元前 307 年就被粗暴地破坏了，当时德美特利·波里奥西特率领舰队驶入比雷埃夫斯港，激起了雅典民主派的反抗，这就迫使总督逃到底比斯，并在大约公元前 297 年从那里逃到埃及的亚历山大里亚，以逃避死刑。

到达亚历山大里亚之后，德美特利很快就被托勒密一世所崇信，而且很有可能他曾建议托勒密一世仿照吕克昂学园建立一所学校（或博物馆），同时建立一座储藏图书用的图书馆。但是，尽管德美特利的贡献很大，但他从未担任过这所图书馆馆长（正如人们经常断言的那样），也没有任何历史资料表明他是否曾被担任过其他任何官方职务。唯一能说明这一点的是所谓的“阿里斯提亚斯书简”，这篇书简是在他去世 100 多年后所写的一篇记叙性的作品。

·来自法勒隆的德美特利，大理石雕刻半身像

“阿里斯提亚斯书简”

· 阿里斯提亚斯

对“阿里斯提亚斯书简”而言，决不能简单地对其进行理解，可以从两个不同的角度评估其价值：第一，它涉及图书馆；第二，它涉及希腊人和犹太人之间的关系，特别是在亚历山大里亚。【170】尽管它的真实性依然存在争议，但除了《绪论》(*Prolegomena of Tzetzes*)以外，它是现存最早的关于图书馆的形成和扩建信息的资料，而且种种迹象表明，在“书简”中所论述的信息与事实相差无几。这封“书简”也证实了希腊人和犹太人之间的第一次文化接触，并标志着这一时期大量希腊化犹太文学的诞生。①

人们一般认为，阿里斯提亚斯是这封“书简”的作者，他在托勒密二世菲拉德福（公元前285/283年—公元前247年）的宫廷中自称是希腊人，但事实上，他可能是一个犹太人。为了加强希腊人和犹太人之间的文化联

① 参见 E. Schürer，*The History of the Jewish People in the Age of Jesus Christ*（175 B.C.—A.D. 135），新的英文版本由 Geza Vermes 修订和编辑，Ⅰ-Ⅲ，Edinburgh 1987—1995；V. Tcherikover，*Hellenistic Civilization and the Jews*, Philadelphia 1959; M. Hengel, *Judaism and Hellenism: Studies in their encounter in Palestine during the Early Hellenistic period*, London 1974; Id., *The Ideology of the Letter of Aristeas*, Harvard Theological Review 51 (1958) 59-85.

系，他在亚历山大里亚刻意美化犹太宗教和文学的希腊传统。这份文献是阿里斯提亚斯写给他的“兄弟”腓罗基（Philocrates）的一封信，腓罗基可能并不是一个现实中存在的真实人物。[①] 据说，这篇作品是在公元前 180 年—公元前 145 年间（可能是在公元前 160 年，托勒密六世斐洛米托时期）完成的，它最初用平白直叙的风格写就，很久以后才重新被写成书信体的形式。通过对这封“书简”的全面阅读清楚地表明，作者写作的主要目的并不是要描述那个世界图书馆的历史。阿里斯提亚斯赞扬了托勒密王朝在主动将近东经典文化翻译成“国际化”的语言（希腊语）方面所做出的贡献。同时，他还借此机会详细论述了《律法书》(Torah）中的思想，这就为人们全面了解犹太经典并使之更为所知做好了准备。[②]

在这封“书简”中，阿里斯提亚斯阐明了犹太人和希腊人之间联系的历史背景，同时，承认了希腊语学习的重要性，最后以对犹太教的热烈赞颂结束。毫不奇怪，就“书简”所引出的问题，人们提出了各种假设：阿里斯提亚斯写这封信的目的是什么？它的读者群有哪些？从风格上来讲，它是为了辩护所用还是宣传所用，抑或两者都不是？它背后隐藏着怎样的意识形态？人们得出的结论是，作者是一个受过教育的犹太人，熟悉希腊语，也受到他那个时代的希腊哲学的影响。作者对希腊人和他们的文明非

---

① 鉴于“阿里斯提亚斯书简”实际上并不是一个人写给他哥哥的信，所以可以推测，这封信是以书籍的形式出版的。此外，考虑到书信体形式的叙述在基督教时代非常流行，可以合理地假设，在作者生前，“阿里斯提亚斯书简”就已经被广泛阅读，尤其是犹太人。如果是这样的话，阿里斯提亚斯所描述的事件就不能是虚构的，因为图书馆的学者很容易就能查证这些事件。有争议的问题有两个：一个是德美特利在图书馆中的具体职位；另一个是图书馆图书数量的统计数字。很明显，阿里斯提亚斯并没有特别指出德美特利的确切职位。人们之所以都认为他是图书馆的馆长，很大程度上是因为他与亚里士多德的吕克昂学园的关系。关于图书馆的规模没有任何争议，因为阿里斯提亚斯给出的数字在当时的标准下是合理的。

② 犹太人非常重视将《律法书》翻译成希腊文，《律法书》是犹太教神圣著作和传统的全部，它包含了需要以世界性语言提供的普遍适用的教义：参见 Bickerman, *The Jews in the Greek Age*, 101- 116 (*The Greek Torah*); N. Walter, *Jewish-Greek Literature of the Greek Period*, in the Cambridge History of Judaism, II: The Hellenistic Age, ed. W. D. Davies and L. Finkelstein, Cambridge 1990, 385-408; G. Dorival, *M. Harl and O. Munnich*, La Bible grecque des Septante. Du judaïsme hellénistique au christianisme ancien, Paris 1994; G. Dorival, *La fixation du canon de la Bible. Entre Jérusalem et Alexandrie*, in Giard and Jacob, Des Alexandries, Ⅰ, 115-134.

常尊重，同时，他也给犹太读者介绍《七十士译本》的情况。他的最终目的是让犹太人和希腊人更紧密地团结在一起。

【171】根据阿里斯提亚斯的说法[①]，德美特利被全权委托管理图书馆。他还敦促托勒密定期访问图书馆，以便随时了解图书馆新的进展情况。在一次会议上，德美特利报告说，图书馆已经有20万卷图书，估计完成这个项目总共需要50万卷。因此，托勒密与各地的国王和王子通信，要求他们把他们图书馆和档案馆中所有的书籍（诗人、散文作家、智者、医生、历史学家和东方智者）的抄本都寄给他。

托勒密国王（阿里斯提亚斯并没有具体说是哪一个国王）对图书馆特别感兴趣。在他的报告中，德美特利建议国王将他的图书搜索范围扩大到犹太世界：他提醒国王来自阿布德拉的赫克特斯的权威地位，赫克特斯是《埃及史》的作者，这部著作中有大量关于犹太历史的信息。【172】同时，德美特利认为图书馆应该获得现存犹太书籍的所有抄本。托勒密有一次参观图书馆时，德美特利告诉他，如果图书馆要获得犹太的经典作品（当时国王已经同意了这一提议），那么这些作品就必须从希伯来语翻译成希腊语，而不是从叙利亚语翻译成希腊语。

为了表达善意，托勒密二世释放了10万多犹太人，这些犹太人在叙利亚战争期间被囚禁在亚历山大里亚。托勒密还请耶路撒冷大祭司以利亚

① 该撒利亚的欧西庇乌，De Evangelica Praeparatione, VIII.2.1-5.11："法勒隆的德美特利被任命负责掌管国王的图书馆，他获得了大量的资金来收集世界上所有的书籍。这些书籍，有些是他买的，另一些是他抄写的，直到最后他在自己的权利范围之内，完成了国王的计划。有一次，当我（亚里斯特亚斯）在场时，国王问他现在有多少部作品，他回答说："超过二十万卷，陛下，不久我会尽力使之达到五十万卷。有人告诉我，犹太人的律法之书也是值得抄写的，因此，这些书应当在您的图书馆中有一席之地。"国王说："抄写这些书籍有什么困难吗？""你所需要的一切都可以随意使用。"德美特利回答说："它们也需要翻译，因为在犹太地（Judaea），它们使用特殊的字符，就像埃及人的文字那样，而且他们有一种他们自己所特有的语言。据说他们使用叙利亚语，但事实并非如此：他们的语言完全不同。"当国王掌握了所有的情况后，他下令写信给犹太人的大祭司，以便使上述计划得以实施。"

再往前一点，他补充道："这事一办完，他就吩咐德美特利准备一份关于犹太书抄本的报告；因为这些国王都是用法令来安排一切的，非常注意细节，不留任何侥幸心理。因此，我得以抄写报告和信件，以及发送的物品数量和每件物品的工作量的细节，同时考虑到每件物品的华丽和熟练的工艺。这是一份报告的抄本。"

• 亚历山大里亚法老的构想图。18 世纪版画

撒（Eleazar）派给他一队讲希腊语的犹太学者来翻译《圣经》。以利亚撒欣然应允。阿里斯提亚斯专程前往耶路撒冷去窥探，大祭司从以色列的 12 个部族中指定了 6 位学者。

托勒密以极大的礼遇欢迎这些犹太学者，并邀请他们参加宴会，他让学者们就各种各样的话题展开深入的讨论，以此来满足自己的学习广度。这些犹太翻译人员并没有被安置在博物馆里，而是被安置在一个特别的地方，即法罗斯岛上。德美特利定期到那里去拜访他们，并带着自己的语法学家一起检查核对他们的作品。他们用了整整 72 天完成了翻译工作。《七十士译本》的翻译（因为它是由大约 70 位学者翻译的，因此，被命名为《七十士译本》），表明了国王获得世界上已知所有原版语言的书籍和希腊语译本的决心，为此，他还聘请了很多来自各国精通希腊语的外国翻译。

不管人们对“阿里斯提亚斯书简”在政治上的权宜之计有何猜测，人们都会通过与已知事实的比较来质疑它的准确性。首先，正如我们将要看到的那样，图书馆馆长的正式名单中将泽诺多托斯列为第一任馆长：德美特利根本就没有被提到。书简中提到托勒密，有时指的是托勒密·索特尔，有时指的是托勒密二世菲拉德福；但当菲拉德福登上王位时，德美特利因为不支持他的王位权力而失宠，于是他被流放到上埃及（埃及南部地区），大约在公元前 280 年去世。《七十士译本》追溯到托勒密一世统治时期显然是错误的：因为翻译是在公元前 2 世纪中期完成的。【173】这很可能是在公元 2 世纪亚历山大里亚出现的关于犹太教主题的希腊语作品写作浪潮的背景下人们的解释。

“阿里斯提亚斯书简”不仅在托勒密时期非常流行，而且在公元后也非常流行。甚至在 12 世纪，也就是约翰·策策斯的时代，它仍然被认为是一个可靠的信息来源。约翰·策策斯在写《阿里斯托芬评论文章的序言》(“*Prolegomena to Aristophanes*”）时，就曾引证使用过其中关于亚历山大图书馆的资料。他在《亚里士多德的序言》中使用了来自它的材料来描写亚历山大图书馆。

《阿里斯托芬评论文章的序言》

看来，策策斯在《阿里斯托芬评论文章的序言》中所使用的资料除了“阿里斯提亚斯书简”之外，还包括一些其他的著作，不过现在都已经遗失了。普列隆 (Pleuron) 的亚历山大[1]受命编辑悲剧和萨堤尔羊人剧（古希

① 亚历山大是埃托利亚人，为托勒密·菲拉德福工作。他与来自索里的阿拉图斯（Aratus）和其他人一起，被安提戈努·戈纳塔斯（公元前 276 年—公元前 240/239 年）邀请到马其顿宫廷。他主要在图书馆负责编辑悲剧和羊人剧，他自己也创作史诗、挽歌、警句、哑剧和戏剧。参见 R. Pfeiffer, ^Ιστορία τΈς ΚλασσικΈς Φιλολογίας. \Από τ῀ν \Αρχ῀ν μέχρι τοŨ τέλους τ῀ν ^Ελληνιστικ῀ν Χρόνων (= *History of Classical Scholarship: From the beginnings to the end of the Hellenistic age*, Oxford 1968, tr. P. Xenos et al.), Athens 1972, 140-141; P. E. Easterling and B. M. W. Knox, Ιστορία τΈς àρχαίας ^ΕλληνικΈς Λογοτεχνίας (= *The Cambridge History of Classical Literature*, Ⅰ: Greek Literature, tr. N. Konomis et al.), Athens 1994, 1026.

腊羊人剧的戏剧）以供出版，迦勒底的吕科弗伦（Lycophron）[①]受命编辑喜剧，泽诺多托斯则承担着编辑荷马和其他诗人的繁重任务。

在序言部分，约翰·策策斯回顾了庇西特拉图所设想的编辑出版荷马史诗的想法。此外，他还指出，庇西特拉图聘请了四位学者来执行这项计划，他们分别是雅典的奥奈西克里图斯、赫拉克勒亚（Heraclea，意大利南部一座古城）的 Epicondylus 和佐皮鲁斯，以及克罗顿的俄耳甫斯。[②]

根据约翰·策策斯的说法，德美特利受托勒密二世的委托搜集世界上所有图书的抄本，并且将这些书籍保存在亚历山大的两个图书馆里。在这里，我们也找到了关于第二个图书馆的参考文献。据说，这个图书馆是在“宫殿外面”，并且隶属于亚历山大里亚拉科提斯区的塞拉皮斯（Serapis）神庙。这家规模更小的图书馆向公众开放，只收藏了 42800 部著作，而宫殿里的大图书馆则有 40 万卷“混合”性著作，以及另外 9 万多卷“未混合”性著作。[③]约翰·策策斯说，这些信息来自卡利马库斯本人，卡利马库斯曾被委托负责图书的分类和索引工作。当这些从不同的国家带来、用不同语言写成的著作都汇集在一起时，托勒密让精通希腊语和其他语言的语言学家翻译了这些书籍。

---

① 尽管众所周知，吕科弗伦写过许多悲剧，主要是关于神话题材的，但他作品中幸存下来的少数片段几乎都来自一部讽刺哲学家美涅得谟斯（埃雷特里亚的）及其圈子的萨堤尔戏剧。他受委托写过一篇作品《论喜剧》(*On Comedy*)，目的是为了帮助图书馆喜剧作品的布置。参见 Pfeiffer, op. cit., 141-142; Easterling and Knox, op. cit., 1026-1027.

② 参见 pp. 75-77.

③G. Kaibel (ed.), *Comicorum Graecorum Fragmenta*, Berlin 1899, 19. “composite”和“unmixed”这两个术语的含义，T. 伯特已经在他的作品中详细讨论过。参见 T. Birt，*Das antike Buchwesen*, Berlin 1882, 484, 490. F. Schmidt（*Die Pinakes des Kallimachos*, Kiel 1924, 37-38）从伯特那里得出了一个不同的结论，即“composite”卷是一种包含多个作品的著作，这些著作可能是由同一位作者或者不同的作者所创作的；而“unmixed”卷只包含单个作品或其中的一部分：这似乎是一个更合理的解释。有很充分的证据表明，在希腊化时期，而不是在之前，就已经存在包含一个以上完整作品的书籍（即纸莎草卷）：参见 Diog. Laer., Ⅵ.15: “The surviving works [of Antisthenes] are in ten volumes. The first contains: On Expression, or Styles of Speaking; Ajax, or The Speech of Ajax; The Defence of Orestes; etc., etc.”也可参见 E. G. Turner, *Athenian Books in the Fifth and Fourth Centuries B.C.*, London 1952, 15; F. G. Kenyon, *Books and Readers in Ancient Greece and Rome*, Oxford 1951, 50 ff.

普劳图斯评注

一段15世纪意大利人文主义者拉丁语版的策策斯序言的摘录，曾出现在普劳图斯的一篇评论中，但对亚历山大图书馆并没有什么新的看法。这位没有披露姓名的意大利人省略了所有提到犹太人和《七十士译本》的内容，但他有一段关于来自法勒隆的德美特利如何对托勒密·斐拉德福给予帮助的内容，同时，也提到了在策策斯那里所出现的第二个图书馆的事情。他还把卡利玛库斯描述为一个宫廷人物和皇家图书管理员——也许这只是一个误译。

· 通往埃德夫神庙的大门：托勒密时期的建筑

在根据可靠的信息来源和明确已知事实，讨论亚历山大图书馆的第一批建立者之前，让我们首先关注一下附属于塞拉皮斯神庙的图书馆。

塞拉皮斯图书馆

塞拉皮斯是托勒密人（事实上是托勒密·索特尔）引入的新神，象征着圣牛阿皮斯（Apis）和女神奥西里斯（Osiris）之间的结合，因此，他以阿皮斯-奥西里斯（Osiris-Apis）或奥索阿皮斯的名义受到崇拜。然而，尽管埃及人继续称他为奥索阿皮斯，但希腊人更喜欢用塞拉皮斯或萨拉比斯这个名字，他们认为这个名字更悦耳。[①] 在埃及各地为纪念这位神祇而

① 参见 H. I. Bell, *Cults and Creeds in Graeco- Roman Egypt*, Liverpool 1953, 18 ff.

· 塞拉皮斯雕像，安东尼时期（公元180年—公元190年）。伊拉克里翁考古博物馆

建的所有庙宇中，最辉煌的当属亚历山大里亚拉科提斯区的那个庙宇。

根据策策斯的“序言”，这座寺庙建于托勒密二世菲拉德福时期，但对该遗址的挖掘（挖掘工作已经进行了多年，而且也发现了很多带有铭文的匾额）表明，其创始人是托勒密三世（公元前246年—公元前221年）。[①] 人们也可以从公元4世纪教会作家的作品中了解到这座图书馆，其中包括阿庇托尼乌斯和伊皮法纽，这两位学者都曾去过那里。伊皮法纽说，《七十士译本》保存在“第一个图书馆”中，后来在塞拉皮斯建了一个更小的图书馆，这个小图书馆以“子图书馆”（希腊文为 θυγατρική，字面意思就是“女儿图书馆”）著称。阿庇托尼乌斯在公元4世纪中叶参观过这座寺庙，他谈到了“拱廊”两边的“内庭”（sekoi），以及许多堆满了书籍的“库房”和“储藏室”（tameia），这里面的书籍都是可以供那些“热衷于学习的人”阅读的。塞拉皮斯神庙图书馆可能是托勒密三世建立的，托勒密三世曾在阿波罗尼乌斯的门下学习，他非常渴望获得古代著作的抄本。

【176】考虑到压力山大图书馆具有特殊的地位，它既是为抄写员和文

① 参见 A. Rowe, *The Discovery of the Famous Temple and Enclosure of Sarapis at Alexandria* [*Annales du Service des Antiquités de l' Égypte, Suppl. 12*], Cairo 1946. 关于随后的一些发现，参见 P. M. Fraser, *Two Studies on the Cult of Sarapis in the Hellenistic World*, in Opuscula Atheniensia, Ⅲ, Lund 1960, 1-54.

献考证学者开设的，同时也是一个学术研究中心，因此，可以合理地推测，塞拉皮斯神庙图书馆是一个保藏有各种已经最终编辑成作品抄本的公共图书馆。

根据当代历史学家的说法，塞拉皮斯神庙图书馆的毁灭或部分毁灭是东罗马帝国对异教徒宗教政策改变的结果所致。由于基督教的胜利及其逐渐被认定为国教，许多异教寺庙都被改造成了教堂。提奥多西大帝（Theodosius，公元 379 年—公元 395 年）统治时期，他变本加厉无情地迫害异教徒，他于 391 年所采取的法令，实际上已经默许拆除亚历山大里亚所有的古庙。

亚历山大的塞奥菲鲁（Theophilus）主教以狂热的热情实施了反异教徒的政策，他煽动基督徒袭击塞拉皮斯神庙，塞拉皮斯神庙被许多人视为该城异教徒的典型象征，暴民劫掠了这座神庙，并最终将它彻底摧毁。历史学家狄奥多勒说，“神庙被夷为平地”，另一位历史学家尤纳比乌斯则说，除了神庙的地基之外，没有任何东西是完整的，而这只是因为大块的石头太重，无法移动。当塞奥菲鲁主教把这座神庙夷为平地后，他又在原址上建了一座基督教堂。①

【177】阿庇托尼乌斯于 393 年去世，在他到访塞拉皮斯神庙图书馆的记录中，他什么信息也没有提到，这就表明他所看到的已经是一座被洗劫了的建筑。因此，人们只能假设，暴民的愤怒只针对神庙的建筑，而不是整个圣所。还有一种情况就是，阿庇托尼乌斯是在 391 年前访问的亚历山大里亚。他作品中的相关段落如下：“内庭建在拱廊里，有些是书籍的储藏室：对那些热衷于学习研究的人开放，他们引导整个城市积极学习。”还有一些书房或阅览室使亚历山大里亚成为希腊世界的哲学之都，还有一些房子被用来“祭拜古代神灵”。

---

①Rufinus, *Ecclesiastical History*, Ⅱ.23-30; Socrates, *Ecclesiastical History*, Ⅴ.16; Sozomenus, *Ecclesiastical History*, Ⅶ.15; Theodoretus, *Ecclesiastical History*, Ⅴ.22.

波里比乌等历史学家告诉我们，塞拉皮斯神庙是一座雄伟的建筑，按照埃及建筑传统，它更像是一座堡垒，而不是一座神庙，它坐落在一座山顶上，可以说，它就是“亚历山大里亚的卫城”。

在传统的以“阿里斯提亚斯书简”和策策斯的“序言”为主要内容的关于亚历山大图书馆创建故事中，只有一个中心人物：法勒隆的德美特利。然而，多亏了其中一个写在纸莎草纸上的文献，这就是“俄克喜林库斯诸卷”（Oxyrhynchus papyrus，俄克喜林库斯是古埃及时期的上埃及城市，公元 20 世纪时，人们在此挖掘发现了大量的莎草纸古书卷，这些书卷可以追溯至托勒密和古罗马时期的埃及），它列出了图书馆的馆长。我们并没有只是局限于阿里斯提亚斯的阐述，事实上，既然我们了解了这些学者的言行和作品，因此，就有可能从不同的角度进行观察，并重新建构出当年这个世界图书馆的样子。

亚历山大图书馆的馆长

与亚历山大图书馆有关的第一个人应该是亚里士多德，据斯特拉波的说法，亚里士多德曾建议埃及国王建立一座图书馆。然而，这一说法也有待商榷，因为从时间上看，有些地方难以吻合：因为亚历山大大帝驾崩 18 个月以后，也就是在公元前 322 年，亚里士多德也去世了。而托勒密一世定都亚历山大里亚却是在公元前 320 年。事实上，在关于亚历山大图书馆馆长名字的记录中引入亚里士多德的名字，在一定程度上反映了托勒密王朝的决心，他们想确保他们（博物馆以及博物馆中的学者）与亚里士多德的“漫步学派”具有相关性。然而，正如我们所看到的，塞奥弗拉斯特拒绝搬到亚历山大里亚，而斯特拉波在那里只停留了很短的时间，然后返回雅典，履行其作为“漫步学派”负责人的职责。

“阿里斯提亚斯书简”的作者只提到了法勒隆的德美特利。【178】但是，假如这封书简是公元前 160 年左右写的，书简的作者一定知道当时图书馆馆长的名字：泽诺多托斯、阿波罗尼乌斯、厄拉托斯塞尼、拜占庭的阿里斯托芬、阿波罗尼乌斯（Apollonius Eidographus）、阿里斯塔库、居达士（Cydas）。在“俄克喜林库斯诸卷”所提及的语法学家中，比如阿莫尼乌（Ammonius）、泽诺多托斯、狄奥克勒、阿波罗多罗斯（Apollodorus），没有任何迹象表明他们与图书馆有联系。另一个被证明的是图书馆馆长，是帕福斯（Paphos）的奥内桑德（Onesander）[①]，他是瑙希克瑞斯（Nausicrates）的儿子。根据塞浦路斯的一块铭文，他从公元前88年开始担任图书馆馆长。通过这些学者的活动，以及他们的著作，我们可以了解到他们在学术领域所取得的伟大成就，当然，他们肯定也得到了许多不为人知的语法学家、文本考据学者和抄写员的帮助。

泽诺多托斯

泽诺多托斯生于以弗所，活跃于公元前3世纪下半叶。[②] 在菲勒塔斯的门下学习多年之后，他接替了菲勒塔斯，成为皇室的教师，之后被托勒密一世任命为图书馆馆长。在托勒密二世菲拉德福统治时期，他也一直担任图书馆馆长，头衔是“亚历山大里亚图书馆馆长”。这是一个所有图书馆馆长都持有的头衔，就像一个术语叫“bibliophylax”，意为“图书馆监护人”。策策斯似乎就是在这个意义上使用了这个词，意思是托勒密时期的“政府档案保管人”。

据《苏达辞书》记载，泽诺多托斯编纂了荷马的语汇，开创了荷马研究的路径。除此之外，他为图书馆所做的工作，我们一无所知。[③] 至于泽诺多托斯在荷马史诗方面所做的具体工作我们不得而知。在这方面，策策斯也并没有给我们提供更多的信息，他只是做了一些简单的评论，“这部戏剧作品被普列隆的亚历山大和吕科弗伦做了一些修订，正如我之前所

---

① 参见 p. 237 (n. 83).

② 关于泽诺多托斯（Zenodotus），参见 Westermann, op. cit., 369.

③ 关于泽诺多托斯（Zenodotus）荷马史诗的编辑，参见 Pfeiffer, op. cit., 124 ff.

说，诗歌则被泽诺多托斯和阿里斯塔库做了修订”。① 很有可能他是第一个对荷马作品进行文本校勘的人（有学者认为，他对原诗的结构做过一些重大增删，原来这两部史诗的长短大概没有这样整齐），因为我们发现阿里斯塔库亲自进行校勘时，他最终拒绝了泽诺多托斯版本中荷马的语汇。

在策策斯的“序言”中，尽管从庇西特拉图时代到泽诺多托斯时代已经过去了 300 年，但是，关于荷马史诗第一个版本的问题却一直悬而未决。② 据说在公元前 6 世纪，【179】在雅典的公共图书馆里可能就存放着一部荷马史诗的正式文本，这个文本就是吟诵史诗的人们在泛雅典娜节上朗诵史诗时所使用的版本。但在古代文献中，没有任何证据证明希腊世界普遍接受的公元 6 世纪“阿提卡语”版本的存在。因此，已知出版过的最早版本仍然是公元前 5 世纪末出版的来自科罗封的安提玛库斯的版本。

关于泽诺多托斯在荷马史诗中所采用的方法，托勒密的纸莎草传统为我们提供了一些线索，我们知道他可能从遥远的城市获得大量的抄本，这些城市有昔诺佩、开俄斯、马赛利亚和阿耳戈斯。③ 他从中选出了一个版本，这为他的重新修订提供了最好的基础，然后他翻阅了整个文本，比较了需要修改的段落的不同版本，有时甚至删去了整行，最终得到了我们所知的泽诺多托斯版本。④ 学术竞争就是这样，有人认为，泽诺多托斯已经得到了“阿提卡语”手稿，并且他主要是依靠这一手稿来准备他的版本的，然而亚历山大里亚的学者则隐瞒了这一事实，因为他们认为这会贬低他们的声誉。

在泽诺多托斯死后，阿波罗尼乌斯被任命为图书馆馆长。

罗德岛的阿波罗尼乌斯

阿波罗尼乌斯（Apollonius）出生于公元前 295 年—公元前 290 年之

① 参见 Kaibel, Comicorum..., 24.

② 参见 pp. 76-77.

③ 参见 p. 192

④ 参见 Fraser, *Ptolemaic Alexandria*, Ⅱ, 447-448.

间的亚历山大里亚，由于他大部分时间都是在罗德岛度过的，所以被称为罗德岛的阿波罗尼乌斯。[①]在亚历山大里亚，卡利马库斯的教授阿波罗尼乌斯很可能是在公元前270年—公元前260年间接任图书馆馆长的。作为图书馆馆长，他还曾教授过未来的托勒密三世尤尔盖特斯（Euergetes，统治时期为公元前247年—公元前222年）。阿波罗尼乌斯是他那个时代最伟大的诗人，他最著名的作品是《阿尔戈英雄记》，这部作品是现存的后荷马史诗中最长的史诗。

·"俄克喜林库斯诸卷"的残篇。大英博物馆

阿波罗尼乌斯长大成人之后，他与卡利马库斯之间的师生关系逐渐恶化，这可能是阿波罗尼乌斯决定离开亚历山大里亚并定居罗德岛的主要原因。他们争吵的原因是卡利马库斯对《阿尔戈英雄记》和冗长史诗的态度，他们的关系即使在最好的时候也表现得比较冷淡，而在最糟糕的时候则表现为一种公开的敌对关系。[②]事实上，尽管卡利马库斯从未将阿波罗尼乌斯视为其主要的竞争对手——除了在那首他的《宜必思》(*Ibis*)的诗歌中有点可疑的证据[③]——毫无疑问，在博

① 参见 Pfeiffer, op. cit., 167 ff.

② 关于阿波罗尼乌斯与其老师的关系，参见 E. Eichgrün, *Kallimachos und Apollonios Rhodios*（博士论文），Berlin 1961, 279.

③ 参见 Souda，s.v. Callimachus: "Ibis（this is a poem deliberately made obscure and abusive, addressed to one Ibis, who was an enemy of Callimachus: he was in fact Apollonius, who wrote the Argonautica）."

物馆里，甚至在最受尊敬的成员中，学术上的诽谤是当时的风气。

厄拉托斯塞尼

厄拉托斯塞尼是阿波罗尼乌斯之后的图书馆馆长。据说厄拉托斯塞尼还让卡利马库斯担任他的老师。厄拉托斯塞尼出生于公元前295/290年（或更晚一些）的昔勒尼。在成为图书馆馆长之前，他曾在雅典跟随芝诺、阿里斯通和阿凯西拉学习，阿凯西拉曾是柏拉图学园的园长。① 公元前246年，托勒密三世尤尔盖特斯邀请厄拉托斯塞尼到亚历山大里亚接替阿波罗尼乌斯。这一时期，他同时兼任图书管理员和宫廷教师。厄拉托斯塞尼在文学、科学和艺术方面所取得的成就证明了他的博学与才智。事实上，他是最后一个知识渊博的全能型学者之一。他参照古代历史，建立了科学的年代学，伟大的阿基米德曾将一首称为《群牛问题》的"诗"献给厄拉托斯塞尼，以表彰他在数学方面所取得的成就。② 厄拉托斯塞尼的兴趣包括历史、地理学，以及收集和列举各种实用职业中使用的技术术语，他的著作《建筑大师》就是一个例子。厄拉托斯塞尼第一个称自己为"语文学者"③，由此，他创造了一个术语，准确地描述了博物馆里学者的主要工作。

厄拉托斯塞尼的工作范围之广，得益于他所掌握的大量材料，特别是卡利马库斯那时在其《皮纳克斯》中已经几乎完成了将这些材料分类和编目的工作。也许，他还曾以图书馆馆长的正式身份，支持将博物馆的研究项目扩展到其他学科。

---

① 参见 Pfeiffer, op. cit., 181 ff.

② 参见 R. C. Archibald, *The Cattle Problem of Archimedes*, American Mathematic Monthly 25 (1918) 411-414; B.L. van der Waerden, *Science Awakening*, Groningen: Noordhoff, 1954, 208.

③ 参见 n. 23 above.

拜占庭的阿里斯托芬

厄拉托斯塞尼之后，拜占庭的阿里斯托芬成为图书馆馆长。阿里斯托芬曾是厄拉托斯塞尼的学生，同时也曾跟随泽诺多托斯和卡里马库斯学习。① 公元前 258 年—公元前 255 年之间，他出生于拜占庭，卒于公元前 180 年。也许正是在厄拉托斯塞尼去世（公元前 196 年—公元前 193 年）时，阿里斯托芬正式接管图书馆的管理工作，这时托勒密五世埃庇芳尼也登上了埃及王位。②

作为文本研究学者，阿里斯托芬的工作具有重要意义。他在早期作家作品中所运用的重音和标点符号的规则，再加上图书馆的众多藏书，【182】使他能够整理出许多不同的手稿，这就为他制作出堪称典范的版本成为可能。他还成功地改变了人们对文学研究的普遍态度，这种改变是通过以下方式实现的，即说服同时代人对修订文本的怀疑，以及对“旧版本”根深蒂固的偏爱，这种怀疑比较典型地体现在夫利阿斯的蒂孟和他对泽诺多托斯对荷马史诗的修订的暗讽上。③ 阿里斯托芬编撰了一本词汇表，题为《词汇》，其中包含大量的方言及其用法的知识；他编撰了希腊戏剧，包括悲剧和喜剧（既有过去的喜剧，也有新喜剧）；他编撰了一本谚语集，这些谚语大部分是在喜剧中找寻到的，尽管他认识到这些谚语通常来源于演讲。他对米南德（Menander）有着无限的钦佩，阿里斯托芬认为米南德仅次于荷马，他习惯于大声说：“哦，米南德和生活，你们究竟是哪一个模仿了另外一个？”④ 但这也不妨碍他编撰一份平行段落的列表，其中他提到了米南德从其他作家那里借用来的内容，这是已知最早的一本关于剽窃

① 参见 Pfeiffer, op. cit., 204 ff.

② 正常的做法是，前任图书馆馆长去世以后，新的图书馆馆长接任他的职位，但不知道厄拉托斯塞尼在去世前是否担任这一职务，他去世的时候已经 80 岁了。

③ 参见 p. 167.

④ 喜剧被漫步学派定义为是对“生活的模仿”（“the imitation of life”），参见 Pfeiffer, op. cit. 227. 参见 A. Rostagni, *I Bibliotecari Alessandrini*, in his Scritti minori, Ⅰ, Turin 1955, 230, 339.

行为主题的书。[①] 最后，他修正并补充了卡利马库斯的《皮纳克斯》(各学科著名人物及其作品目录)。他的书的标题是《论（或对其的补充）卡利马库斯的〈皮纳克斯〉》。

值得一提的是，有两件事可以使我们更多地了解阿里斯托芬在博物馆中的生活和亚历山大里亚的生活。其中一件是相当严重的：公元前 197 年后不久，阿里斯托芬被邀请到帕伽马国王欧美尼斯二世的宫廷，掌管那里的新皇家图书馆。很显然，阿里斯托芬曾很认真地考虑过这个提议，他自己最清楚其中的原因，但他计划逃离博物馆的消息一泄露，他就被捕入狱，以阻止他离开；另一件与其说是一个意外，不如说是一件离奇的轶事：据说阿里斯托芬和一头大象曾在爱情上成为竞争对手，因为他们都迷恋城市里的某个花童。[②] 这听起来很荒谬，但在亚历山大里亚显然流传着许多关于大象被在大街上售卖的花环的芳香所吸引的故事，阿里斯托芬在他的《论动物》一书中也讲述了类似的故事。[③]

阿波罗尼乌斯

阿波罗尼乌斯于公元前 180 年接替拜占庭的阿里斯托芬担任图书馆馆长。阿波罗尼乌斯生于亚历山大里亚，当时埃及已经在社会、经济和政治上陷入困境。[④] 我们对阿波罗尼乌斯的生活和工作知之甚少。【183】我们之所以称其为 Eidographus（意为“分类器”）[⑤]，是因为他根据创作模式（多

① 参 见 K. Ziegler, *Plagiat*, in RE, 20/2 (1950), 1956-1957 and, on Aristophanes of Byzantium, col. 1979.

② Pliny, *Natural History*, Ⅷ.13; Plutarch, *Moralia*, 972 D (On Intelligence in Animals).

③ Aelian, *On the Nature of Animals*, Ⅶ.43, ⅩⅢ .8. 托勒密家族都是动物爱好者，他们中的两个（菲拉德福和尤尔盖特斯二世）有自己的私人动物园，但这一事实是否与大象爱慕花香的故事有关联还很难说。狄奥多洛斯 · 西库卢斯（Ⅲ.36）有一段关于为托勒密 · 菲拉德福捕获一条大蛇的文章，并且他还补充说国王一直热衷于获取稀有动物，以研究它们的习性。

④A. Rostagni (*I Bibliotecari Alessandrini*, in his Scritti minori, Ⅱ .1, Turin 1956, 185 ff.) 为 Apollonius Eidographus 成为继厄拉托斯塞尼之后的下一任图书馆馆长提出充分的理由。

⑤ 关于“eidos”这个词的意思，“Eidographus”这个绰号的来源，参见 Μέγα \Ετυμολογικόν, ed. Fredericus Sylburgius, Heidelberg, Hieronymus Commelinus, 1594, col. 295.

利亚人、弗里吉亚人、吕底亚人的）对抒情诗进行了分类。①

阿里斯塔库

据我们所知，在罗马时期之前，图书馆最后一位接受文学教育的馆长是来自萨莫色雷斯的阿里斯塔库。阿里斯塔库出生于公元前216年左右，卒于公元前144年左右。②托勒密六世时期（公元前180年—公元前145年），阿里斯塔库作为皇室教师在亚历山大里亚度过了他一生的大部分时间。他有一个学生是托勒密六世的哥哥，也就是后来的国王托勒密八世（尤尔盖特斯二世）。在阿里斯塔库周围，聚集了一大群学生，形成了一个流派，他的作品很快赢得了大批追随者，其中包括来自雅典的阿波罗多洛、亚历山大里亚的阿莫尼乌及色雷斯的狄奥尼修斯等。③

阿里斯塔库被认为是古代诗歌的权威批评家和阐释者，尤其是对荷马史诗，他的作品是以诗人自己的语言为基础进行解读的，换句话说，他依据的是作者内在的证据的自证。他进一步扩展了重要的符号体系，并对传统的所有分支进行了比较研究，在此基础上，形成了一个尽可能真实的文本。不同于当时的大多数编辑者，他们都是在演讲室里口头对文本进行评论，阿里斯塔库则会对自己编辑的作品进行冗长而睿智的评论。《苏达辞书》说，仅他写的评注就超过800多本，但这一数字可能是指他的所有作品，也包括了他的专著。

关于阿里斯塔库在博物馆学术界的活动，我们不得而知：即使最受尊敬的博物馆成员也常有笑话和轶事，但我们还没有听说过关于他的故事。除了卡利斯特拉图（Callistratus，拜占庭的阿里斯托芬的学生）曾评论说，阿里斯塔库不太注重自己的外表和着装。④

---

① 关于音乐的模式，参见 C. von Jan (ed.), *Musici Scriptores Graeci*, Leipzig 1895, 308 ff.

② 参加 Pfeiffer, op. cit., 251 ff.

③ 按照《苏达辞书》的记载，他有大约40个学生。

④ 阿塞奈乌斯，Ⅰ.21.

学术研究界的第一次危机

托勒密六世卒于公元前 145 年，他的儿子继承了他的王位，也就是托勒密七世涅奥斯·菲拉帕托尔（Ptolemy Neos Philopator）。[①] 一年后，就在他叔父娶了托勒密七世的母亲的那天，他的叔父谋杀了托勒密七世，成功篡权。篡位者托勒密八世被官方称为尤尔盖特斯二世，意为“行善者”），但知识分子们却给他起了个绰号叫 Kakergetes（意为“作恶者”）或菲斯肯（Physkon，意为“大肚子”），后者与阿凯乌斯给庇塔库斯所起的绰号相呼应。庇塔库斯是公元前 7 世纪莱斯堡的统治者，他是一个非常令人憎恶的人。托勒密八世迫害了所有已故国王的朋友，【184】甚至包括阿里斯塔库，这就导致了阿里斯塔库的许多学生以及许多年轻一代的学者和知识分子都纷纷离开亚历山大里亚去埃及之外寻找一片净土。他们主要去了帕伽马、雅典和罗德岛。阿里斯塔库则选择前往塞浦路斯，但很快（大约在公元前 144 年）就在那里去世。

这种“人才流失”导致了学术研究史上的第一次危机。亚历山大里亚学术研究水平全面下降的典型表现就是，他们任命了一位名叫居达士的军官为图书馆馆长。[②] 但是尽管托勒密八世是一个放荡、粗野和招人憎恨的人，但他以前毕竟是阿里斯塔库的学生，因此，总体上仍然对文学和学术比较感兴趣，他的回忆录中所提及的 24 本书或许可以证明这一点。[③] 在他统治期间，博物馆一直在运行，宫殿里的图书馆和塞拉皮斯神庙图书馆也照常运行。居达士之后，“俄克喜林库斯诸卷”提到了在托勒密九世（索特尔二世）统治时期（包括流亡时期）的四位语法学家，他们分别是阿莫

---

① 参见斯特拉波，XⅦ.C.795; 普鲁塔克，Cori olanus, Ⅺ.

②Pap. Oxy. 1241, Ⅱ.16. M. Launey, in his paper ‘Recherches sur les armées hellénistiques’, Bibliothèque des Écoles Françaises d’Athènes et de Rome 169 (1949/50) 273, 1163, identifies Cydas as a Cretan on the strength of his name. 也可参见 Fraser, *Ptolemaic Alexandria*, Ⅱ, 491.

③ FGrHist, 234 F 11.

尼乌、泽诺多托斯、狄奥克勒和阿波罗多洛。但是，他们在博物馆或图书馆中的职位，我们还不清楚。①

据我们所知，托勒密时期图书馆的最后一位馆长是奥内桑德。根据在帕福斯发现的铭文，奥内桑德支持托勒密九世，不过托勒密九世还在塞浦路斯流亡，当公元前 88 年托勒密九世回到亚历山大里亚时，他任命奥内桑德为他的私人神职人员和亚历山大图书馆馆长，以表彰他的忠诚。②

在结束关于亚历山大图书馆馆长的生活和著作的这一节之前，必须对一个重要人物做一些表述，尽管他从来没有实际担任过馆长一职，但几十年来他一直是图书馆的幕后掌权者（éminence grise），事实上他也可能担任过皇家图书馆员的正式职务，这个人就是卡利马库斯。

卡利马库斯

卡利马库斯出生于公元前 300 年前的昔勒尼，虽然他出身于名门贵族，但年轻时他不得不靠在亚历山大里亚教书谋生。③托勒密二世菲拉德福聘请他对图书馆的书籍进行分类和编目，这是他人生中的一个转折点。能够不受限制地获得充裕的物质财富，加上天生聪颖和后天勤奋，他很快

①Pap. Oxy. 1241, Ⅱ .17 ff. 关于这四位语法学家的身份，参见 Fraser, *Ptolemaic Alexandria*, Ⅱ, 391-392.

②T.B.Mitford，*TheHellenisticInscriptions of Old Paphos*, *BSA* 56 (1961) 40, No. 110: The city of the Paphians [dedicates] to Paphian Aphrodite [this statue of] Onesander, son of Nausicrates, royal "Kinsman", priest for life of the divine king Ptolemy Soter and of the sanctuary of the Ptolemaeum founded by him, Secretary of the city of the Paphians and Director (tetagmenos) of the Great Library in Alexandria. G. Pasquali takes the view that Onesander was "vice-librarian", meaning that he did not perform his duties as Librarian in Alexandria but simply held the honorary title while living in Cyprus: 参见 Enciclopedia Italiana, s.v. "Biblioteca", p. 943. 这也许可以解释为什么他的名字没有出现在"俄克喜林库斯诸卷"莎草纸中。

③ 参见 Pfeiffer, op. cit., 146-180; A. Lesky, Ιστορία τΈς ὰρχαίας ^ΕλληνικΈς Λογοτεχνίας (= *Geschichte der griechischen Literatur*, Bern 1957/58, tr. A. G. Tsopanaki), Thessaloniki 1983, 968-991; Easterling and Knox, op. cit., 1029 (for up-to-date bibliography). 也可参见 R. Pfeiffer, *Callimachus*, 2 vols., Oxford 1949-1953; Fraser, *Ptolemaic Alexandria*, Ⅰ, 717-793（'The Horizon of Callimachus'）.

· 卡利马库斯

就成为同辈人中的佼佼者。【185】卡利马库斯被公认为是希腊化时期最重要的诗人和希腊罗马文学的主要代表人物之一。从公元前280年到公元前245年，他都非常活跃。卡利马库斯非常高寿，可能大约公元前240年才去世。据《苏达辞书》说，他写了800多本诗歌和散文。他在图书馆里对纸莎草卷进行编目，尤其是《皮纳克斯》的编纂工作，证实了他的渊博学识。

卡利马库斯从未担任过图书馆馆长，在普劳图斯的评注中，他是皇家图书馆馆长的说法（regius bibliothecarius）也没有得到任何其他来源的佐证。① 不过，他可能在图书馆担任过一些官方职务：尽管我们对图书馆工作人员的结构一无所知，但这并不意味着它没有一支各领域的专家队伍，他们每个人都有自己的头衔和具体职责，这样图书馆才能正常运行。

创建图书馆分类系统

当卡利马库斯处理那些堆积如山般未分类的莎草纸卷时，他是否有一个可操作的图书馆组织模式还不得而知：或许他参照了亚里士多德或塞奥弗拉斯特在吕克昂学园中所使用的分类方法，或许他知道巴比伦、亚述和

① 参见 p. 174.

波斯图书馆中对泥板文书分类时所使用的分类系统。[①] 但无论如何，卡利马库斯的任务就是要把公元前 3 世纪以前写的东西进行整理；同时，他还有一个任务，就是对图书馆中各种版本学术作品的文本完整性做出判断，因为其中一些存在于多个抄本中。而且如有可能，还要对未归属的作品或两部或多部同名作品的作者身份进行确认。可能是出于对自己的大量历史、地理、游记和古文物研究著作进行编目分类的需要，【186】滋生了他编纂《皮纳克斯》的想法，因为它们都是为了帮助他完成作品编目分类而写的。对此，我们也只是猜测，但正如我们将要看到的那样，这些著作肯定会成为包含在《皮纳克斯》中的优秀参考著作。

《皮纳克斯》

卡利马库斯打算做的是编制一份综合性的“书目”清单，列出作者和他们的作品，也可以作为图书馆的目录。这份综合性的“书目”清单就是《皮纳克斯》。这部著作的题目全称是《各科著名学者及其著作目录》（*Tables of all those who were eminent in every branch of learning and of their Writings*），这部著作卷帙浩繁，有 120 卷莎草纸卷。[②] 可惜，现存的只有这部著作的一些残篇，但是它们足以让我们很好地了解其排列方法背后的哲学思想。这些书目共分为多个大类，有诗歌、哲学、历史、医学等[③]，

---

① 最近在美索布达米亚的挖掘，发现了几十个可以追溯到苏美尔时代的档案馆。不仅发现了数千块完整的泥板，而且在许多情况下，如在埃勃拉（Ebla）和尼普尔（Nippur），它们在档案室中的相对位置让我们对它们的分类和排列有了很好的了解。参见 K.R. Veenhof (ed.), *Cuneiform Archives and Libraries* [Uitgaven van het Nederlands His-torisch-Archaeologisch Instituut te Istanbul 57], Leiden 1986。在亚历山大图书馆之前，对近东图书馆的全面的回顾，参见 D.T. Potts, *Before Alexandria: Libraries in the Ancient Near East*, in MacLeod, The Library of Alexandria, 19-33.

② 策策斯也曾提过卡利马库斯编撰过《皮纳克斯》，他说：“... and Callimachus later wrote up the tables of [the books].’关于《皮纳克斯》的 120 卷莎草纸卷这个数字，可以参考赫西基奥斯和苏达中关于卡利马库斯的传记笔记。

③ 关于《皮纳克斯》，参见 F. Schmidt, *Die Pinakes des Kallimachos*, Kiel 1924; Wendel, *Das griechisch- römische Altertum*, 69 ff.; O. Regenbogen, «Πίναξ» in RE, 20 (1950), 1423-1438; P. Moraux, *Les listes anciennes des ouvrages d'Aristote*, Louvain 1951, 221 ff.

同时，它们又可以按照体裁进行再分类，拿诗歌来讲，它又可以被分为史诗、抒情、悲剧和喜剧。在每一种体裁中，作者都是按字母顺序排列的，而且每个作者都有一个简短的传记说明。同样，在每个作者的作品中，标题可能是按字母顺序排列的。标题一般写在莎草纸卷的末尾，或者，如果没有给出标题，则由 incipit（即文本的第一行）标识该作品，即使有标题，也可以用 incipit 精准识别到该作品。[①] 有时抄写员会用韵文写笔记，而不是用其他标记，就像米南德的戏剧《来自西贡的人》那样。[②]

图书馆中所有的作品可能是在卡利马库斯的命令下，按照分类体系进行储存的，同时，图书馆的建筑布局必须设计成不仅便于永久储存书籍，而且便于随时编辑和抄写。[③]

编辑和抄写中心

在这个公元前 3 世纪的世界图书馆中，编辑和抄写中心所需的工作人员，【187】不仅有图书馆馆长（泽诺多托斯、厄拉托斯塞尼和其他人）等重要的人物，如法勒隆的德美特利和卡利马库斯，以及一些重要的学者，如普列隆的亚历山大和卡尔昔斯的吕科佛隆，同时，在各个领域也需要一个庞大的专家团队。我们所掌握的关于建立世界图书馆的信息是很少的，其中一些来自不太可靠的来源，但我认为这足以使我们重建图书馆正常工作程序的模式。

除了馆长之外，图书馆的管理工作还包括一个负责考据的团队，他们由行政人员协助，并与“图书管理员”合作，也许这种合作机制是从卡利马库斯时代开始的。由这些人组成的团队也会负责图书馆的扩建和日常决

① 参见 R. P. Oliver, *The First Medicean MS of Tacitus and the Titulature of Ancient Books*, *TAPA* 82 (1951) 232 ff.

② 参　见 A. Blanchard and A. Bataille (eds.), *Fragments sur papyrus du Sikyonios de Ménandre*, Recherches de Papyrologie 3 (1964) 161 (Pap. Sorb. 2272, col. XXI , Pl. XIII).

③ 参见 Chapter V.

策等工作。一定程度上讲，《皮纳克斯》不仅为图书馆获得没有的书籍提供了指导方针，而且为需要编辑和修订的书籍进行文本校勘提供了指导原则。语法学家和学者为汇编选集和评论集收集信息与各种其他材料，目的是创建一部最新的百科全书。他们之所以按字母顺序编排并对“每一个学科分支”做出解释性说明，还附有地理描述和天地地图，目的是为了建立一个“知识网格”，在这个网格中可以找到所有问题的答案。这项知识寻宝活动既包括实用知识领域，也包括理论知识领域，医学、力学、数学、动物学和植物学都是这项研究计划的组成部分。

自从托勒密三世颁布法令，下令将每艘驶入亚历山大里亚港的船只所载的书籍抄写成书以来，出于实际的原因，也是为了安全考虑，图书馆建造了一幢附属建筑。为了这个目的，他们在海滨建了一座宏伟的大厦，并进行了必要的结构改造。根据这项法令的规定，学者们将挑选出属于图书馆馆藏政策范围内的所有书籍，进行抄写复制，再将这些抄本归还给他的主人，将原书（也就是那些从船上得来的书籍）留在亚历山大图书馆。这将是一项永无休止的工作，因为亚历山大港是托勒密时期地中海最繁忙的港口，必定有大批语法学家、手速快的抄写员、行政人员和办事员来处理船上与岸上之间的图书交换，【188】同时还得有一个装满干净的莎草纸的仓库。

托勒密一世和托勒密二世时期还有一项伟大的工程，就是对很多国外的著作进行鉴定，这些著作中既有世俗性的作品，也有宗教性的作品，同时，将它们翻译成希腊语。来自近东各地精通希腊语和本国语言的人，已开始着手从各地（从波斯波利斯到埃及，从印度到意大利的拉丁姆）图书馆中收集和抄写书籍、石碑的目录，这些图书馆包括公共图书馆、宫廷图书馆，还有一些隶属于宗教机构的图书馆。同时，上述部门还会由具有一般技能和专业技能的工人协助，如纸莎草卷的制造商和修复工、标签书写员等，此外，还有照看书柜的图书馆管理员，因为图书馆中的书柜太多，书柜分布在几栋楼，占地面积至少 5000 平方米。在这里，就自然引出了图书馆藏书数量的主题。

图书馆的发展

关于图书馆规模的资料，我们有三个重要的信息来源，这三个信息来源也是后来的历史学家们认同的：最早的是“阿里斯提亚斯书简”；其次就是格留斯（也作奥鲁斯·盖留斯，Aulus Gellius）的《阿提卡札记》；第三个来源就是策策斯在其从《绪论》到《阿里斯托芬评论文章的序言》中所引用的部分。阿里斯提亚斯认为，图书馆在德美特利时期有 20 万卷书籍。格留斯指出，在托勒密一世于公元前 283 年去世之前[①]，在凯撒与阿基里斯争夺亚历山大里亚的战争中，因为罗马士兵的疏忽，有 70 万卷书籍被烧毁。[②]策策斯指出，当时的图书馆有 49 万卷书籍，其中有 40 万卷是“混合的”，而有 9 万多卷“未混合性的”。[③]很有可能，这些数据接近于真实情况，但是否来自确切的资料，我们不得而知。但我们可以确证的是，图书馆确有几十万卷书籍。根据现有的可靠证据进行推论，整个图书馆最顶峰时，可能有 70 万卷书籍——这个数量只少不多，甚至有可能被低估。

图书馆使用的分类系统

根据托勒密人收集所有书籍的意图，我们可以提出一个假设来重建图

---

① 参见 p. 171.

②Aulus Gellius，*Noctes Atticae*, Ⅶ . ⅩⅦ .3: Subsequently an enormous quantity of books, nearly seven hundred thousand volumes, was either acquired or written [i.e. copied from other manuscripts] in Egypt under the kings known as the Ptolemies; but these were all burnt when the city was sacked during the first Alexandrian War, not intentionally or by anyone's order, but accidentally by the auxiliary soldiers.

③ 参见 p. 173.

· 亚历山大图书馆的想象图

· 亚历山大的托勒密卫城

书馆使用的分类系统。【189】它有双重目标：一是确定所收到的图书馆规模统计数据与事实的接近程度；如果可能的话，还有一个就是制定房间的规划和布局。

图书馆中的书籍可以分为三大类：

【192】(a) 历史著作、经过编辑的文学著作、托勒密文学史著作，它们是按《皮纳克斯》的目录顺序进行分类的；

(b) 各种莎草纸卷，用于比较、摘录和其他各种写作形式，如信件、年鉴、说明、传记、笔记、地图等；

(c) 外国作品，包括外国语言的原著和被选译成希腊语的原著：这一类可以称为双语图书馆的另一半。

看来，图书馆馆长们从一开始最关心的问题，就是收集希腊各个学科的所有书面作品的抄本，并建立一个具有代表性的收藏库——“希腊图书馆”——这些作品涵盖从荷马史诗和其他史诗到他们自己时代的作品的所有内容。众所周知，公元前330年以前，因为抄写时的不仔细和粗心，大部分史诗和戏剧都已经被破坏了，这就迫切需要可靠的新版本，因此，亚里士多德就说服莱喀古斯颁布了一项法令，命令将要修订的悲剧的各种版本和已经修订的版本都存放在雅典的国家档案馆中作为“正式文本”。① 在亚历山大图书馆，从作为第一任馆长的泽诺多托斯时代起，荷马史诗和其他史诗就受到了比戏剧更为尊重的对待。为了便于文本研究，人们从希腊世界各地寻找荷马史诗的抄本，这些提供荷马史诗作品的城市也广为人知：如马赛利亚、昔诺佩、阿耳戈斯和开俄斯。② 另一个分类方法就是“按人分类”，这可能意味着这部手稿是以作者的名字命名的，或者是由他修订过的。因此，手稿上就会标记有“泽诺多托斯的”(Ζηνοδότου 或

---

① 参见 p. 110.

②J. La Roche, *Die homerische Textkritik im Alterthum*, Leipzig 1866, 18 ff.; Fraser, *Ptolemaic Alexandria*, Ⅱ, 483 (n. 163).

Ζηνοδότειος）或“来自船上，由 Mnemon 在一侧修订过”。为了帮助他们完成工作，馆长及其助理会写一些各种各样的解释性的说明、评论以及各种各样的列表。

文本修订并不是制作新抄本的唯一原因。拜占庭的阿里斯托芬在希腊语写作方法上的创新，即在词与词之间的空格以及重音、变音符号和标点符号上的创新，使得整个希腊著作可以被重新书写出来，而且使这些抄本更容易阅读也更具可靠性。

【193】（b）第二类包括大量材料，通常没有分类，分布在多份抄本之中，它们存在于整个希腊世界的每一个角落。根据它们的质量，这些文件要么作为真实的手稿转送到“希腊图书馆”主要收藏的官方书籍中，要么以某种方式归档。这一类还包括从市场上购得的各种图书以及捐给亚历山大图书馆的书籍，还有一部分是从各行省图书馆中没收或借阅到的图书以及从过路的船上得到的书籍。

亚历山大里亚学者试图把每一个知识分支和可能为他们的研究提供材料的东西都汇集起来，并使之归属到宽泛的不同主题之下，如书信体的信件和著作、遗嘱、政治家和知识分子的传记笔记、公共记录、日记和航海日志、旅行簿、地图、计划书和图表，以及对希腊各地城市居民的传统和习俗的描述。

（c）尽管没有确凿的证据表明托勒密·索特尔时代，世界图书馆曾系统深入地收集中东人民的文学和“科学”著作并将其翻译成希腊语，但有迹象表明，直到公元前 2 世纪末，这一项目曾经做过，却是有选择地进行的。玛尔·阿巴斯·卡蒂纳（Mar Abas Katina）关于亚历山大热衷于了解迦勒底人历史的证词，以及佐罗亚斯特的作品从波斯语翻译成希腊语的事实，似乎暗示亚历山大的继任者比亚历山大更加注重他们臣民的政治和文化遗产。① 进一步的证据可以从公元前 3 世纪的两本作品中得到证明，这

① 参见 pp. 160-161.

两本作品分别是由马内索和贝罗索斯（可能是托勒密二世和安提奥库斯一世委托）为希腊读者写的，也可以从《旧约全书》的译本中看出，另外，据说，赫米普斯曾研究过琐罗亚斯德教的著作。

马内索

马内索是公元前3世纪埃及的一名祭司。作为赫里奥波里斯（Heliopolis）的一名大祭司，在宣传塞拉皮斯崇拜方面，发挥了重要作用。马内索还用希腊语写了一部极富启发性的著作《埃及史》，这部著作共三卷，标题为 *Aegyptiaca*，从神话时代开始，【194】一直写到第三十王朝（公元前343年）。[①] 马内索从他在埃及寺庙里发现的书籍中获取了很多资料，包括重要事件的编年史记录和法老及其统治日期，另外，他还从其他更适合大众读者阅读的书籍中获得了一些资料。值得一提的是，在希腊人对埃及祭祀所积累的知识方面，至少可以追溯到毕达哥拉斯、梭伦、希罗多德和柏拉图时期，而且博物馆的学者很可能在数学和天文学领域对中东的书写传统做了认真的研究和评估。

贝罗索斯

贝罗索斯是巴力的一位祭司，也是活跃在公元前3世纪的巴比伦人，他写了一部历史著作，名为“*Babyloniaca*”或“*Chaldaica*”，这部作品是献给安提奥库斯一世的。[②] 他在书中描述了创世和大洪水，并描写了亚历山大之前的古代国王和王朝。根据他自己的计算，他的书涵盖了468,215

① 马内索是托勒密知识分子生活中的一个重要人物，他是第一个用希腊语写作的埃及人。虽然没有确凿的证据证明他在亚历山大里亚度过了他一生的大部分时间，但他肯定知道希腊历史学家的作品，可能包括赫克特斯，参见 Fraser, *Ptolemaic Alexandria*, Ⅰ, 505-509.

② 贝罗索斯大概是在公元前280年—公元前261年写作他的历史著作的。关于占星学校，据说他在科斯（Cos）开设过，参见 Fraser, *Ptolemaic Alexandria*, Ⅱ, 728 (n. 96).

年的历史。这本书是在巴比伦图书馆和美索不达米亚其他图书馆的档案基础上写就的。

老普林尼告诉我们，赫米普斯是一位哲学家和语法学家，在卡利马库斯的指导下学习，他曾在佐罗亚斯特的波斯诗集中增加了一个目录，可能是受到了卡利马库斯《皮纳克斯》的启发，也许是希望超过卡利马库斯的成就，因为佐罗亚斯特的诗集总共有两百多万行。① 如果我们要相信乔治奥斯·辛凯洛斯（Georgios Synkellos）的一个有争议的说法，厄拉托斯塞尼翻译了埃及档案中的年代表，并汇编了埃及国王的名单。策策斯告诉我们，图书馆收藏了从菲拉德福统治时期开始的主要拉丁文学作品。

古希腊著作幸存了多少?

前面提到的统计数字是一些传说，但我们必须扪心自问它们到底有多少？如果我们假设托勒密王朝在克里奥佩特拉七世之前一直在有系统地扩大图书馆，收集所有希腊文献作品的可靠版本，那么接下来的问题就是，我们是否有足够的知识来回答刚才我们所提出的那个问题。根据直接和间接的证据，古希腊世界的作家数量——从神话中的奥菲斯到阿里斯通和他的同时代人，包括许多匿名诗人，他们的存在是从引用他们的史诗摘录中得知的，【195】比如《俄卡利亚的沦陷》(*The Fall of Oechalia*)、《底比斯之战》《忒勒戈诺斯纪》(*Telegony*)、《提坦之战》(*Titanomachy*) 这些作品的作者。他们的作品，无论是现存的全部或部分，或者被误认为是其他作家的作品，加起来至少约 5 万卷。维拉莫维茨（Wilamowitz）认为，只有

① 卡利马库斯的学生，即来自士麦那的赫米普斯，是第欧根尼·拉尔修（Ⅴ.78）在他的《明哲言行录》中写作关于逍遥学派的主要资料来源。声称赫米普斯从事这样一项工程的唯一权威是老普林尼。(Natural History XXX.4)："Hermippus, a most studious writer about every aspect of magic, and an exponent of two million verses composed by Zoroaster, added summaries too to his rolls." [The word index, translated here as "summary", might be a mere title or a brief list of contents, or both.]

五分之一的“古典”希腊著作能够幸存到现代：如果是这样的话，人们认为“整个希腊时期的著作”大约有25万卷。除此之外，我们还必须加上他们拥有的荷马的史诗、品达的诗歌、三大悲剧作家的作品以及这些作品的多个抄本。很明显，真实的数量肯定要多得多，而且还会继续上升，所以任何估计都只能是推测。

事实上，我们对古典时期和希腊化时期著作的了解是极其有限的。举几个例子就足以说明我们对伟大的诗人、哲学家和他们的同时代人所知甚少。

阿斯提达马斯（Astydamas）是公元前4世纪的一位悲剧作家，据说他写了240部戏剧，其中有8部我们知道名字。根据《苏达辞书》的说法，与他同时代的喜剧作家阿莱克斯（Alexis）写了245部戏剧：只有其中的一些残篇流传下来，仅130部的名字为人所知。据说，图书馆馆长阿里斯塔库撰写的评论和其他书籍总计达800多部，但迄今为止，幸存的这些作品的残篇还没有汇聚成集。阿里司托森，公元前4世纪的哲学家和音乐学家，据说他共创作了453部著作和艺术作品，其中，保存下来的三部作品中，唯一完整的一部叫《和声的理论和原则》。

亚历山大里亚的狄狄姆斯被博物馆的学者们称为“Chalkenteros”，他非常刻苦勤奋，创作了太多的作品，连他自己也记不清全部的名字，据说他著作的总量为3800～4000卷之间！在欧里庇得斯创作的92部戏剧中，亚历山大里亚的学者只知道75部，其中只有18部（17部悲剧和一部萨堤尔戏剧）幸存下来。根据第欧根尼·拉尔修提供的目录，亚里士多德学生泰奥弗拉斯托斯创作了221部作品，总计达232 808行，共有466卷莎草纸卷。小卡辛努斯（Carcinus the younger）是公元前4世纪的一位悲剧作家，他曾在叙拉古狄奥尼修二世（Dionysius Ⅱ）的宫廷里待了很多年，写了160部戏剧。【196】克利托玛库，公元前2世纪的哲学家，曾在卡尔涅亚得（Carneades）的门下学习，并在其老师的课上记录了很多笔记，人们认为他自己曾创作了大约400部作品。米南德写了大约109部戏剧，其中有96部的名称是为人所知的，但只有2部完整地保存了下来。另一位公元前4世纪和公元前3世纪的喜剧作家——大斐勒蒙（Philemon the elder），出生于叙拉古，居住和生活在雅典，据说他创作过97部戏剧。最后，令人难以置信的是，科艾利勒斯（Choerilus），他是公元前6世纪的悲剧作家，在他的名下共有160部戏剧。

有一部作品显示了我们对新喜剧知识的贫乏，那就是阿塞奈乌斯的《智者之宴》(译者注：在《智者之宴》一书中，作者以叙述者的身份讲述了一位学人在家里举行晚宴以及客人阅读各自带来的诗文与讨论的场景。该书不仅介绍了希腊、罗马、波斯以及西西里不同的烹调风格，还向世人展示了与宴饮相伴的音乐以及宾主欢愉的场面。文献学上言之，书中所引述的文献片段亦为我们留下了诸多佚书的珍贵史料），该作品于公元238年完成，共有30卷。在书中，阿塞奈乌斯提到了大约800名作家的名字和1200多部现在已经丢失的作品——据说他从亚历山大里亚获得了很多一手材料。

在这一点上，应该对公元前1世纪以来的大型纪念性图书馆和私人图书馆的规模在数据上做一些比较和说明。根据斯特拉波的说法，公元前30年，罗马的一个希腊奴隶提拉尼奥有一个藏书3万卷的私人图书馆。一个几乎不为人所知的罗马人塞雷努斯·桑莫尼科斯（Serenus Sammonicus）的藏书不少于62000卷，他将父亲的藏书遗赠给了皇帝戈尔迪安二世（Gordian Ⅱ）。根据《苏达辞书》的记载，马库斯·梅提乌斯·埃帕夫罗迪图斯（Marcus Mettius Epaphroditus）也收藏了3万卷图书，与提拉尼奥的规模一样大。另一个极有价值的图书馆是拉伦修斯图书馆，根据阿塞奈乌斯的记载，拉伦修斯以其所拥有的图书的数量和质量而闻名。最后，普鲁塔克在他的《安东尼传》中说，安东尼将从帕伽马阿塔利皇家图书馆掠夺来的20万卷图书赠给了埃及女王克里奥佩特拉，作为对凯撒焚毁图书馆的补偿。

托勒密王朝在全世界寻找书籍

托勒密王朝对书籍的狂热在历史上是史无前例的，尤其是托勒密·索特尔（Ptolemy Soter）、托勒密·菲拉德福（Ptolemy Philadelphus）和尤尔盖特斯一世（Euergetes）。从公元前 2 世纪初，帕伽马的欧美尼斯二世（Eumenes Ⅱ）开始创建一个能与托勒密王朝媲美的图书馆，对稀有和迄今未知的书籍的搜寻和收集发展成了一种寻宝活动，这在一定程度上造成了很多伪造和假借他人之名创作作品的现象。

盖伦出生于公元前 130 年的帕伽马。帕伽马是亚历山大图书馆发展的主要竞争对手。盖伦讲述了许多在他那个时代仍然流行的故事。他说，托勒密人（他可能特别指的是尤尔盖特斯一世）不仅下决心要收集尽可能多的手稿，【197】而且只要一流的抄本。有一次他们从雅典借来了三部伟大悲剧作品的原本，为了保证能顺利借到这些作品，他们付了高额的押金；但是，最后他们宁肯选择了不要押金，留下了那些手稿。莱喀古斯按照建议和委托，最后只把这些原本的抄本寄回了雅典。从那时起，一个市场就形成了，尽管很多书籍的价格不菲，但是这些图书爱好者愿意为之付出高额费用，不仅因为它们的内容和文本的真实性，还因为这些书籍以前的所有权。

盖伦告诉我们，伪造者通过出售各种伪造的手稿赚取了巨额利润，其中一些手稿主要是原书的改编或扩充版本，而另一些手稿则从头到尾都是伪造的。要揭开这些赝品的面纱，往往需要高超的专业知识、敏锐的头脑和大量的时间，因为真实的段落和伪造的段落是巧妙地交织在一起的，正如奥林匹奥·多罗斯、约翰·菲洛波努斯（Philoponus）和亚历山大里亚的新柏拉图主义者以利亚，及后来的研究亚里士多德的学者就是这样做的。

奥林匹奥·多罗斯告诉我们，书籍是如何在托勒密时期被伪造的：

“在过去，伪造的书籍以三种方式出现：要么是由于国王的虚荣心，要么是由于学生（对老师）的偏爱，要么是由于作者同名。”首先让我们看看国王的虚荣心是如何成为虚假书籍存在的原因。在古代，国王喜欢文字，所以出于虚荣心，他们渴望得到古代作家的书籍。例如，利比亚国王伊俄巴忒斯（Iobates）是毕达哥拉斯的仰慕者，托勒密·菲拉德福则仰慕亚里士多德，而雅典的统治者庇西特拉图则喜欢荷马，因此，他们会出大价格购买这些人的作品。因此，就有许多贪婪的人，他们要么自己写书，要么购买碰巧他们能得到的书，以此来冒充早期那些知名作家的作品，并把它们提供给统治者，以索取统治者们所承诺的赏金。正如我们前面已经提到的那样，由于国王的虚荣心，很多伪造的著作就这样出现了。

根据马凯利努斯（Marcellinus）的说法（其来源是研究修昔底德的狄狄姆斯），另一个这一时期伪造作品的极端案例与某个叫克拉提普（Cratippus）的人有关。[①]【198】这位与雅典历史学家克拉提普同名的人写了一篇关于“历史文学”的作品，他声称自己是修昔底德的同时代人，并编撰了修昔底德在其著作《历史》中没有提到的事件的编年史。他甚至还提到了修昔底德的陵墓，这一时期由于来自伊利昂的波勒蒙对雅典的考古描述，因此，这一主题当时成为热门话题。然后，为了迷惑专家，让他的叙述看上去更具真实性，他加上了佐皮鲁斯的名字，作为合著者——佐皮鲁斯是一个年轻的作家。研究修昔底德的狄狄姆斯认为克拉提普和佐皮鲁斯是“空话连篇的人”。然而，哈利卡尔纳苏斯的狄奥尼修斯和（后来的）普鲁塔克都承认克拉提普是修昔底德的同时代人，并且是《希腊史》的作者。

①Marcellinus, *Life of Thucydides*, 31-34.

• “克里奥佩特拉之针”。耸立在亚历山大图书馆和博物馆的废墟中

从学术研究的第一次危机到克里奥佩特拉时期

亚历山大图书馆真正开始遭遇危机可能要追溯到公元前 144 年，当时托勒密八世谋杀了他的侄子托勒密七世。尽管博物馆和图书馆还照常运行，但是大批学者已经逃到罗德岛、雅典和帕伽马，人才大量流失，致使博物馆的发展失去了动力。之后的托勒密国王对书籍越来越失去兴趣——这并不是完全庸俗的表现，因为普鲁塔克告诉我们，克里奥佩特拉本人就有着非凡的学术成就——但这并不是图书馆命运走向低迷的唯一原因，比这个原因更重要的是地中海地区正在发生剧烈的政治变革。自公元前 168 年以来，罗马一直在稳步扩大其对埃及的统治，公元前 146 年，迦太基已经被摧毁，同一年，希腊也变成了罗马的一个行省。尽管这场学术研究史上的危机并没有给新的学术发展带来不可逾越的障碍，【200】但学术研究的重心已经逐渐开始从亚历山大里亚转移到了其他希腊化城市，并最终转移到了罗马。从公元前 1 世纪末开始，罗马成为地中海地区图书贸易的新中心。

公元前 1 世纪中叶的政治发展标志着托勒密时期的结束，至少就世界图书馆而言是这样。公元前 48 年，朱利乌斯・凯撒应克里奥佩特拉的弟弟托勒密十三世的邀请来到亚历山大里亚。托勒密・奥莱特（Ptolemy Auletes，公元前 80 年—公元前 51 年）的两个孩子继承了父亲的王位，成为联合统治者。凯撒开始介入到托勒密和克里奥佩特拉的纷争之中，这在托勒密的随从中引起了极大的愤慨和骚动，年轻国王的将军阿基拉斯（Achillas）和宦官伯狄诺斯（Pothinus）酝酿了一场反对凯撒的密谋。但是，他们的阴谋却被扼杀在萌芽之中，伯狄诺斯被囚禁并处死。然而，阿基拉斯却设法逃脱，并召集了一支军队（包括一些罗马逃兵），从海陆同时围攻凯撒。恺撒顽强抵抗，不断进行反击，他从海堤顶上纵火焚烧了托勒密停泊在那里的60艘战舰。大火迅速蔓延到船坞、仓库和岸边的其他建筑物。

凯撒应该对烧毁图书馆负责吗?

如果考古学家能够挖掘出亚历山大里亚的宫廷和包括图书馆在内的各种建筑物的地基，我们就可以更多地了解火灾是否蔓延到宫廷地区以及博物馆是否被烧毁的真相。但在这之前，我们只能靠推测，按照凯撒时期的历史学家和地理学家所提供的证据，形成我们自己的判断。

唯一亲眼目睹亚历山大里亚战争的就是凯撒本人，他曾把这场战争全部记录在他的回忆录中（尽管回忆录很可能是他的参谋奥鲁斯·希尔提乌所作）。希尔提乌曾创作了一篇关于战争的作品，即《亚历山大城战记》(*Bellum Alexandrinum*)，这是凯撒未完成的《内战记》(*Commentarii de bello civili*)的一个补充和延续。这篇作品仅涉及公元前49年—公元前48年的那段历史。凯撒的回忆录为后来的学术研究提供了一些非常有价值的资料，至少到公元2世纪的苏维托尼乌斯时期之前都是如此，像历史学家李维（Livy）、大马士革的尼古拉斯（Nicolaus）、塔西佗（Tacitus）、迪奥·卡西乌斯（Dio Cassius）以及历史学家阿若修（Orosius）都从这些资料

· 亚历山大大帝和凯撒大帝

中受益匪浅。李维在亚历山大里亚战争时还在世，他在其不朽的历史著作《建城以来史》（Ab urbe Condita）中对这场战争进行了描述。尽管这是一部伟大的作品，但是对我们却没有任何帮助，因为该作品第 142 卷的相关部分已经丢失。

【201】塞涅卡和卢坎在公元 1 世纪和 2 世纪的写作中，曾从李维那里汲取素材，但他们对所描述的事件有不同的看法，也许是因为他们在意识形态上就是反对帝国的。塞涅卡第一个声称在战争过程中有 4 万部作品被烧毁，而普鲁塔克在公元 1 世纪末所作的《凯撒大帝传》（*Life of Caesar*）中这样写道："当敌人试图切断他的舰队时，（凯撒）被迫使用火来避免危险，火焰从船坞蔓延开来，摧毁了亚历山大图书馆。"① 公元 2 世纪的古文物收藏专家奥鲁斯·盖留斯在他的《阿提卡札记》（*Noctes Atticae*）中提到，当这座城市被洗劫时，超过 70 万卷书被烧毁。② 而迪奥·卡西乌斯在 3 世纪初的一篇文章中写道："许多地方被纵火焚烧，导致码头和粮仓也随着其他的建筑物一起被烧毁。还有图书馆，据说其藏书数量最多，质量也很好，但也一同被烧毁。"③ 马凯利努斯（公元 4 世纪）重述了盖留斯的观点，即有 70 万卷图书被烧毁，它们都是无价之宝。还有阿若修（公元 5 世纪），他认为，在围城期间有 4 万卷莎草纸书卷被焚毁。④

斯特拉波在亚历山大里亚生活过四年，他简略地描述了该城的主要景点，包括港口、剧院、寺庙、Sema（亚历山大的陵墓）和博物馆，但他并

---

①普鲁塔克，*Caesar*, XLIX .3: δεύτερον δb περι- κοπτόμενος τεν στόλον äναγκάσθη δια πυρες àπώσασθαι τεν κίνδυνον, n καd τcν μεγάλην βιβλιοθήκην âκ τ῀ν νεωρίων âπινεμόμενον διέφθειρε.

②Gellius, Ⅶ . ⅩⅦ .3: "Subsequently an enormous quantity of books, nearly seven hundred thousand volumes, was either acquired or written [i.e. copied from other manuscripts] in Egypt under the kings known as the Ptolemies; but these were all burnt when the city was sacked during the first Alexandrian War, not intentionally or by anyone's order, but accidentally by the auxiliary soldiers."

③Dio Cassius, *Roman History*, XLⅡ .38.2: πολλα δb καd κατεπίμπρατο, œστε ôλλα τε καd τε νεώριον τάς τε àποθήκας καd τοÜ σίτου καd τ῀ν βίβλων, πλείστων δc καd àρίστων, œς φασι, γενομένων, καυθÉναι.

④Orosius, *Historiae adversus paganos*, Ⅵ .15.31-32

没有提到亚历山大图书馆，也没有提到它是因为一场大火而被焚毁的。

我们该如何看待这些对亚历山大图书馆的描述【203】以及凯撒在亚历山大里亚战争期间发生的矛盾性的说法？虽然我们不可能完全确定，但至少可以通过分析史实和寻找间接证据来做出一些合理推测。第一点要注意的是，虽然看起来很奇怪，但事实却是如此，那就是我们并没有发现对托勒密时期博物馆或图书馆描述的史料——如果真的有过这样的描述的话。现存最早的参考文献可追溯到斯特拉波在亚历山大里亚的停留期间（公元前24年—公元前20年）。斯特拉波在描述博物馆的时候，好像他自己从来都没有去过一样。斯特拉波所说的图书馆建筑只有一个主楼，主楼

• 公元前48年，凯撒在亚历山大战争期间，亚历山大里亚在大火后重建

配有柱廊和“exedra”（剧院或演讲厅）。他对图书馆只字未提——皇家图书馆和塞拉皮斯神庙的附属图书馆都没有提及，尽管人们在公元391年之前就已经知道它们的存在。即使亚历山大图书馆遭到无法挽回的破坏，斯特拉波却依然对此保持沉默的原因何在？毕竟，他是一个书籍爱好者，他曾在其《地理学》中花了大量篇幅叙述亚里士多德手稿的命运。

关于亚历山大图书馆中的藏书被毁的相互矛盾的证据——从最早的4万卷到后来的40万卷甚至70万卷——可能是因为李维的误读，他可能是第一个对图书馆的损失进行量化的学者。

正如我们已经看到的，斯特拉波没有提到亚历山大里亚战争期间的那场大火对宫殿或图书馆造成的破坏。直到大约一百年后，我们才第一次听到城市被烧毁和图书馆中很多价值连城的图书被烧毁的事情。迪奥·卡西乌斯详细说明了被烧毁的建筑，包括一座用来存放书籍的建筑，他大概指的是码头附近的仓库。李维将图书仓库描述为一座美丽的纪念碑（pulcherrimum monumentum），阿若修称该建筑位于港口区域，据推断迪奥·卡西乌斯提到的建筑位于皇家港口的海滨。

当迪奥·卡西乌斯说“质量上乘的书”被烧毁时，他大概指的是这些书籍的制作材料，而不是它们的内容。皇室图书馆有一个附属图书馆，这是一个挨着码头的缮写室（scriptorium），“从船上得来的书”会在这里抄写，【204】这座建筑后来也可能被用于其类似的目的，比如用作出口莎草纸卷的仓库。[①] 然后，我们必须在书籍和书籍分类的地方等背景之下来考虑apothekai（仓库）这个词的含义：这些仓库建筑究竟是主图书馆建筑群的一部分还是一些港口的库房？在我看来，答案可以在那座建筑或那些建筑物中找到。[②] 这些数据听起来像是传说：塞涅卡提到的4万卷纸莎草纸随后被翻了10倍，达到40万卷，然后又几乎翻了一倍，达到了盖留斯提

① 参见 p. 187.

② 参见 Chapter Ⅴ.

到的 70 万卷。后来的作家对这些不同版本的传说有不同的看法：阿若修遵循塞涅卡的说法，塞维利亚的伊西多尔遵循的则是盖留斯的说法。

这里应该提到的不是一个猜想，而是一个事实，它表明了凯撒的思想是如何被希腊世界图书馆的角色塑造的。凯撒回到罗马后，任命瓦罗负责一项计划的规划和实施，即在罗马创建第一座公共图书馆。[①] 瓦罗并没有完成这个项目，但阿昔纽斯·波里奥（C. Asinius Pollio）建立了一座双语图书馆——这座图书馆的建筑有独立的希腊语区域和拉丁语区域，像鸟的两翼，这座图书馆从公元前 39 年就开始动工建设。[②] 不知道凯撒是否在亚历山大里亚构思了这一想法，也不知道他自己是否有时间为罗马筹建的公共图书馆运送希腊书籍和未使用的莎草纸卷做准备。

埃及作为罗马的一个行省

从凯撒被刺后，马克·安东尼登上政治舞台，到克里奥佩特拉于公元前 30 年去世，现存的唯一关于亚历山大图书馆的文献是普鲁塔克的《安东尼传》。据普鲁塔克引用的一段资料，安东尼从帕伽马图书馆劫掠了 20 万卷图书送给了克里奥佩特拉。[③]

托勒密王朝最后一位女王去世后，埃及开始受罗马统治，亚历山大图书馆的性质也发生了根本性的变化。尽管奥古斯都在其著名的《奥古斯都

① 马库斯·特伦提乌斯·瓦罗（公元前 116 年—公元前 27 年），以学识广博、品位高、思维独到而闻名。他曾做过政治家、士兵、诗人、历史学家和演说家，他是同时期罗马生活中的一个重要人物，因为他把希腊的研究方法引入了罗马学术界。他的作品 De bibliothecis 现已遗失。

② 我们对由波里奥创办的图书馆知之甚少。图书馆由单独的希腊语和拉丁语区域组成（Pliny, Nat. Hist., Ⅶ.115, XXXV.10, XXXVI.33），有一个叫“自由主义者”的天井（Atrium Libertatis），这些都是凯撒所期待的。作为马克·安东尼的私交，波里奥在那些危险动荡的时代能够自由地走动。他对文学非常热爱，以致他退休之后就投身于写作。他用他在与达玛提亚的帕昔安人的战役中缴获的战利品资助了这座图书馆的建设。这座图书馆在公元前 39 年后不久就完工了。

③ 参见 p. 256.

的丰功伟绩》(*Res Gestae*) 中写到,“他将埃及并入到罗马人民的统治之中”,但埃及从来就不是一个与所有其他省份一样意义上的罗马行省,而是或多或少地作为皇帝的私人财产来管理的。广义地说,埃及是由一支组织严密和集中管理的军队控制着,【205】这支军队足以应付游牧沙漠部落的掠夺性袭击,在城市里,则用希腊人的社会框架和法律维持城市的秩序,罗马人拥有比埃及本地人更高的特权。关于档案库的组织形式是众所周知的,因为它也是罗马人引入托勒密高度发达的官僚机器的一种创新。然而,从某些间接证据中我们推断,图书馆和博物馆已经转化为一种“帝国的基地”(博物馆的祭司,同时也是博物馆的主人,他是由皇帝亲自任命的),博物馆只是保留了它的名字,并作为一个教育机构发挥作用。

随着共和国的覆灭和帝国的建立,罗马人在图书馆的组织结构上进行了重大改变,他们分别为希腊和拉丁语图书创建了单独的区域,换句话说,他们引入了“双语图书馆”的概念。“双语图书馆”在拜占庭早期之前一直是一种常态。“双语图书馆”的想法可能起源于凯撒大帝或瓦罗,但直到凯撒死后才由波里奥真正付诸实施。[①] 这一创新的目的是要将人们的注意力集中在罗马人的文化背景和历史上,并说服希腊这个以求知欲和好奇心著称的民族要学习“野蛮人”的拉丁语,并使他们认识到拉丁文学是值得受到尊重的。为了提醒埃及人民和到亚历山大里亚的游客,法老和托勒密的领土现在只是罗马的一个行省,公元前 12 年,奥古斯都在亚里山大里亚建造了一座神庙,神庙中供奉着朱利乌斯,旁边紧挨着的就是那座双语图书馆。这座神庙后来被称为 Sebasteum(来自于 Sebastos,古希腊的奥古斯都,Augustus 的希腊化形式是 Sebastos,罗马皇帝的头衔)。它坐落在山丘上一个区域内,周围环绕着柱廊和庭院,装饰着各种雕像和其他艺术作品,也许是想按照新的文化政策取代塞拉皮斯神庙的公共图书馆和博物馆。此举的最终目的是想从公众记忆中抹去亚历山大图书馆,因为这

① 参见 p. 241 (nn. 124-125). 131. Philo Judaeus, *Embassy to Gaius*, 151.

座图书馆具有地中海文明知识中心的象征意义。很可能数千卷涉草纸卷被转移到这座新图书馆，随着时间的推移，图书馆规则的执行变得越来越宽松，许多珍本可能已经落入书商手中。

尽管如此，即使在公元1世纪，亚历山大里亚似乎仍然拥有最珍贵的希腊著作和文献，也许还有最好的拉丁语文献。【206】因为当罗马的帕拉丁图书馆被尼禄或提多烧毁时，多米田（Domitian，罗马皇帝，全名 Titus Flavius Domitianus，残暴统治国家，迫害基督徒）曾派了一个专家小组去亚历山大里亚，为被毁坏的书籍制作新的抄本。这则信息的来源是苏维托尼乌斯，此外，苏维托尼乌斯还提到，皇帝克劳狄扩建了博物馆，但没有说明克劳狄是否效仿了他的前人，因为他的前人也曾定期修缮和改进博物馆的设施。①

语言传统

罗马人吞并埃及并没有改变托勒密强加给埃及的语言传统，这一传统一直影响着希腊书籍的生产和发行。实际上，罗马在埃及的管理者数量并不多，几乎可以忽略不计，因此希腊语仍被保留为政府的官方语言。罗马军队和所有与罗马公民有关的官方文件（如出生证明和遗嘱）都必须使用拉丁语。尽管卡勒卡拉（Caracalla）于公元212年颁布了法令，同时，罗马皇帝戴克里先（Diocletian）试图使埃及与罗马其他行省所采用的行政管理方法保持一致，但拉丁语从未征服过希腊语。

卡勒卡拉是迪奥·卡西乌斯的一个故事里的中心人物，这个故事讲述了亚历山大里亚的博物馆和图书馆在罗马帝国圈内所产生的巨大影响，它

①Suetonius, Domitian 20; Claudius 42. 克劳狄是一个受过教育的人，他（用希腊语）写了伊拙斯康人（Etruscans）和迦太基人（Carthaginians）的历史。为了对他表示纪念，博物馆进行了扩建，同时，每年定期在博物馆的讲堂中阅读他的历史作品。哈得良（Hadrian）是一位伟大的图书爱好者和希腊思想的崇拜者，他任命他的老师 L. Iulius Vestinus 为罗马双语图书馆馆长，同时也是亚历山大博物馆的馆长（IG, XIV 1085）。

的根源可以追溯到亚里士多德以及他的吕克昂学园，其影响不亚于亚历山大大帝。根据这位希腊历史学家的说法，卡勒卡拉是亚历山大大帝的狂热崇拜者，据说，他用亚历山大本人用过的武器和酒杯，在军营立了他的雕像，并且组织了一支完全由马其顿士兵组成的方阵。但即便如此，也不足以满足他对亚历山大的痴迷，于是他写信告诉元老院，亚历山大是以奥古斯都（即卡勒卡拉本人）的身份转世的，这样他就可以度过被缩短的余生。卡勒卡拉特别想知道亚历山大的死因，他认为亚里士多德对亚历山大的死负有最终责任，卡勒卡拉决心要复仇，并威胁亚历山大里亚学校的亚里士多德学派要烧毁他们的所有书籍①，并且剥夺博物馆学者获得免费食宿的权利和其他特权。

博物馆学者的其他资料

在罗马时期，有无数以各种信件、账目和报告的形式书写的莎草纸卷，其中包含了博物馆的很多学者及其爱书的有趣信息片段。例如，在公元155年，埃及法尤姆地区的尤赫梅莉亚（Euhemeria）有一块土地属于阿司克勒彼亚得（Julius Asclepiades），他是一位“哲学家”（即博物馆哲学系的一名成员），这意味着博物馆仍在发挥教育机构的作用②；在公元198年或公元227年，博物馆的另一位学者瓦勒留（Valerius）在费拉德尔菲亚（Philadelphia）拥有一处房产；在安提诺（Antinoe）有一块可能是公元3世纪的碑文，颁布了一项地方议会的法令，以纪念柏拉图学派哲学家弗拉维乌·玛基乌斯·塞（威里亚努）[Flavius Marcius Se (verianus)]；狄奥尼索多洛是一位主张在博物馆免税的学者。③由此看来，罗马时期的博物馆自托勒密一世以

① 有记载，在地中海各民族的历史上有两次烧书事件：一次是普罗泰戈拉的书（see p. 88），另一次是在塞留库斯一世（Seleucus）时期（参见 p. 226, n. 9）。

②Pap. Faiyûm 87. 关于博物馆中的哲学家，参见 Dio Cassius, LXXVII .7.3.

③ 参见 Turner, ^Ελληνικοί πάπυροι, 121.

来基本上没有变化，其学者仍然受到过去“王室”福利制度的支持。更有趣的是公元 173 年的一份莎草纸，上面写着一封信，信中提到某位叫瓦勒留・狄奥多洛斯（Valerius Diodorus）的人，“他曾是一位评论作家和博物馆的成员”，曾与波利恩（Polion）和哈波克拉底（Harpocration）的人讨论过书籍以及获得书籍的最佳方式。狄奥多洛斯、波利恩和哈波克拉底是亚历山大里亚的学者，他们对阿提卡演说家特别感兴趣。其中，哈波克拉底以编纂过《十演说家词典》(*Lexicon of the Ten Orators*）而为众人所知。

另一项重要的信息是关于抄写书籍手稿的费用问题。一份可能来自“俄克喜林库斯诸卷”的账目报表，其中列出了抄写书籍时付给抄写员的费用，其中包括抄写阿里斯托芬的《普鲁特斯》、索福克勒斯的《堤厄斯忒斯》所付的 12 个德拉克玛［古希腊的货币单位主要有：塔伦特（talents）、明那（minas）、德拉克玛（drachmas）、奥伯尔（obol）。古希腊货币是银本位制的。按阿提卡币制，1 德拉克玛约为 4.31 克，所以 1 德拉克玛的货币就相当于 4.31 克白银。——译者注］。其他条目涉及两种不同的支付标准：每 10000 行 28 德拉克玛，同样数量的行数，还有 20 个德拉克玛和 4 个欧宝（古代希腊的银币），价格便宜。这些统计数据非常有趣，因为它们揭示了罗马和亚历山大里亚在图书生产和营销方面的差异。在罗马，图书贸易依赖于一批训练有素的奴隶的工作和大量的出口销售，而在亚历山大里亚，出版业显然不是建立在商业基础上的，书籍——或者至少那些不太受普通读者欢迎的书籍——只能在少数学者的家中才能找到。

基督教引起的冲突

埃及的基督教徒总是有明显倾向于诺斯替主义的异端倾向。公元 1 世纪，在犹太哲学家斐洛（Philo）的影响下，发展了一种希腊语犹太哲学，这就使埃及成为异教与基督教新信仰达成和解的中心。这种共存的一个典型例子是，博物馆继续与潘塔耶努斯（Pantaenus）创立的基督教教义问答学校并肩运作，在这里克莱门（Clement，亚历山大里亚学派的）辉煌的名字与奥利金（埃及的亚历山大里亚的作家、基督教神学家）密切相关。即便如此，从异教到基督教的转变在东地中海地区还是一个复杂的过程，它持续了400多年。在这个动荡不安的时期，爱书的公众承受着巨大的压力，特别是现在国际图书贸易已经按照罗马模式重组，这在整体上对希腊图书和古典传统都将带来灾难性的后果。

• 希腊化时期亚历山大里亚中心的重建

从泽诺比亚到戴克里先

公元前47年，亚历山大里亚战争后，亚历山大里亚的第一次武装冲突是由于巴尔米拉（Palmyra）女王泽诺比亚及其同盟国对奥勒良皇帝（公元272年—公元275年）发动了旷日持久的战争。泽诺比亚占领了亚历山大里亚，在占领之后，她自然地对该博物馆和图书馆丰富的藏书库产生了兴趣，因为她以百科全书式的学识而闻名——她熟练掌握希腊语、拉丁语、叙利亚语和埃及语，并写下了一部东方人民的简史。当奥勒良在公元272年迫使巴尔米拉屈服时，他夺回了亚历山大里亚。在战斗过程中，城市中的布鲁希姆区（Bruchium），包括宫殿和博物馆，都遭到严重破坏。据安米安努斯·马凯利努斯说，它几乎被夷为平地。[①]

狄奥克勒（他更喜欢被称为“戴克里先”）登上罗马帝国的王位，标志着人们经常称之为前拜占庭时期的开始。新皇帝推行的改革开创了一个新的历史时期，罗马各行省之间权力的再分配最终对东方人民是有利的。但戴克里先迫害基督教徒，基督徒和异教徒之间也相互猜疑。【210】在罗马的各行省中，基督教的传播并不像亚历山大里亚那样和平进行。在这个特殊的时期，到达戴克里先首都尼科弥底亚（Nicomedia）的信息是混乱和矛盾的：基督徒对异教徒的怀疑；伊壁鸠鲁的花园、斯多葛学派的拱廊和其他哲学学派所呈现的荒凉；事实上，罗马人甚至谴责西塞罗这样的人的作品，这些作品被提交到元老院审查。[②]从尼罗河岸到阿特拉斯山脉，北非地区武装了起来，而L. 埃尔皮迪亚斯·阿基利亚斯夺取了亚历山大里亚的控制权。针对谋反，戴克里先选择在埃及开始他的反叛军运动，公元296年，他包围了亚历山大里亚，但在坚持了8个月后，最终以失败而告

①Ammianus Marcellinus, XXII.16.15.

②E. Gibbon，*The History of the Decline and Fall of the Roman Empire*, Ⅱ , London 1788, 462.

终。没有任何历史记录能告诉我们，对这座城市的争夺是否进一步破坏了托勒密的纪念碑和文化宝藏。

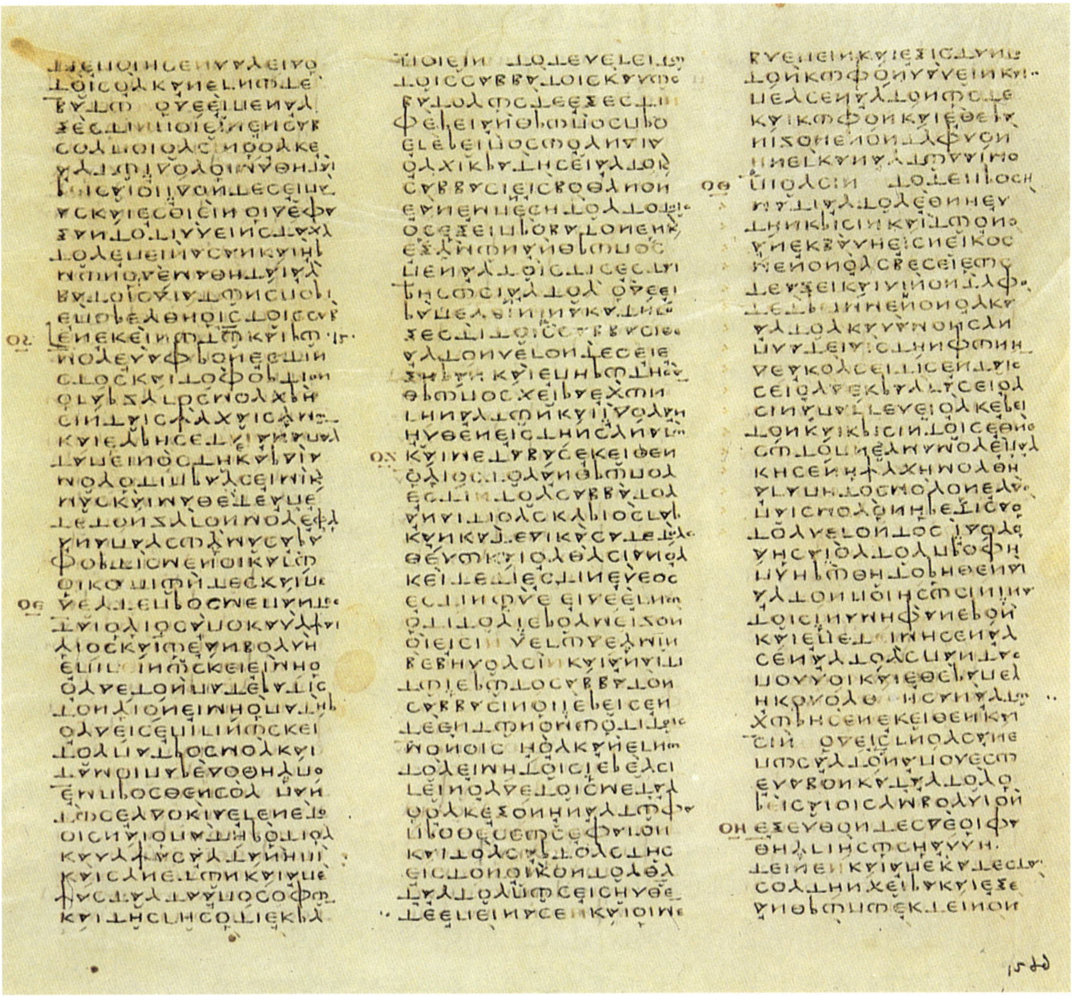

·《圣经》。公元 4 世纪的手稿

拜占庭时期

整个埃及落入东罗马帝国之手，但即使在托勒密的旧都，人们熟悉的古典主义和学术氛围也不再存在。尽管亚历山大里亚的西里尔（Cyril）未能关闭城市里的哲学学院，但修道主义的持续影响加上当地居民反对压迫的鼓动，造成了一种对希腊文化永久威胁的气氛。公元 4 世纪，除了阿庇托尼乌斯和伊皮法纽有过访问塞拉皮斯神庙图书馆的记录之外，我们再次失去了资料来源，因此人们只能对这一时期进行假设。

一般来说，当新的皇家图书馆成立的时候，假设它涵盖相同的学科范围的话，它一般都会取代所有之前的图书馆。不幸的是，我们几乎没有任何关于公元 357 年康士坦休斯二世在君士坦丁堡建立的新的“帝国”图书馆的藏书的信息——“帝国”图书馆的主要目的是收集经典的文献和作品。我们唯一可以确定的是，并非所有亟须和必要的书籍都能在君士坦丁堡找到，因为仅仅几年前，君士坦丁大帝需要 50 本《圣经》，他们不得不从该撒利亚（Caesarea）欧西庇乌（Eusebius）的缮写堂中进行订购。【212】遗留下来的很多有价值的书籍，都从托勒密的亚历山大图书馆取走，并运到君士坦丁堡，目的是为了在这里建立一个新的“帝国”图书馆。

从莎草纸卷到古书手抄本

罗马和拜占庭早期见证了图书生产方面的重大革新，后来对图书馆的内部建筑产生了决定性的影响。这就是古书手抄本的发明——也就是我们今天所了解的形式的书，由折叠的纸张构成——最终使莎草纸卷被遗忘。这种转变是一个渐进的过程，用了几个世纪才完成，在公元 2 世纪和公元 3 世纪，手抄本和莎草纸卷同时被使用。这个重要的发展过程，值得我们在上面花一些笔墨。因为在我看来，这是影响亚历山大图书馆无数莎草纸卷命运的主要因素之一。一旦古抄本发展成熟之后，莎草纸就不再用于抄写文献作品了。神学专著是一种新的写作类别，通常从一开始就以古抄本的形式出版（在印刷术出现前的欧洲，这种古抄本是最主要的书籍。大量基督教僧侣通过手抄方式，使大量古典书籍得以保存和传播）。随着越来越多传统的作品被转换成更新的、更方便的形式，即使是最稀有的古莎草纸卷也失去了价值，直到最后它们只是作为博物馆的老古董才有一些价值并引起人们的兴趣。可以毫不夸张地说，那些著有古典作品的纸莎草卷最终的价值只剩下那些在上面写字用的材料，甚至更低，因为莎草纸卷需要经过加工后才能重新使用。在古抄本取代莎草纸卷的同时，另一个图书制作的方法也出现了，即用羊皮纸取代莎草纸。这种变化的最初迹象早在公元 1 世纪就已经显现出来，当时教育在罗马帝国迅速普及，已无法生产出足够数量的莎草纸来满足人们的需求。起初羊皮纸被用作纸莎草的替代品，但提比略（Tiberius）(公元 14 年—公元 37 年）统治时期的一场大旱改变了人们对羊皮纸的定位，这就为把羊皮纸作为标准的书写材料铺平了道路。[①] 在此期间，莎草纸和羊皮纸之间的平衡不断地倾斜，这种倾斜正如莎草纸卷不断发展到古抄本一样。[②]

在书籍的制作中，这些变化遵循着基督教宗教写作和世俗文献的截然不同的模式。当罗伯茨在 1955 年发表了他对古抄本发展的介绍时，他注意到现存的莎草纸希腊《新约圣经》的早期文本中，没有一个是写在卷轴的直板上的。当时已知的有 111 部希腊《圣经》手稿可追溯到公元 4 世纪末，其中 99 本是古抄本,【213】而其中的一些是基督教手稿（也就是那些不包含《旧约》的），并且可以追溯到公元 2 世纪末至公元 3 世纪初，它们使用的都是莎草纸的抄本。[③] 罗伯茨总结道："当基督教《圣经》……

① 普林尼，*Natural History*, XIII .13.

② 参见 Turner, ^Ελληνικοί πάπυροι, 22-24; Mioni, op. cit., 47.

③C. H. Roberts, '*Books in the Graeco-Roman World and in the New Testament' in The Cambridge History of the Bible*, I , Cambridge 1970, 48-66.

首次出现在历史上，它是在莎草纸卷和古抄本上创作而成的。”尽管从那时起，人们发现了更多早期基督教文献的样本，但罗伯茨的发现仍然有效和适用。这意味着在亚历山大里亚，在公元 4 世纪之前，没有系统的和有组织的活动将经典从莎草纸上抄写到羊皮纸上。

同时，还必须要记住，埃及垄断了莎草纸，尽管这并不意味着埃及的每个人都负担得起并可以使用莎草纸。例如，有一部亚里士多德《雅典政制》(*Constitution of the Athenians*) 的抄本就是写在私人农场账目的背面的。① 也有证据表明，人们会很费劲地将一整份文件擦掉，以便重新使用莎草纸②：这样一种使用了两次的莎草纸被称为“重写本”(palimpsest，它的字面意思是“再次擦洗干净”)。在埃及，身无分文的牧师、士兵、公职人员和小学生在各种可用的材料上写作，比如陶瓷破片，甚至还有亚麻的木乃伊裹布。这些关于书籍形式和书写材料的演变与我们所讨论的主题是相关的，因为它们可能使以下的这些问题理清头绪，即：亚历山大图书馆是否经历了一个“平静毁弃”的过程？书籍被盗取是否仅仅是因为其制作材料的价值？③ 然而，孤立的事件、那个时代普遍的风气和对书籍的态度等，都只是人们的假想和猜测。阿拉伯人攻占亚历山大里亚之前的最后一份历史史料，可能与托勒密人最初的藏书有关，它将我们带到公元 415 年。如前所述，当时塞奥菲鲁主教煽动基督徒发动了一场前所未有的反对异教徒的运动。

暴乱的人群向塞拉皮斯神庙图书馆走去，并摧毁了它。当然，他们掠夺了神庙中剩余的祭品和装饰品，甚至还劫掠了附属图书馆所遗留下来的东西。这场旨在摧毁所有异教徒传统痕迹的疯狂流氓行为在公元 415 年达到了高潮，他们对希帕提娅（Hypatia）处以死刑——希帕提娅是生活在亚

① 关于这个文献中所使用的文字的独特性，参见 Turner, ^Ελληνικοί πάπυροι, 125, 130.

② 参见 W. Schubart, *Das Buch bei den Griechen und Römern*, Heidelberg 1962, 163 ff.; M. Norsa, *La scrittura letteraria greca*, Florence 1939, 23; Mioni, op. cit., 51-53.

③ 关于亚历山大里亚莎草纸拥有者的其他信息，参见 Turner, ^Ελληνικοί πάπυροι, 107-132, esp. 124 ff.

历山大里亚的著名哲学教师，是博物馆最后一位知名成员，也是新柏拉图主义数学家席昂（Theon）的女儿。[①]

图书馆的毁灭：阿拉伯版本

另一种说法是，亚历山大图书馆完全被摧毁或属于图书馆核心部分的书籍被摧毁，与公元 642 年亚历山大里亚被阿拉伯人征服有关。

当阿慕尔·伊本·阿斯（Amr Ibn al-As，约公元 585 年—公元 664 年）攻占亚历山大里亚时，他给哈里发欧麦尔（Caliph Umar）写了一封信，基督教阿拉伯历史学家欧绪丘斯（Eutychios）在他的《纪事》(*Chronicle*）中也提到过这封信。[②] 阿慕尔·伊本·阿斯写道：“我已经夺取了一座城市，我无法用语言描述它的富庶和美丽。我只想说它有 4000 栋别墅，4000 个公共浴室，400 个剧院和娱乐场所，12000 个蔬菜商店和 40000 个纳人丁税的犹太人。整座城市被武力占领，他们没有投降。忠诚的人迫不及待地要享受胜利的果实。”然而，阿慕尔是一个有教养的人：他没有让他的军队洗劫亚历山大里亚，他遵守了自己许下的诺言，即要让亚历山大里亚“像妓院一样，对所有来的人开放”，他甚至还拆毁了一大片城墙。更重要的是，在他劝说军队不要洗劫的地方建立了一座清真寺，他称之为“仁慈清真寺”。

① 康士坦丁堡的苏格拉底，*Ecclesiastical History*, Ⅶ.14.15. 亚历山大里亚的西里尔没有关闭亚历山大里亚的哲学学校。公元 5 世纪后半叶的一本写在莎草纸上的有趣的哲学备忘录告诉了我们很多关于通识教育社会模式的信息，参见 Bell, Egypt from Alexander..., 116.

② Eutychios，*Chronicle*， Ⅱ.316（ed. Pococke）.

哈里发欧麦尔和焚书

直到公元13世纪，也就是阿拉伯征服亚历山大里亚大约600年后，两位著名的阿拉伯作家，即巴格达的阿布德·拉蒂夫（Abd al-Latîf）和伊本·其福梯（Ibn Qifti, 公元1172年—公元1248年），才进一步提到托勒密的世界图书馆及其书籍被焚烧一事。公元1200年，访问过叙利亚和埃及的著名医生拉蒂夫写了一篇关于亚历山大里亚的极富想象力的作品。大概是基于当地坊间流传的说法，又加上他自己的一些推测，在一段叙述中，他提到了亚里士多德和他的继任者曾经教过课的地方，以及亚历山大大帝建立的一个教育中心，这个中心配有图书馆，埃米尔·阿姆鲁（Emir Amru）在哈里发欧麦尔的命令下也将其烧毁了。[①]

伊本·其福梯，上埃及人，曾担任过各种外交和政治职务，但他真正的志趣是要做一个学者。他写了许多历史著作，但现在大都已经失传，其中《学者史》(*History of Learned Men*）被认为是他的最重要的一部著作。[②]在这部著作中，伊本·其福梯在一个故事中记述了世界图书馆被摧毁的事情，这里面的主要人物就是一个名叫约翰·菲洛波努的文法学家，他是亚历山大里亚人，曾在某位名叫塞维卢斯的人的门下学习，【215】他还曾做过埃及的祭司。这个名叫约翰的人是在他的家乡沦陷到阿拉伯人手里时出现的。约翰私下与征服者埃米尔·阿姆鲁相识，埃米尔非常赏识他的智慧，约翰的博学给埃米尔留下了深刻的印象。在他们的一次会面中，约翰鼓起勇气向阿姆鲁求情："既然这座城市的所有财宝都是你的了，我想要

①Abd al- Latîf（1160—1231年），来自巴格达，他是一位著名的医生和作家，也是一位旅行家，他曾获得推荐，与当时很多著名的文人名士见面，并参观他们的工作场所。他是一个非常有天赋的人，通过勤奋阅读和学习，他获得了大量的知识，作为执业医师和教学教师，他也纠正了伽伦（Galen）在解剖学领域的某些观点。关于他在埃及的旅行，参见 Abd al Latîf, Relation de l' Égypte, tr. Silvestre de Sacy, Paris 1810, 183.

② 参见 Ali ibn al- Qift.is, Kitab Ikhbar al-' Ulama bi-Akhbar al-Hukama, in Ibn al-Qift.is, Ta' rih Al-Hukama, ed. J. Lippert, Leipzig 1903, 1004.

一些对你没有用处但对我却很有价值的东西。”当被问到这些东西是什么时，约翰回答说，他指的是皇家宝库里的那些“充满智慧的书籍”。随后，阿姆鲁表示希望更多地了解这个构想建立图书馆的人，于是约翰按照“阿里斯提亚斯书简”中的叙述将图书馆的历史告诉了他，另外，约翰还提到了托勒密二世（托勒密·菲拉德福）和法勒隆的德美特利。

·《古兰经》评论

阿姆鲁没有拒绝约翰的请求，但却告诉他，他将首先征求哈里发的许可。欧麦尔的回答很简洁：“如果这些书的内容与真主之书一致，我们就不需要它们，因为在这种情况下，真主之书已经足够了。另一方面，如果它们含有任何与真主之书相反的东西，就没有必要保留它们。因此，就要把它们统统销毁。”按照哈里发的命令，阿姆鲁把这些书分发给亚历山大里亚所有的公共浴室〔根据欧绪丘斯的说法，当时大概有 4000 多个公共浴室〕，作为烧水的燃料，据说，整整用了六个月才把它们全部烧掉。在托勒密皇家图书馆保存的书籍中，唯一免于毁灭的是亚里士多德的著作。

伊本·其福梯关于阿拉伯人烧毁皇家图书馆的记载，直到公元 17 世纪才在欧洲广为人知。A. J. 巴特勒曾试图在公元 20 世纪初的一本书中澄清整件事：他对记载的准确性提出了质疑，他的论点赢得了许多支持者，当然，也有很多反对者。然而，阿巴迪（M. el-Abbadi）在他最近出版的一本关于亚历山大图书馆的书中指出，不应全盘接受或否定这个故事。他认为，更具建设性的做法是，应该从多个层面来判断这个故事。

伊本·其福梯讲述的第一段，主要涉及 John Grammaticus 的生平和个性（他的传记细节与约翰·菲洛波努的非常吻合），这一部分的论述主要是基于一部公元 10 世纪伊本·纳迪姆（Ibn al-Nadim）所写的著作。尽管伊本·纳迪姆详细描述了 John Grammaticus 的生活，并提到他认识埃米尔·阿姆鲁，但他对皇家图书馆的藏书却只字未提。【216】第二段描述了由托勒密·菲拉德福建立图书馆的过程，这一部分来自伊本·纳迪姆在他的著作中引用过的以撒（Isaac）的早期作品。以撒的这一段，与约翰·策策斯的“Prolegomena to Aristophanes”中的记载一字不差。然而，第三段关于阿姆鲁写给欧麦尔的信、哈里发下令烧毁书籍和出售莎草纸的安排，在任何早期的资料中都找不到。

在我看来，关于伊本·其福梯的叙述是否准确的问题，应该在倭玛亚王朝（Ummayad dynasty）时期希腊人和阿拉伯人之间的文化关系中寻找答案。从公元 7 世纪发展到公元 10 世纪，这些文化关系的主要特征如下。

这两种文化之间的主要接触点是语言，因为在阿拉伯战胜之后，在整个倭玛亚王朝统治时期（公元 661 年—公元 750 年），希腊语是叙利亚和巴勒斯坦大部分居民的母语，此后可能还有一段时间也是这样。希腊语既是商业贸易的通用语（商人在做生意过程中使用），也是受过教育的基督教神职人员的通用语，尤其是默基特（Melkites）（译者注：Melkites，基督徒的一个群体，于迦克墩会议后指反涅斯多留派的人，当时得到拜占庭皇帝支持；现指中东一带拒绝接受基督一性论的中东信徒）人使用的语言。[①] 用希腊语和阿拉伯语书写的合同和文件表明了这一时期双语的盛行，这无疑是公元 7 世纪和公元 8 世纪除埃及以外的其他国家的语言使用准则。希腊语是许多公职人员和语法学家的第一语言。即使在倭玛亚王朝的首都大马士革，哈里发也雇佣希腊和阿拉伯基督徒来管理政务。最著名的讲希腊

① 参见 A. Cameron，*New Themes and Styles in Greek literature: Seventh-Eighth Centuries*, in A. Cameron and L. I. Conrad (eds.), *The Byzantine and Early Islamic Near East*, Princeton 1992, 81-105.

语的阿拉伯人，大马士革的约翰，是哈里发阿卜杜勒·麦利克（Abd al-Malik）的顾问。①

所有这些讲希腊语的群体在事实上控制着政府，他们之间形成了一种文化上的同盟，这在一定程度上反映了君士坦丁堡的文化和宗教特征。然而，公元 8 世纪中叶，阿拔斯王朝（Abbasid dynasty）掌握权力后，新哈里发，特别是曼苏尔（al-Mansur）、哈伦·拉希德（Harun al-Rashid，阿拔斯王朝第五代哈里发）和马蒙（al-Mamun，阿拔斯王朝第七任哈里发）的文化倡议和改革从根本上改变了局势。马蒙向拜占庭人宣战，并在意识形态上进行宣传，支持军事对抗，宣传的主要内容是拜占庭人劣于穆斯林，不仅因为他们是异教徒，【218】更重要的是，在文化层面上，他们也不配做古希腊人的继承者。按照这一原则，他把反拜占庭的政策披上了亲希腊的外衣，希腊 - 阿拉伯语的翻译运动证明阿拉伯人愿意接受古希腊的语言。②

从巴格达开始的希腊 - 阿拉伯语翻译运动，与作为一个世界性的帝国统治者的阿拔斯王朝迁往新首都密切相关。③ 在公元 8 世纪中叶—公元 10 世纪中叶，拜占庭帝国东部领土和近东地区几乎所有的已知希腊语世俗作品，除了文学和历史，都被翻译成阿拉伯语。不仅在巴格达哈里发的宫廷中的知识分子中间存在这样的现象，而且这是阿拔斯王朝社会的一个特征：哈里发和王子、国家高级官员、商人和银行家、语法学家和学者，都对这场运动做出了重要贡献。他们的参与更为必要，因为需要有大量资金

① 倭玛亚王朝的大部分官员都是萨利希德（Salihids）的后裔，他们是拜占庭东正教基督徒的盟友。参见 I. Shahid, *Byzantium and the Arabs in the Fifth Century*, Washington, D. C. 1989, 304-306.

② 这场反拜占庭和反基督教的宣传运动，在早期阶段的主要发言人是 al-Gahiz，他在巴格达生活，并在那里度过了他一生中的大部分时间，参见 C. Pellat，*The Life and Works of Jahiz*, Berkeley/Los Angeles 1969, 5-9.

③ 参见 D. Gutas, ^Η \Αρχαία ^Ελληνική Σκέψη στόν \Αραβικό Πολιτισμό. Τό κίνημα τ῀ν ëλληνοαραβικ῀ν μεταφράσεων στή Βαγδάτη κατά τήν πρώιμη àββασίδικη περίοδο (205-405/8ος-10ος α ̈ώνας), Athens 2000, 75 ff.

来资助该方案。当然，大部分资金是由马蒙提供的，但也有一些资金来自他人。[①]

希腊人和伊斯兰世界之间最牢固的文化和知识联系是在哲学领域。“法勒萨法”（阿拉伯语“falsafa”，是希腊文“哲学”一词的阿拉伯化音译，字面意思是“哲学”，但更具体地说是希腊哲学）的追随者试图将亚里士多德主义中的人类中心思想移植到穆斯林世界，与伊斯兰教对世界的天启论解释相对立。矛盾性是所有阿拉伯哲学的一个特征，它倾向于在希腊人的理性推理和《古兰经》中所包含的启示之间摇摆。

希腊哲学的思想在科学界得到了理性的表达：那些研究哲学的人把他们的一部分注意力放在医学上，也可能投入到天文学、化学或数学上。阿威罗伊（Averroës），又称“伊本·鲁世德”（Ibn Rushd），是阿拉伯哲学中的伟大人物之一，此外还有阿尔·肯迪（al-Kindi）、阿尔·法拉比（al-Farabi）、加扎里（al-Ghazali）和阿维森纳〔亦称“伊本·西纳”（Ibn Sina）〕等阿拉伯哲学家。阿威罗伊在亚里士多德《物理学》的序言中写道：“这本书的作者是亚里士多德，尼各马科（Nicomachus）的儿子，希腊人中最聪明的人。正是他创立了逻辑学、物理学和形而上学。我说他是这些学科的创始人，因为那些学科中的内容……在亚里士多德之前，人们都没有仔细思考过……在他之后的那些人中，一直到我们这个时代，也就是说在过去的1500年左右，没有人可以声称在他写的东西上有任何补充，在他的著作中也没有发现任何值得一提的错误。”【219】这些话是阿威罗伊在公元12世纪写的，他将亚里士多德的哲学加以概括，并且把它提升到与《古兰经》相当的先知启示的水平，这就使崇拜亚里士多德的阿拉伯哲

① 参见 Gutas, op. cit., 2.

学家在理性和信仰之间展开了持续对话。①

阿拔斯王朝的哈里发，特别是曼苏尔和马蒙，也发起了其他文化项目，包括“智慧之家”和马蒙的私人图书馆。也许“智慧之家”正是将很多书籍从希腊语翻译成阿拉伯语的地方，但没有可靠的证据支持这一说法。“智慧之家”更有可能是萨珊传统的宝库：也就是说，它可能是将波斯语翻译成阿拉伯语的中心和萨珊文化传统的图书馆。它很可能还藏有哈里发马蒙建立的精美图书馆。②伊本·纳迪姆说，他在那里（即在马蒙的图书馆里）发现了罕见的具有重大历史意义的手稿，他补充说，里面有各种各样有价值的书籍，包括一些用奇怪的字母写的书。

根据一个来自拜占庭的不太确定的消息，哈里发马蒙与数学家利奥（Leo）也有联系。据说哈里发想出了一个主意，如果这位拜占庭数学家来巴格达生活，他会给他一大笔钱。这个故事很可能只是一个传说。③伊本·纳迪姆在其名著《群书类述》（*Kitab al-Fihrist*）中指出，拜占庭人烧毁了阿基米德的15箱书籍。这个信息可能是相对可靠的。关于亚历山大图书馆被摧毁的故事，在公元10世纪左右大量涌现出来，这类故事比比皆是，但却没有一个明确的结论，其中，事实和想象交织在一起，而接近传说的部分，可能是人们为了宣传的目的故意编造的。伊本·纳迪姆本

① 关于亚里士多德哲学和阿拉伯世界，参见 M. Bouyges, Averroès. Tafsir ma ba ‘d at tabi, at, Beirut 1952; R. Arnaldez, ‘L ’ histoire de la pensée grecque vue par les arabes’ , Bulletin de la Société Française Philosophique 72/3 (1978) 117-168; D. Gutas, Avicenna and the *Aristotelian Tradition*, Leiden/New York 1988; G. Endress, “‘Der erste Lehrer’ . Der arabische Aristoteles und das Konzept der Philosophie im Islam”, in U. Tworuschka (ed.), Gottes ist der Orient, Gottes ist der Okzident, Köln 1991, 151-181.

② 关于“智慧之家”（the ‘House of Wisdom’）的意义和功能，人们提出了各种相互矛盾的理论，参见 Y. Eche, *Les bibliothèques arabes publiques et semi-publiques en Mésopotamie, Syrie, É gypte au Moyen Âge*, Damascus 1967, 9-57; M. G. Balty- Guesdon, *Le Bayt al- hikma de Baghdad*, Arabica 39 (1992) 131-150; Gutas, ^H \Αρχαία ^Ελληνική..., 75-85.

③ 关于利奥这个故事消息来源的可信度，以及怀疑这件事是否真的发生过的原因，参见 P. Lemerle,‘Οπρ˜τος βυζαντινός οέμανισμός: Σημειώσεις καί παρατηρήσεις γιά τήν ἀκπαίδευση καί τήν παιδεία στό Βυζάντιο ἀπό τίς ἀρχές œς τόν 10ο α῞ώνα（= Le premier humanisme byzantin..., tr. Maria Nystazopoulou- Pelekidou）, Athens 1981, 129-153; N. G. *Wilson, Scholars of Byzantium*, Baltimore 1983, 79-80; D. Pingree,*Classical and Byzantine Astrology in Sassanian Persia*, *Dumbarton Oaks Papers* 43 (1989) 237.

人在《群书类述》中提到了另一个被遗弃的图书馆，这个图书馆在一个大的古寺庙中，距离君士坦丁堡有两三天的路程。这里指的还是同一时期，也就是公元10世纪末。关于阿拉伯人的古籍版本传统，据说科尔多瓦（Cordoba）哈里发哈基姆二世（Al-Hakim Ⅱ）有一个手稿达40万卷的图书馆，所有的手稿都列在一个目录上，这个目录就有44卷。[①] 尽管这个数字有一些夸张的成分，但在拜占庭或西方世界，没有可以与之匹敌的：【220】帕特摩斯修道院图书馆（Patmos）的创始人圣·克里斯托杜洛（St. Christodoulos）只有220份手稿，而法国查理五世的藏书中只有900份。[②] 当然，阿拉伯世界的书籍成本比西方国家低得多，因为穆斯林从公元9世纪中叶就开始用纸来写手稿（他们已经从中国学来了造纸术）。[③]

伊本·其福梯关于世界图书馆剩余部分被烧毁的说法没有任何其他可靠来源的证实。这很可能反映了反对希腊-阿拉伯语翻译运动的增长，并被创造出来为质疑这一决定的合理性提供历史依据——伊本·其福梯完全有理由将奥马尔（他因其广博的学识而广受尊敬）描述为一个不赞成翻译计划的人，因为他对希腊文学价值所下的结论，无异于公然谴责。

---

①Al-Hakim Ⅱ，绰号为 al-Mostansir（或 Montaser Billah），格拉纳达的第九位国王和西班牙的第二任倭玛亚哈里发，生于公元10世纪，卒于公元976年。

② 关于从查理曼大帝时期至公元1800年，法国皇家图书馆的规模和藏书，参见 S. Balayé, La Bibliothèque Nationale des origines à 1800, Geneva 1988. 关于由圣·克里斯托杜洛创建的帕特摩斯修道院图书馆，参见 Staikos, The Great Libraries..., 267-283.

③ 目前尚不清楚纸张最初是何时传入拜占庭的。这种新材料最初被称为 bagdatikos（来自巴格达），或者也经常被称为 bambykios，这可能意味着它来自叙利亚北部幼发拉底河以西的班比昔（海拉波里斯）Bambyce（Hierapolis）镇。参见 J. Irigoin, *Les premiers manuscrits grecs écrits sur papier et le problème du bombycin*, Scriptorium 4 (1950) 194-204; Id., *Les débuts de l'emploi du papier à Byzance*, BZ 46 (1953) 314-319. On the introduction of paper to the West see J. Irigoin, *Les origines de la fabrication du papier en Italie*, Papiergeschichte 13 (1963) 62-67; and esp. G. Piccard, *Carta bombycina, carta papyri, pergamena graeca. Ein Beitrag zur Geschichte der Beschreibstoffe im Mittelalter*, Archivalische Zeitschrift 61 (1965) 46-75.

后记

还有一个问题是这个曾经要成为世界上规模最大图书馆的“亚历山大图书馆”，最终发生了什么？在得出任何结论之前，让我们概括总结一下关于这个图书馆的各种资料。

比较可惜的是，目前还没有可靠的资料能够充分说明托勒密·索特尔和托勒密·菲拉德福最初建立图书馆时的想法，以及他们的后继者如何在规模上对图书馆进行了扩建。我们也没有关于这个图书馆和博物馆其他部分的任何详细描述。除了在“俄克喜林库斯诸卷”中列出的从泽诺多托斯到居达士的图书馆馆长的名字以外，关于这座图书馆的组织形式和规模，我们也知之甚少。另外，关于图书馆藏书的数量和类别，我们也只能猜测。

直到克里奥佩特拉时期和亚历山大里亚被凯撒大帝攻陷之前，亚历山大图书馆、亚历山大博物馆和整个宫殿建筑群似乎都没有受到火灾或其他灾难的破坏。在凯撒和托勒密十三世的亚历山大里亚战争期间，没有任何同时期的文献证据证明图书馆被烧毁，而事实可能是，在附属于王室的码头建筑中，有大量书籍被毁。奥古斯都在宏伟的朱利乌斯神殿附近建了一座双语图书馆，他是否带走了一些亚历山大图书馆的书籍，其他的罗马皇帝是否从亚历山大图书馆带走了更多书籍来扩充他们自己城市的双语图书馆，我们不得而知。

【221】在奥勒留（公元 272 年）和戴克里先（公元 297 年—公元 298 年）的围攻中，这座城市遭受了怎样的破坏，以及城市中的博物馆和亚历山大图书馆被破坏到了何种程度，目前还无法得出确切的结论。阿庇托尼乌斯和伊皮法纽在公元 4 世纪访问了塞拉皮斯神庙图书馆，他们只是以普通旅行者的身份记录下了这次访问的经历，并没有进一步详细阐明此事。公元 391 年，在塞奥菲鲁大主教所煽动的暴乱期间，塞拉皮斯神庙遭到洗劫，这一事件的真实性无可争议，但并没有任何关于塞拉皮斯神庙图

书馆是否也遭到破坏的信息。至于伊本·其福梯所讲的公元 642 年阿拉伯攻陷亚历山大里亚时烧毁了亚历山大图书馆的故事，以及哈里发欧麦尔对这些书籍所作的裁定，可能都是虚构的，其目的可能是为了支持一种意识形态。

我个人对这件事的看法是，假设我们没有历史记录的其他的灾难，降临到每一个图书馆上的灾难，迟早也会降临到托勒密在亚历山大里亚的世界图书馆上，它不再反映和实现其最初的目的，而是逐渐变得破败和枯竭。最后，它屈从于不可阻挡的自然法则：逐渐衰退并最终消失。

希腊化时期

——从帕伽马到阿伊哈努姆的其他图书馆

· 帕伽马卫城上重建的图拉真神殿（Traianeum）的一部分

【249】亚历山大图书馆象征着亚历山大里亚在当时已知世界里的知识霸权。毫无疑问，正是在亚历山大里亚这座城市，人们努力聚合和传播希腊和近东文明所产生的“各学科”的著作。亚历山大里亚也是文学研究学科的发祥地，直到公元前 2 世纪中叶，它在文本校勘和修订方面还处于领先地位，产生了从神话时代一直到古典时期末期的各种修订作品。各种大型图书馆的建立以及文本研究的发展，成为亚历山大大帝的继承人所统治的其他王国和文化中心的典型特征。这些王国和文化中心也有着悠久的历史文化传统，甚至可以追溯到古典时期。[①]很多王国都想摆脱雄心勃勃的马其顿国王，设法在行政上保持独立性。有两个图书馆特别值得一提，因为它们在图书史方面有着非常重要的地位。其中一个位于帕伽马，是由阿塔利建立的。阿塔利一直以来都想建立一个可以与托勒密王朝的亚历山大图书馆相媲美的图书馆。另一个也具有重要的意义，它主要是一个档案馆，是希腊文化中心的一部分，位于巴克特里亚（Bactria）的阿伊哈努姆（Ai Khanoum）。

① 希腊王国的考古发掘证实了从公元前 3 世纪起，每个希腊大城市都拥有其图书馆。关于古希腊罗马世界所有已知图书馆的列表，参阅 J. To/ sberg，Offentlige bibliotheker：Romerriget i det 2. arhundrede e Chr.，Copenhagen 1976，9-12. 在科斯岛上曾建立了一所图书馆，它是最早由私人捐赠的公共图书馆的例子之一（就像今天的根纳迪乌斯图书馆），这种传统一直持续到希腊化时期晚期。

帕伽马王国

帕伽马位于莱斯堡（岛）对面的小亚细亚沿岸附近，原本是一座山丘要塞。公元前282年—公元前281年，吕西玛库（Lysimachus）和塞琉古（Seleucus）之间爆发领土战争40年后，它成为一个新王国的首都。吕西玛库掌控着帕伽马，吕西玛库的得力助手、提昂的菲利特鲁斯（Philetaerus），负责王室的国库。吕西玛库被杀后，菲利特鲁斯从国库中拿走了9000塔伦特（talents，古代货币的计量单位，1塔伦特约等于27~30千克）去往塞琉古。通过幕后操纵，他获得了一块事实上的独立领土，从公元前281年到公元前263年，他在这块领土上持续统治了18年。菲利特鲁斯的继任者是欧美尼斯一世（公元前263年—公元前241年在位），后来又让位于支持帕伽马的阿塔路斯（Attalus，公元前241年—公元前197年在位）。阿塔路斯和他的长子兼继承人阿塔路斯·欧美尼斯二世（Attalus Eumenes Ⅱ，公元前221年出生，公元前197年—公元前159年在位），【250】通过击退极富侵略性的加拉太人（Galatians）来扩充他们的王国，更重要的是，他们还从塞琉古人手中夺取了很多领土。[①] 事实上，为了

· 菲利特鲁斯的头像，帕伽马的统治者和阿塔利王朝的创建者。那不勒斯国家考古博物馆

① 参见 E. Hansen，*The Attalids of Pergamon*，Ithaca 1972; H. J. Schalles，*Untersuchungen zur Kulturpolitik der pergamenischen Herrscher im dritten Jahrhundert v. Chr.'*，Istanbuler Forschungen 36（1985）。

保护他们的边界不受安提奥库斯三世（Antiochus Ⅲ）扩张计划的影响，他们与罗马人结盟．在阿帕美亚（Apamea）战役（公元前188年）之后，帕伽马王国已经扩展到了整个小亚细亚，从某种意义上说，它是罗马在该地区利益的守护者。它得到了罗马的支持，但是，它也使自己间接地越来越依赖于这种支持。然而，尽管卷入了马其顿战争，并不得不应付罗马人的阴谋诡计，欧美尼斯二世还是设法保住了他的王位，直到他于公元前159年去世。

后来，他的兄弟继承了王位，也就是阿塔路斯二世菲拉德福·尤尔盖特斯（公元前159年—公元前138年在位）。阿塔路斯二世不顾亲罗马政策的反对，成功地保持了国内的和平。尽管阿塔路斯将他的主权扩展到邻国叙利亚、卡帕多西亚（Cappadocia）和庇提尼亚（Bithynia），但他还是把帕伽马变成了罗马的一个实际意义上的卫星国，从而也为阿塔路斯三世（公元前138年—公元前133年在位）于公元前133年将其割让给罗马做了准备。

图书馆的创建

帕伽马图书馆是希腊化时期继亚历山大世界图书馆之后最有声望的图书馆。人们对它的运行和目的知之甚少，但考古挖掘使得重建其建筑全貌成为可能。这是希腊世界最古老的图书馆。

阿塔路斯一世发起了一项计划，即用伟大的艺术品和纪念碑（如宙斯的大理石祭坛）美化帕伽马，并在他的宫廷中招募杰出的学者和文人雅士，他很可能就是第一个提出建立一座与托勒密王朝相匹敌的图书馆的想法的人。他自己写过一本关于地理学的书，这本书很可能是斯特拉波使用的资料来源之一。【251】阿塔路斯一世肯定有一个自己的私人图书馆，这个私人图书馆可能是帕伽马皇家图书馆得以形成的基础。据称，皇家图书馆的创始人是阿塔路斯一世继任者，即公元前197年继承王位的欧

• 帕伽马：雅典娜神庙和图书馆

美尼斯二世。与托勒密王朝一样，阿塔利人试图通过将其与雅典学术领域的主要代表人物关联起来，以此来提高他们自己图书馆的威望，并确保图书馆能有效运行。从公元前 241/240 年到公元前 216/215 年间，拉昔德斯（Lacydes）是柏拉图学园的园长，吕孔从斯特拉波的逍遥学派那里继承了领导权。他们都拒绝了帕伽马的邀请[①]，而亚历山大图书馆馆长拜占庭的阿里斯托芬也无法前往帕伽马，【252】因为托勒密五世决心要将博物馆的学者留在亚历山大里亚，如果这些学者不顺从的话，在必要的情况下，托勒密五世可能会动用武力。[②] 欧美尼斯二世吸引到帕伽马掌管图书馆的唯

① 第欧根尼 · 拉尔修，Ⅴ.67. 从公元前 241/240 年到公元前 216/215 年，拉昔德斯是学园的园长。吕孔是伊利昂（特洛伊）本地人，他从斯特拉波那里继承了“漫步学派”学园，他享有很高的声誉，而且他从阿塔路斯和欧美尼斯那里得到了慷慨支持。

② 参见 p. 182.

一杰出学者是斯多葛学派的哲学家克拉底（Crates），他来自马卢斯（Mallus）。①

从后来的事态发展来看，帕伽马的国王似乎无意在文本研究和文献研究领域与亚历山大里亚的博物馆竞争。在帕伽玛，我们没有发现教师是由学生继承的先例，正是作为哲学家——主要是正统斯多葛学派——而不是作为文本批评家，帕伽马图书馆的学者们才开始接触文献传统。

• 帕伽马的第一位国王阿塔路斯一世的头像。柏林考古博物馆

鼎盛时期的图书馆

帕伽马图书馆历史上的鼎盛时期，或者更确切地说，是我们最了解的时期，是欧美尼斯二世（Eumenes Ⅱ）所统治的时期，他也是图书馆的真正创建者。克拉底是扩大图书馆的最大功臣，也是帕伽马文献研究领域的主要推动者。

克拉底出生在西里西亚（Cilicia）的马卢斯，据《苏达辞书》说，他是与阿里斯塔库（公元前 2 世纪）同时代的人。他在欧根尼的门下学习，并实践了正统斯多葛学派首先倡导的诗歌寓言注释法。克拉底的学生中，唯一一个比较有名气的哲学家是帕奈提乌（Panaetius）。克拉底最大的成就是，在公元前 168 年，他在罗马长期逗留期间，向罗马学者介绍了语法研究的情况。他应欧美尼斯二世的要求，到罗马执行外交任务，但一次意外使他连续几个月都无法离开那里，于是他就留了下来，教授诗歌和语法。【254】据说，克拉底发明了处理羊皮的新方法，这样就可以制作更

① 苏维托尼乌斯，*De grammaticis et rhetoribus*，Ⅱ：Crates ... was sent to the Senate by King Attalus ... at about the time when Ennius died.

· 重建的通往雅典娜神庙和帕伽马图书馆的入口。柏林帕伽马博物馆

精细的书写表面，并提倡将其出口到罗马。从那时起，为书写而准备的皮被称为“佩加涅”（Pergamene），正如利底亚人约翰（公元5世纪—公元6世纪）告诉我们的那样：“罗马人称之为‘佩加涅皮’”。[①]根据一个古老的传说，羊皮纸（Parchment）是帕伽马人“发明”的，当时托勒密五世（Ptolemy V，与欧美尼斯二世同一时代）禁止向帕伽马出口莎草纸，因为这两个大图书馆是竞争对手。[②]实际上，根据希罗多德的说法，动物皮早在那之前就已被用作书写材料，最早是在近东，从公元前5世纪起，小亚细亚的希腊人就开始使用兽皮作书写材料。

组织机构和文本研究

关于帕伽马图书馆的组织和管理，我们一无所知。我们所掌握的关于图书馆馆长这一官方职位存在的唯一证据，来自第欧根尼·拉尔修，他说（Ⅶ.34）这个职位是由某位叫雅典诺多洛（Athenodorus）的人担任的。这位叫雅典诺多洛·科迪利昂的人来自大数（Tarsus），他是公元前1世纪的哲学家（当时帕伽马还处于罗马的统治之下），【255】从公元前70年起，

①John the Lydian，*On the Months* I.28. “parchment”（羊皮纸）这个词，及其在大多数其他欧洲语言中的对应词，都源自希腊语“pergamene”。

② 参见 De bibliothecis？，也可参见 RE, suppl. 7 (1940), 1221; cf. Pliny, *Natural History*, XIII .70: Soon, when King Ptolemy – on account of the rivalry between himself and King Eumenes in the matter of libraries – suppressed [the export of] paper, Varro informs us that parchment was invented.

他就和尤提卡（Utica，北非迦太基西北的城市）的加图一起生活在罗马。①雅典诺多洛被发现篡改了帕伽马图书馆的书籍，删除了他认为与斯多葛学派的思想不一致的段落，为此他被告上法庭，并被免去了图书馆馆长的职务。②

早在阿塔路斯一世统治时期，卡里斯托斯（Carystus）的雕塑家和作家安提戈努（Antigonus）就来到了帕伽马，他在那里制作了雕像，以纪念阿塔路斯战胜加拉太人。③安提戈努有一部名为《名哲列传》(*Lives of the Philosophers*）的重要作品。大约在同一时期，即公元前 3 世纪末，佩尔格（Perge）的数学家和天文学家阿波罗尼乌斯在帕伽马教书，他将他的八卷《圆锥曲线》中的七卷献给了阿塔路斯一世。④比同（Biton）是公元前 2 世纪工程学方面的学者，他曾写了一篇题为《战争引擎和弹射器的建造》(*Construction of Engines of War and Catapults*）的论文，他把这篇论文献给了阿塔路斯一世、二世或三世。公元前 3 世纪和公元前 2 世纪的旅行家和地理学家，来自伊利昂（Ilium）的波勒蒙游历了希腊、西西里岛和意大利，并写了一本关于雅典卫城通往厄琉息斯的神圣之路和德尔斐宝藏的有趣的书，其中有大量关于科学知识的细节。⑤最后，卡桑德里亚（Cassandreia）的阿泰蒙（Artemon）是公元前 2 世纪或 1 世纪的语法学家，他居住在帕伽马，写了一些关于图书方面的书，如《图书收藏》(*Book*

---

① 雅典诺多洛似乎是推罗的安蒂帕特和斯多葛派哲学家狄奥多图的朋友，他们都是西塞罗圈子中的成员。众所周知，许多斯多葛哲学家都曾在罗马私下教书，其中有一些住在贵族的豪华别墅里。其中，狄狄姆斯曾被奥古斯都任命为“宫廷哲学家”。

② 第欧根尼·拉尔修，在他的 Life of Zeno（Ⅶ.34）中，有一段提到了雅典诺多洛的审查制度：“All the unsatisfactory doctrines and assertions of the Stoics were cut out of their books by Athenodorus the Stoic, who was Director of the Library at Pergamum. They were subsequently reinstated, as Athenodorus was detected and found himself in a situation of great danger; and so much for those doctrines of [Zeno's] which were impugned.”

③ 参见 U. von Wilamowitz-Moellendorf, *Antigonos von Karystos* [*Philologische Untersuchungen*, Ⅳ], Berlin 1881.

④ 参见 P. M. Fraser, *Ptolemaic Alexandria*, 3 vols., Oxford 1972, Ⅰ, 415-422.

⑤ 波勒蒙是一个非常博学的人，专门从事古物研究，他旅行的唯一目的并不是写作自然环境（地理）方面的作品，而是关于考古方面特别是古迹方面的作品。也可见 p. 198。

• 帕伽马图书馆正厅里的雅典娜雕像

Collecting）和《图书的使用》（*The Use of Books*），也许还有一些关于图书馆的书。[①]很可能瓦罗在《图书馆》（*De bibliothecis*）一书中曾引用过他的著作，因为我们所知道的唯一写过这个主题著作的人就是阿泰蒙。

大约在公元前145年，当包括图书馆馆长阿里斯塔库在内的许多知识分子因托勒密八世的迫害而被赶出亚历山大里亚时，很多学者决定去帕伽马与克拉底一起工作。其中，最有名的一个是雅典的阿波罗多洛，另一个可能是巴尔斯的墨涅克勒。[②]

在组织图书馆的时候，有人又编纂了一部图书目录，标题也是《皮纳克斯》（*Pinakes*）。但是，这部匿名写的《皮纳克斯》现在已经遗失，古代作家也很少提及它。在一个与喜剧剧作家相关的作品中有人提到了这部著作，还有一次就是在讲到演说家的时候，也提到了这部

---

① 阿塞奈乌斯，*Deipnosophistae*, Ⅻ.515e, ⅩⅤ.694a.

② 参见 R. Pfeiffer, ‘Ιστορία τΈς ΚλασσικΈς Φιλολογίας.’πό τ῀ν \Αρχ῀ν μέχρι τοΰ τέλους τ῀ν ^Ελλ ηνιστικ῀ν Χρόνων (= *History of Classical Scholarship: From the beginnings to the end of the Hellenistic age*, Oxford 1968, tr. P. Xenos et al.), Athens 1972, 300 ff.; on the persecution of Alexandrian literary scholars, ibid., 253.

著作。很明显，它们根本无法与卡利马库斯在亚历山大里亚汇编的《皮纳克斯》相提并论。[①] 例如，阿塞奈乌斯引用了阿莱克斯所著的以《挥霍的老师》为标题的喜剧中的一段话，这段话取自一个他认为可靠的来源，但他说，即使他已经阅读并引用了 800 多部中期喜剧（Middle Comedy，公元前 400 年—公元前 323 年）的剧本，他也找不到该剧；他还补充说，他在拜占庭的卡利马库斯和阿里斯托芬的《皮纳克斯》中，或是在帕伽马图书馆的《皮纳克斯》中，都没有发现这出戏剧。[②]

伪典的问题

斯特拉波曾证实，阿塔利试图获得尽可能多的罕见的和有价值的书籍，涅琉斯的继承人不得不把亚里士多德和塞奥弗拉斯特的原稿藏匿在一个山洞里，以避免这些著作落入帕伽马国王手中。[③] 盖伦是图书方面的专家，他对伪造和冒用他人作品的问题都做了一些详细的研究。他告诉我们，帕伽马人会买一部德谟斯提尼的《演说集》（*Orations*）。这本书似乎比亚历山大里亚的《演说集》更完整，因为这部作品中还包含一份“新的”《反腓力》（*Philippics*，也是德谟斯提尼所作），这一部分是德谟斯提尼在喀罗尼亚战争前几个月发表的，更加引人注目的是，还有一封腓力写给雅典人的信。然而，这最后一个反常现象似乎并没有引起帕伽马学者的怀疑，因此，帕伽马版本的那部《演说集》被认为是原创和真实的，直到亚历山大图书馆进一步对这部作品进行检查，人们才发现，这部所谓的“新

① 参见 F. Schmidt, *Die Pinakes des Kallimachos*, Kiel 1924, 28; O. Regenbogen, «Πίναξ» in *RE*, 20 (1950), 1424 ff.

② 阿塞奈乌斯, *Deipnosophistae*, Ⅷ 336d-e: I myself have not come across the play. Although I have read more than eight hundred plays of the so-called Middle Comedy and have made excerpts of them, I have not found The Teacher of Profligacy, and I do not know of anyone who thought it worth cataloguing. Certainly neither Callimachus nor Aristophanes has catalogued it, nor have even those who compiled the catalogues in Pergamum.

③ 参见 p. 122.

的”《反腓力》一点也不新：它已经存在于来自兰萨库斯的阿那克西美尼（Anaximenes）的《反腓力》第七卷中。[①]

图书馆的扩建

关于阿塔利图书馆的规模，我们所掌握的唯一信息是普鲁塔克的《安东尼传》中的一个单独的参考文献，普鲁塔克本人对这个文献的可靠性持保留态度，它源于某个叫卡维昔乌（Calvisius）的人，可能是卡维昔乌·萨比努斯（Calvisius Sabinus），他对马克·安东尼怀有敌意。[②] 据说安东尼从帕伽马的图书馆劫掠了 20 万卷图书送给了克里奥佩特拉。许多学者认为，这份大礼与公元前 47 年凯撒被围困时烧毁的亚历山大图书馆有关。没有其他历史学家提到卡维昔乌的故事，包括伟大的盖伦·卡维昔乌是一位非常多产的作家，而且是帕伽马本地人。盖伦的同胞，一个名叫忒

· 银质德拉克玛，带有欧克拉提德一世的肖像，斯特拉波称之为“千城之王”（约公元前 170 年—公元前 145 年）

① 兰萨库斯的阿那克西美尼，公元前 4 世纪的历史学家和修辞学教师，曾教授亚历山大大帝，并著有所谓的《亚历山大修辞学》（*Rhetoric to Alexander*）。

② 普罗塔克，*Antony*, LⅧ. 也可参见 F. Münzer, *C. Calvinius Sabinus*, in *RE*, 3 (1899), 1411.

勒福（Telephus）的语法学家，也没有提到过卡维昔乌的故事。[①]

阿伊哈努姆

位于巴克特里亚的阿伊哈努姆宫（Palace of Ai Khanoum）"档案图书馆"是希腊世界最遥远的前哨，它处在东方佛教的中心，这里是人们发现希腊文献作品的最古老的图书馆。

阿伊哈努姆宫在阿富汗东北部，是古代丝绸之路穿越的众多王国之一。法国考古学家在这里发掘了一座可追溯至公元前 3 世纪的城市，在这座城市中，他们发现了一座体育馆、一个剧场和一个专为这座古城的建设者而设的圣地。在这块圣地上，有一块石碑，在石碑的底部，由逍遥学派的哲学家、来自索里（Soli）的克利尔库斯（Clearchus）刻了很多德尔斐（Delphic）的谚语。【257】所有这些事实证明，阿伊哈努姆与希腊世界的传统中心曾保持着密切联系。

宫殿里的"档案图书馆"[②] 是由欧克拉提德一世（Eucratides Ⅰ），以及与之同时代的帕提亚国王米特拉达梯一世（Mithradates，公元前 2 世纪）建立的。宫殿建筑群的显著特征是一个方形的列柱围廊式庭院，一侧有一扇门通向一个较小的庭院：通向后者的是几个用作商店的房间，这些房间中，有几间出售奢侈品，法国考古学家将这些商店统称为"珍宝馆"。在两个庭院之间有一个长方形的小房间，用作"档案图书馆"：不是公共图书馆，也不是学术研究的图书馆，而是皇家档案馆，它是宫殿的一个组成部分。在这里，挖掘者发现了许多零散的莎草纸和羊皮纸，上面刻有一些哲学对话和一部戏剧。这间屋子最独特的地方是其存放文件的方法，因为墙上没有任何书架的痕迹，也没有内嵌在墙上书架的痕迹，只有散落在地

---

① 忒勒福，出生于帕伽马，活跃于公元 2 世纪，是一位多才多艺的作家，据《苏达辞书》记载，他主要写作与文学、历史、传记、语法和古文献研究有关的书籍。

② 参见 C. Rapin, *Les textes littéraires grecs de la trésorerie d'Aï Khanoum*, *BCH* 111 (1987) 258-265.

·银质德拉克玛，带有塞留库斯一世的肖像

板上的陶器储藏罐碎片。这表明，这里的图书馆员也是把他们的莎草纸卷放在像埃及“档案图书馆”所使用的那种罐子里。

希腊化时期的其他图书馆

帕伽马图书馆之后，在其他图书馆中，最重要的一个，可能是位于叙利亚塞琉古王国首都安提阿的图书馆。它可能创建于安提奥库斯三世（Antiochus Ⅲ）统治时期，似乎是一个公共图书馆。[①]关于这个图书馆存在的唯一证据来自《苏达辞书》，来自卡尔昔斯（Chalcis）的欧弗里翁（Euphorion），他是公元前 3 世纪的一位诗人，也是安提奥库斯三世的图书管理员：“他来到大安提奥库斯（Antiochus the Great，即安提奥库斯三世）那里，并被任命负责掌管公共图书馆。”他的任期可以追溯至大约公元前 220 年。

欧弗里翁，生于公元前 275 年，先是在雅典（在拉昔德斯掌管的学园）学习，然后又到了安提阿。他的诗歌风格非常正式，也非常文雅，后来的一批希腊罗马诗人——科罗封的尼坎得尔和尼西亚的帕耳忒尼俄斯

① 参见 E. R. Bevan, *The House of Seleucus*，Ⅱ，new edn. London 1966.

（parthenius）、卡图卢斯（Catullus）和其他模仿他的新诗派（neoterici）成员——被西塞罗讥讽为“cantores Euphorionis”。【258】欧弗里翁利用早期希腊诗歌的遗产，并且也许在图书馆的文献和文本研究项目中，准备了很多新修订的诗文集。在担任图书馆馆长期间，他写了许多学术著作（其中只有很少一部分残篇幸存下来），其中包括《历史评论集》(*Historical Commentaries*）和《希波克拉底词典》。[①]

因为文艺著作的滋养和图书贸易的繁荣，安提阿似乎已经发展成为主要的图书中心。早期的基督教作家把它与迦太基、亚历山大里亚和君士坦丁堡并列为最好的图书市场。[②] 因为这里有很多图书馆，所以罗马皇帝尤里安（Julian the Apostate，公元 331 年—公元 363 年）选择安提阿作为他老师乔治的家，他将其安置在图拉真神庙中。《苏达辞书》中说，在尤里安的继承人统治时期，神庙和图书馆被安提阿暴徒烧毁。

从收集的可靠证据来看，图书馆——包括文献馆和档案馆——一般都附属于宫殿。公元前 168 年，当罗马将军艾米留斯·保卢斯（Aemilius Paullus）击败马其顿国王珀耳修斯时，他把珀耳修斯图书馆的藏书都带回了罗马。普鲁塔克告诉我们，他随后将“国王的书”送给了致力于学习研究的儿子。年轻的普伯里乌·艾米留斯（Publius Aemilius）被收养到普伯里乌·高奈留·西庇阿（西庇阿·阿非利加努，即大西庇阿，阿非利加的征服者）这个有文化的家庭之中，由此开始与生活在罗马的希腊历史学家和哲学家接触。[③] 因此，很有可能他不仅保存了其父亲留给他的书，还增添了一部分，因为他的藏书后来成为罗马第一座公共图书馆的主要馆藏图书，这座图书馆是波里奥（Pollio）在公元前 39 年后不久建立的。[④] 卢库

① 参见 Pfeiffer, *op. cit.*, 144, 178.

② 参见 T. Kleberg，*Book Auctions in Ancient Rome?*，*Libri* 22 (1973) 1 ff.; R.J. Starr, *The Used-Book Trade in the Roman World*，*Phoenix* 44 (1990) 148 ff.

③Plutarch，*Aemilius Paullus*，Ⅵ 28.

④ 参见 pp. 204，241（n. 125）.

鲁斯（Lucullus）在公元前 1 世纪战胜了本都（Pontus）的米特拉达梯六世（Mithradates Ⅵ），并把国王的书籍作为战利品带了回来。其中有一个装满了医学书籍的箱子，庞培将之据为已有，并翻译成了拉丁文。

体育馆图书馆

除了那些较大的图书馆、皇家图书馆和学园图书馆之外，还有一类图书馆，那就是体育馆图书馆。体育馆存在的目的是为了教育年轻人：年轻人去那里不仅是为了体育训练，而且是为了接受我们现在所说的人文学科的教育，即语法、音乐、修辞和哲学的教育。这是一个得到了充分证实的事实。①

其中，有一个这种类型的教育机构的就是 Pompeio，这是一座位于雅典西北边陲的迪庇隆门和圣门（Sacred Gate）之间的建筑，是由柏林自由大学的赫普夫纳（Wolfram Hoepfner）挖掘出来的。“Pompeio”这个名字来源于“pompe”这个词（意为“队伍”或“行列”），因为在泛雅典娜节上，庄严的游行队伍正是从那里出发，前往雅典卫城。它建于公元前 400 年左右，这时候雅典处于最困难的时期，因为在伯罗奔尼撒战争中雅典人刚刚被斯巴达人击败。因此，他们要努力培养一批全面接受良好教育的年轻人，以此来增强这座城市的人力资源储备，不仅是军事训练，而且还有学术和艺术教育——色拉绪布卢（Thrasybulus）引入了埃弗比（Ephebeia）这种教育机构。埃弗比，是那些从 18 岁到 20 岁的男人，一到 18 岁生日，他们就被正式列入公民名册，并且开始服兵役。

Pompeio 城边的长凳是埃弗比用来当作桌子的，他们常常在石头上刻上自己的名字来标明自己的位置。埃弗比这个教育机构每年培养 400 名新

① 关于体育馆图书馆，参见 J. Delorme, Gymnasion. *Étude sur les monuments consacrés à l'éducation en Grèce*, Paris 1960; R. Nicolai, *Le bibliotheche dei ginnasi*, Nuovi Annali della Scuola Speciale per Archivisti e Bibliotecari 1 (1987) 17 ff.

受训的士兵，这样就可以达到巩固雅典城邦的目的。根据后来的传统和我们对公元 4 世纪早期雅典书本知识盛行的了解，Pompeio 一定有一个供学习研究用的小图书馆。Pompeio 中有仅存下来的古典时期的体育馆。

托勒密体育馆图书馆

另一座体育馆是在公元前 2 世纪在雅典修建的：根据西塞罗（《论至善与至恶》，De finibus，Ⅴ.1.1）和鲍萨尼亚（Pausanias）（Ⅰ.17.2）的说法，它是由托勒密六世（公元前 181 年—公元前 145 年在位）建立并捐赠的。这座体育馆的遗迹至今还没有找到，但它肯定在雅典卫城以北的某个地方。这座托勒密体育馆图书馆在公元前 2 世纪和公元前 1 世纪的几篇碑文中都有提到过。根据一项法令的条款，托勒密体育馆图书馆的藏书将通过学生捐赠的形式增加，【260】每个学生都必须在完成学业后向图书馆捐赠 100 卷图书。根据这些碑文，这些书籍包括欧里庇得斯的戏剧和荷马的史诗。①

比雷埃夫斯的体育馆图书馆

在比雷埃夫斯发现的一些列有书名的碑文碎片，可以追溯到公元前 100 年左右，它们可能是赠送给体育馆图书馆或公共图书馆的一部分纪念石碑。碑文中列出了荷马的作品，以及各种悲剧、喜剧（包括米南德和狄菲卢斯的戏剧）、哲学家（包括尼各马科）和修辞学家的作品。②

---

①IG, $Ⅱ^2$, 1009, 1029, 1030, 1040-1043.

②IG, $Ⅱ^2$, 2363. 参见 L. Robert, *Notes d'épigraphie hellénistique*, *BCH* 59 (1935) 421- 425; K. Sp. Staikos, ΒιβλιοθÉκες. \Από τήν \Αρχαιότητα ≤ως τήν \Αναγέννηση καί Σημαντικές Οέμανιστικές καί Μοναστηριακές ΒιβλιοθÉκες (3000 π.Χ.-1600 μ.Χ.) (exhibition catalogue), Athens 1997, 34-45.

罗德岛和科斯的体育馆图书馆

罗德岛和科斯群岛是爱琴海两个伟大的知识和文化中心，公元前 2 世纪，许多著名的学者离开亚历山大里亚，在那里找到了工作和新家。

两个岛都有著名的哲学和医学学校，它们当然是主要的图书中心。关于在那里曾存在图书馆的证据，可以在它们建筑物的废墟和列出书名的碑文碎片中找到，这些书名可能是被张贴出来用来纪念送给图书馆礼物的人们。在罗德岛发现了一个这样的列表，可以追溯到公元前 2 世纪，它列出了修辞学家和历史学家的作品名称。由于有一项关于向图书馆捐赠的法令规定，体育馆图书馆的负责人要负责接收书籍并对其进行编目，因此这份清单很可能是指人们对体育馆图书馆的捐赠。①

另一个公元前 2 世纪的碑文告诉我们，一个叫狄奥克勒的人和他的儿子阿波罗多洛曾向图书馆捐赠了 100 本书，而其他人似乎也效仿他们，向图书馆捐赠金钱和书籍。②

---

① 参见 G. Ch. Papachristodoulou, «Τό ëλληνιστικό Γυμνάσιο τΈς Ρόδου: Νέα γιά τή βιβλιοθήκη του», in Akten des XIII . Internationalen Kongresses für klassischen Archäologie, Mainz 1990, 500 ff.

②Robert, loc. cit. By a curious coincidence, Diocles and Apollodorus are the names of two of the four grammarians mentioned in the Oxyrrhynchus papyrus listing the Directors of the Alexandrian Library (Pap. Oxy. 1241)：参见 p. 178.

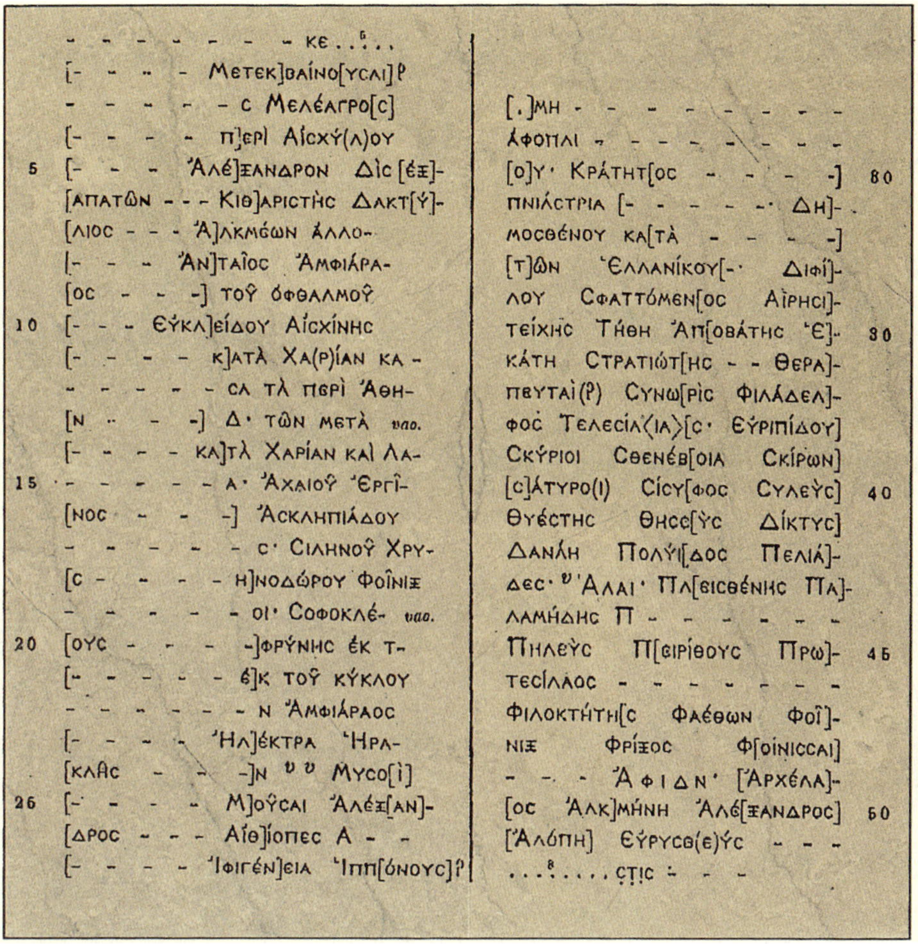

• 大理石铭文的碎片（约公元前 100 年），上面有书名列表。比雷埃夫斯考古博物馆

建筑

——档案图书馆和学术图书馆的类型与设施

【271】在米诺斯和迈锡尼，书面文件（无论是刻在黏土板上的还是其他材料上的）在正确归置和分类之前，就已经被锁在了密室里。从青铜器时代中期（约公元前1500年）开始，由于社会环境和皇室管理体制的变化，为了系统地保存财政、商业和一些其他记录，就有必要为这一目的设立专门的房间。因为需要把不同种类和数量的书面材料储存起来，因此，从最早的原始“档案馆”时代起，就有一条不变的规则，即每份文件的归档方式取决于档案的制作材料和形状。考虑到米诺斯和迈锡尼宫廷的官僚组织以及他们与爱琴海诸岛和沿海地区特别是与近东其他国家的贸易，这个问题就不再是一个应该用假设的方式来处理的问题，但这却是唯一可以处理的方式，因为在当时的工作环境中，完全没有抄写员的描述和记载，他们所从事的职业笼罩着一种神秘的气氛。

米诺斯文明和迈锡尼文明中的档案图书馆

克里特岛、爱琴海群岛、伯罗奔尼撒半岛和希腊中部的米诺斯文明与迈锡尼文明（公元前3000年—公元前1100年）的考古发现，没有任何证据表明这些房间被用作档案室，如克诺索斯的战车牌位室或派娄斯

· 在乌鲁布伦沉船事件附近发现的青铜时代晚期的双联书写板

（Pylos，伯罗奔尼撒半岛上的）的 7 号和 8 号房间。① 侧墙没有显示有凹处可以被用作“书架”的迹象。在派娄斯档案室里发现了搁架的痕迹：它们可能被用作放置储物罐和篮子，或者用作放写字板或其他文件，也或者用作抄写员和档案管理员的座位。

建立档案系统

青铜时代，米诺斯人和迈锡尼人记录商业交易的“文件”大部分是黏土板②，有双折的，也有多折的③，有莎草纸卷，也有羊皮纸，他们通过这样

① 参见 pp. 42-44，58（nn. 58-59），59（nn. 63- 64）。关于线性文字 B，见 M. S. Ruipérez and J. L. Melena，*Oî ΜυκηναÖoι ≠Ελληνες*（= *Los Griegos micénicos*，Madrid 1990，tr. Melina Panayiotidou），Athens 1996，50-70.

② 关于青铜时代的黏土板及其使用的文字，见 pp. 7 ff. 关于黏土板的形状，见 p. 39-40.

③ 迈锡尼人有时会在双联书写板上写字的事实，可以从乌鲁布伦沉船事件（Ulu Burun）的发现中得到证实：见 R. Payton，*The Ulu Burun Writing-Board Set*，Anatolian Studies 91（1991）99-106。

制作双联书写板的黏土板由一个上凸框架的木板组成，这样可以保持书写面的位置，在上面写字的笔，是一个磨锋利的芦苇。书写面要么是 maltha（一种薄薄铺开的蜡与沥青或浓浓的油脂的混合物），要么是石膏。两个或两个以上的黏土板，用绳子或皮条带穿过框架上的孔，做成了一个只有几页“纸”的笔记本，欧里庇得斯称之为“polythyroi diaptychai”（意为“多页黏土板”）。

柏拉图的学生，来自奥布斯的菲利普用类似的黏土板粗略地记录了《法律篇》（“在蜡上”：第欧根尼·拉尔修，Ⅲ.37）。见 H. Blanck，Tó βιβλίο στήν ἀρχαιότητα（= *Das Buch in der Antike*，Munich 1992，tr. D.G. Georgovasilis and M. Pfreimter），Athens 1994，67 ff. G. Cavallo，*Le tavolette come supporto della scrittura: qualche testimonianza indiretta*, in Élisabeth Lalou（ed.），*Les tablettes à écrire de l'antiquité à l'époque moderne* [Bibliologia 12]，Turnhout 1992，97-105.

的方式将信息永久地记录保存下来。

用这种方法储存“书籍”，主要基于两方面的因素：第一，考虑到文件的形状和制作材料，因此它应该既安全又实用。第二，每个文件都应易于获取。正如第一章所提到的，这些黏土板通常保存在陶器储藏罐或柳条筐里，上面贴着刻好的粘土标签，可以通过标签识别其中的内容。[1]有垂直隔板的木制箱子，也有灰泥箱子，它们都比较适合存放黏土板，这些箱子可能是按照某种顺序排列的。用作笔记本的双折和多折的黏土板（书写在上面的内容可以擦除掉或者重写，就像在黑板上写字一样），具有木质的框架和长方形的形状，因此，很容易存放：要么平放，堆成一堆，要么像书架上的书一样垂直放置。它们可以通过粘土封条（用绳子穿过密封孔，绑在黏土板的木制框架上）或是通过书脊上的标记来识别。莎草纸卷是在前荷马时期使用的，它可以存放在圆形或方形的篮子里，也可以固定在墙上的木架子上，也许还可以分成很多三角形的分类框架，这样就可以根据纸卷的主题将它们放置在一起。这些莎草纸卷被贴上用细绳绑着的粘土封印。[2]大大小小的木制或灰泥箱子，可能被用来归档单张的莎草纸或羊皮纸或特别有价值的文件，如国际贸易协定和条约。

• 教室里的场景，一个老师拿着一个双折书写板，另一个拿着莎草纸卷

① 参见 pp. 44-46.

② 参见 pp. 40-43（‘Did books exist in the Minoan-Mycenaean era?’）

从荷马到亚里士多德

当米诺斯的象形文字和线性文字 A 和线性文字 B 不再使用时，希腊人采用了腓尼基字母，并对其进行了修改，最终形成了希腊字母。一个结果是直到罗马时期晚期的书籍形式逐渐占上风，即莎草纸卷。[①] 莎草纸卷被用来书写和记录整个希腊文献，它是一种永久的记录形式，人们在学校和

---

① 希罗多德是第一个到埃及的旅行者，他留下了一份流传至今的书面记录。在记录的开头，他用一句令人难忘的话总结了他对这片神奇土地的印象：埃及是尼罗河的赠礼。

沿着尼罗河两岸生长着纸莎草（Cyperus papyrus），塞奥弗拉斯特在他的《植物探究》（*Enquiry into Plants*）一书中，首次对这里的植物进行了描述。纸莎草是一种高大的、类似莎草的芦苇，在炎热潮湿的气候中生长。这种植物在尼罗河流域，尤其是在三角洲和阿西诺埃周边地区，都有种植。它的花头造型很早就成为下埃及（指尼罗河三角洲及开罗南郊）的象征符号。我们对纸莎草制作圆柱形卷轴过程的最可靠的描述来自老普林尼（*Natural History*, XⅢ .11 ff.），但他并没有展现这个过程的所有信息。毫无疑问，他们将通过反复试验进行学习，匠人们也会口口相传，从一代传给另一代。将纸莎草处理成适合用墨水书写的平整的纸的过程如下：首先，从三角茎下部新切下的一段上取下皮层，露出髓核。熟练的工匠将木髓小心地切成极薄的垂直条状，并使它们尽可能长。木髓条并排放置，只是接触或重叠，放在坚硬潮湿的表面上，所有的纤维都在同一个方向上。第二层木髓条铺在第一层的上面，并与第一层成直角。不需要任何黏合剂，用大头锤敲几下就足以把两层木髓粘在一起。当莎草纸干燥后，用浮石磨光，使其光滑、耐用、有弹性，然后就可以使用了。最后，把这些纸粘在一起，边对边，形成一个连续的卷。

莎草纸产业实际上是埃及的垄断行业，尽管这种植物在埃塞俄比亚等其他地方也有种植。在埃及，莎草纸很早就已经被用作书写材料。迄今人们发现的莎草纸（尽管上面没有写字）可以追溯到公元前 3000 年。现存最古老的莎草纸上有一段用象形文字书写的文字，可以追溯到吉德卡雷 – 伊塞西（Djedkare-Isesi）国王统治时期（约公元前 2400 年）。这些莎草纸残片，是由德国考古学家在阿布西尔（Abusir）附近的一座寺庙旁边挖掘出来的。

关于普林尼对莎草纸的描述，参见 D. Cirillo, Il Papiro, with intro. by M. Gigante, Naples 1983 (a collector's edition, printed on Carta Amatruda di Amalfi, of Dominici Cyrilli Medicinae Doctoris ... Cyperus Papyrus, originally printed by Bodoni at Parma in 1796)。关于古埃及的市场组织、莎草纸卷的制造和不同质量的产品，参见 J.Černy´,*Paperand Books in Ancient Egypt*, London 1952; A. Lucas，*Ancient Egyptian Materials and Industries*, 4th edn. revised by J.R. Harris, London 1962. 从托勒密时期开始的莎草纸生产，参见 N. Lewis, *L'industrie du papyrus dans l'Égypte gréco-romaine*, Paris 1934.

普林尼除了描述了莎草纸的制造过程，还列出了莎草纸卷的标准尺寸。最大的是 charta augusta，或者简单地说是 augusta，有 13 指宽（约 24 厘米）；最小的是 emporetica，只有 6 指宽（约 10 厘米）。通常一卷纸有 20 张莎草纸。参见 D. Diringer, *The Book Before Printing: Ancient, medieval and oriental*, New York 1982, 113-169.

体育馆中使用可折合的双联记事板、多联记事板、羊皮纸卷等①，来学习语言和进行书写。多联记事板有时候用于写信和公文记录，有时候也用于记录课堂笔记。

私人图书馆

第一批由哲学家如菲罗劳斯、赫拉克利特和阿那克萨戈拉建立的私人图书馆规模太小，无法满足任何组织或架构的需求，从公元前6世纪起，第一批游吟史诗的人及其行会的藏书也是如此。这些图书馆藏有为数不多的莎草纸卷，这些莎草纸卷保存在便携式木制容器（κιβώτια或κιβωτοί）中，或与其他物品一起存放在大木箱中。公元前415年，阿尔基比亚德

· 歌者利努斯正给穆赛乌斯上课，手里拿着莎草纸卷

① 除了黏土板、双联书写板和莎草纸卷外，希腊人也曾一度在处理过的动物皮上写字，希罗多德（V.58）称之为“diphtherai”，意为“兽皮”。

希罗多德说，爱奥尼亚人一直用“皮”这个词来表示“书”，因为在过去的时代，当莎草纸很难得到时，他们就用山羊和绵羊皮来写字，许多外国人在不方便的时候仍然是这样。希罗多德的叙述更多地暗示了爱奥尼亚地区莎草纸短缺的原因，而不是兽皮的使用地。从他使用的词语中可以得出的推论是，在过去的某个时期，由于政治动乱，爱奥尼亚的莎草纸供应已经枯竭，此后一段时间，莎草纸被兽皮取代。这大概可以追溯到公元前5世纪早期的几十年。

狄奥多洛·西库卢斯（II.22.4）说，Persica的作者尼都斯的克泰夏斯是通过阅读写在绵羊皮和山羊皮上的波斯语书籍来学习的。这与目前的讨论无关。克泰夏斯说，波斯人使用“宫廷中的兽皮”（βασιλικαί διφθέραι）来记录他们的历史。他的这种说法已经被阿撒米斯（Arsames）所证实。见 G. R. Driver, *Aramaic Documents of the Fifth Century B.C.*, Oxford 1954; 关于这个主题的更多信息，也可以参考 R. R. Johnson, *The Role of Parchment in Greco-Roman Antiquity*（论文）, Los Angeles/Ann Arbor 1988. 不管事情的真相是什么，毫无疑问，羊皮书在雅典是众所周知的，而欧里庇得斯（*Euripides*）自己也有一个很大的图书馆，他对这一事实发表了评论，称其为“有黑色文字的羊皮”，（Euripides, fr. 627: 见 A. Nauck, *Tragicorum Graecorum Fragmenta*, Leipzig 1889）

· 细颈有柄长油瓶。公元前 5 世纪，上面画着一个女人正在阅读她从打开的木制箱子里拿出的莎草纸卷。巴黎卢浮宫博物馆

· 公元前 4 世纪一位年轻女子正在上音乐课，她面前的地板上有一个敞开的木箱。马丁－冯－瓦格纳博物馆

（Alcibiades）的私人物品中就有一个这样的大木箱：它可能是一个橱柜，中间有一个架子和两扇折叠门，这个大木箱可以用来存放书籍，也可以用来存放其他物品。[①] 公元前 5 世纪，还有另一种“书柜”，它是一种顶部配有盖子的箱子。有许多古希腊的瓶饰画描绘了这种书柜的样子：其中一幅在奥涅西姆斯的基里克斯陶杯上。在这幅画中，箱子放在一位年轻读书人面前的地板上，箱子上放着一部莎草纸卷。莎草纸卷的书名为《奇罗涅亚》（*chironia*），是介绍喀戎（Chiron）的，喀戎是希腊神话中的半人马的名字，曾是几位英雄的导师。之所以起这个名字，大概是为了表明这是一部关于教育的书。公元前 5 世纪的细颈有柄长油瓶上有一幅画，画的是一个开着盖子的书柜，书柜前面站着一位妇女，她正在摊开一个莎草纸卷。还有一幅公元前 4 世纪的双耳瓶（Amphora）上的画，画中有一个女学生

① 参见 E. G. Bude, Armarium und Κιβωτός, Berlin 1939. W. Hoepfner 也提到过一个类似的“两层四门”的橱柜，‘Eine Ausstellung mit nachgebauten griechischen Bibliotheksmöbeln’, in W. Hoepfner (ed.), Antike Bibliotheken, Mainz 2002, 6.

· 奥涅西姆斯的瓶画，瓶画中一个学生在阅读莎草纸卷，面前有一个书柜，他的老师在一旁看着。柏林考古博物馆

和她的老师，在她们两人中间也有一个类似的打开的箱子，整幅画的背景可能是一个私人住宅中的娱乐室。[①]

房子里有专门用来看书和抄写书籍的房间。[②] 这种大大小小的书柜，很可能是私人住宅里通常用来存放书籍的地方，然而，在教学或其他工作中经常使用的更多的藏书则可能需要一些书架。【276】在阿莱克斯的喜剧《利努斯》(*Linus*)中，似乎也有这样的图书存储系统：利努斯是一位教师，在空闲的时候，他邀请他的学生赫拉克勒斯到他的图书馆里翻阅浏览图书，赫拉克勒斯可以挑选出任何一部他想看的书，其中，有奥菲斯的著作，还有荷马、厄庇卡尔谟（Epicharmus）和科艾利勒斯（Choerilus）的著作。赫拉克勒斯被利努斯称为"真正的哲学家"，当赫拉克勒斯跳过这些最伟大诗人的作品，挑选了一本关于西姆斯（Simus）烹饪的书时，利

① 关于书籍存储系统从最早时期开始的演变，参见 C. Wendel, *Kleine Schriften zum antiken Buch- und Bibliothekswesen*, ed. W. Krieg, Köln 1974, 64 ff. 2000 年，在柏林举办了一个展览，展览的主题是古代私人图书馆和纪念性图书馆中橱柜的现代化重建，参见 Hoepfner, 'Eine Ausstellung...' , 5-8.

② 关于古希腊房屋的设计，参见 W. Hoepfneretal.(eds.),*Geschichte des Wohnens*, Ⅰ: 5000 v. Chr. - 500 n. Chr. Vorgeschichte - Frühgeschichte - Antike, Stuttgart 1999, 223 ff.

努斯感到非常的失望。①

从考古挖掘可以发现，在古典时期，图书馆建筑似乎没有任何明确的风格。每个图书馆或书房的布局和设备似乎都取决于其主人的使用目的以及资金的多少或个人喜好。例如，西塞罗就曾这样讲过（《致友人书信集》）：与大多数罗马学者和名人不同的是，德谟斯提尼认为阅读、思考和写作的理想环境应该是在一个僻静的房间中，如果可能的话，最好是没有窗户，这样就不会有自然光照进来，也不会有任何东西或声音来分散他的注意力。在那里，他在灯光下学习，通常是在宁静的夜晚中，他会找到写作演讲材料所需的内心平静和力量。毫无疑问，正是在这样一个安静的房间里，他把很多书（包括修昔底德的《历史》，如前所述）抄写下来，也正是在这样一个房间里，放着其他学者的书和他自己的各种作品的抄本。②

维图维乌（Vitruvius）在对希腊住宅的描述《论建筑》（*De Architectura*）中有如下一段："如果一个柱廊比其他部分高出一个门廊，那么它就被称为'罗德岛式柱廊'。这些房子有宏伟的前厅和优雅的大门，侧面的门廊用灰泥和镶嵌天花板装饰。在北面的门廊中，有躺卧餐桌等。图书馆在东边，开敞式的谈话间在西边，【277】南边是奥奇广场（square oeci），面积巨大，有足够的空间容纳四个餐桌以及诸多侍从。"然而，这种描述并不符合已发掘的古希腊房屋的类型：维图维乌一定是在描述希腊晚期的房子，有时整个城市街区都是这种风格的房子。③这种房子曾在德洛斯（Delos）被挖掘出来，包括狄奥尼索斯，这些房子有的用作看书的房间，向中央庭院敞开，庭院带有柱廊。

---

①Alexis，*Linus*, 135.

②On the copies that Demosthenes made of Thucydides' s History.

③ 内部庭院是古希腊住宅的主要特征，实际上也是罗马住宅的主要特征。有时庭院完全没有屋顶，有时在四周有屋顶的柱廊。参见 Ch. Bouras, Παραδόσεις ^Ιστορίας τΈς'ΑρχιτεκτονικΈς, Athens 1980, 430.

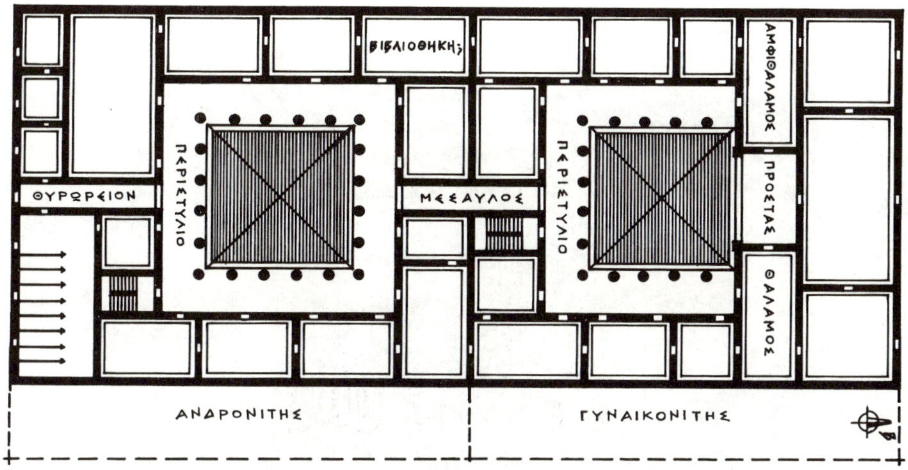

• W.A. 贝克根据维图维乌对希腊住宅的描述绘制的平面图

公共图书馆

阿塞奈乌斯藏书家名单上，有两位曾经创建过公共图书馆的统治者，他们分别是萨摩斯的波吕克拉底和雅典的庇西特拉图。

关于波吕克拉底的图书馆，除了阿塞奈乌斯那一段单独的介绍外，我们什么都不知道。但是古代作家经常提到庇西特拉图创立的图书馆，这些作家们不仅告诉我们他创建图书馆的原因，还告诉了我们他的藏书发生了什么。简单地说，它们和其他艺术品一起被薛西斯作为战利品带到波斯波利斯，随后被塞留库斯一世尼卡托带到了雅典。据说，这些藏书曾在雅典卫城保存过一段时间，但我们无法确定这些藏书是否是保存在 Metroön 档

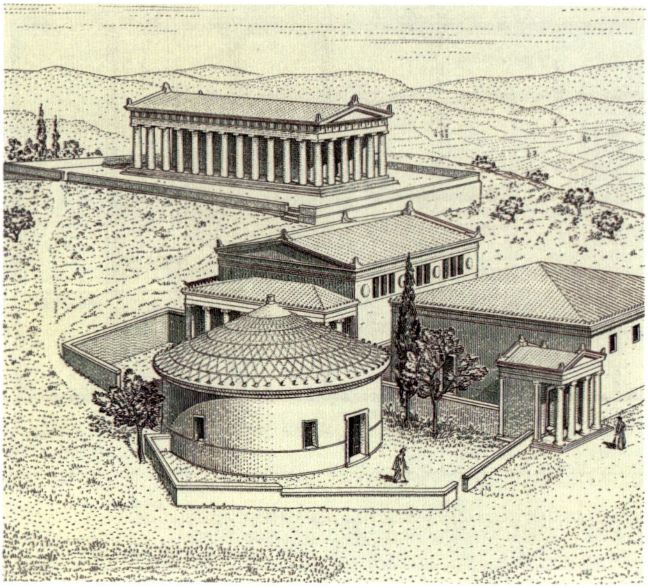

· 议事厅附近的圆形建筑重建图。老议事厅用来存放官方档案。J. 特拉夫洛斯绘制

案馆中的一部分，也不能确定它是否曾保存在莱喀古斯时期的档案馆中。[①]当时，他在亚里士多德的坚持下颁布了一项法令，这项法令的大意是三位

① 在很大程度上，古希腊的城邦是建立在市政档案馆中的各种书面材料基础之上的。档案馆中有大理石石碑和木制的碑、瓦片、双联和多折记事板、金属板、莎草纸卷，上面刻有有关政府的法令和决议，还有国际贸易协定和条约的记录。事实上，这些档案是每个城市的“书面回忆录”。除了管理日常生活和一般公共事务行为的法律法规外，档案馆中还载有有关公民个人的各种文件，如出生和死亡证明、遗嘱、兵役详情、法院判决书和土地所有权证书。

除了公民档案外，还保存了类似的军事行动记录，包括人员和装备及其在战地的活动情况。这种档案的一个典型例子就是亚历山大大帝的行军记录，如前所述，这些档案由他的登记官卡尔迪亚的欧美尼斯负责保存。亚历山大档案馆保存的文献中保存的日志，主要记录每天发生的事情，包括战场上、亚历山大的宫廷中和帝国的任何地方，所有这些事情都是在登记官的监督下记录下来的。参见 R. Dareste, *Le χρεωφυλάκιον dans les villes grecques*, *BCH* 6 (1882) 242- 243; E. Weiss, *Griechisches Privatrecht auf rechtsvergleichender Grundlage*, Ⅰ, Vienna 1923; T. Homolle, *Les Archives de l'intendance sacrée à Délos (315-166 av. J.-C.)* [Bibliothèque des Écoles Françaises d'Athènes et de Rome 49], Paris 1887; B. Haussoulier, *La vie municipale en Attique*, Paris 1883; R. E. Wycherley, *The Athenian Agora*, Ⅲ : *Literary and Epigraphical Testimonia*, Princeton 1957; E. Posner, *Archives in the Ancient World*, Cambridge, Mass. 1972; W. Lambrinudakis and M. Wörrle, *Ein hellenistisches Reform- gesetz über das öffentliche Urkunden- wesen von Paros*, Chiron 13 (1983) 283- 368; Stella Georgoudi, *Manières d'archivage et archives de cités*, in M. Detienne (ed.), Les savoirs de l'écriture. En Grèce ancienne [Cahiers de philologie. Série Apparat critique 14], Lille : Presses universitaires, 1992, 221-247.

伟大悲剧家的作品的原本将被存放在雅典国家档案馆。[①]【278】无论答案是什么，但可以确定的是，并没有任何关于古典时期晚期之前的公共图书馆的建筑设计和布局方面的现存证据。

学园图书馆

从公元前4世纪起，在雅典建立了四所伟大的哲学学园，它们分别是柏拉图学园、亚里士多德的吕克昂学园、伊壁鸠鲁的花园和芝诺的斯多亚学派的学园。这些学园中，有大量的用作教学和研究的藏书。而且，正如我们所看到的，我们有足够的证据，这些证据可以使我们能够追溯这些图书馆的历史。[②]最为人所知的两个图书馆是柏拉图学园的图书馆（主要来自考古发现）和吕克昂学园的图书馆（主要来自文字记载）。

菲利普斯·斯塔夫罗普洛斯（Filippos Stavropoulos）挖掘的柏拉图学园遗迹，让我们清晰地看到了整个建筑群，它是围绕着一个巨大的中央庭院建造的。立面中央的一个入口通向一个长方形庭院，这个庭院三面环绕着一个单层屋顶的柱廊。在院子的另一边，面对着大门的是一个门廊，通向一个巨大的中央房间，这个大房间两边各有两个小房间。院子中央有一座祭坛。通往主厅的门廊前的长方形柱基可能是缪斯女神雕像的基座。【279】赫普夫纳认为，在庭院前端和两侧的柱廊中都有阅览室，而远端门廊两侧的两个方形房间（oikoi）中有睡椅。中央房间是图书馆的主厅，尺寸为6m×11m，没有书架，可能主要用于各种仪式，而两侧的房间有书架，分两层。在主厅墙壁的凹处也可能有书柜，书柜前面有木凳，这样整个房间被用作讲堂。[③]

---

① 参见 p. 118.

② 参见 pp. 105-110.

③ 参见 J. Travlos, *Pictorial Dictionary of Ancient Athens*, New York 1975, 42; W. Hoepfner, *Platons Akademie. Eine neue Interpretation der Ruiner*, in Hoepfner (ed.), Antike Bibliotheken, 56-62.

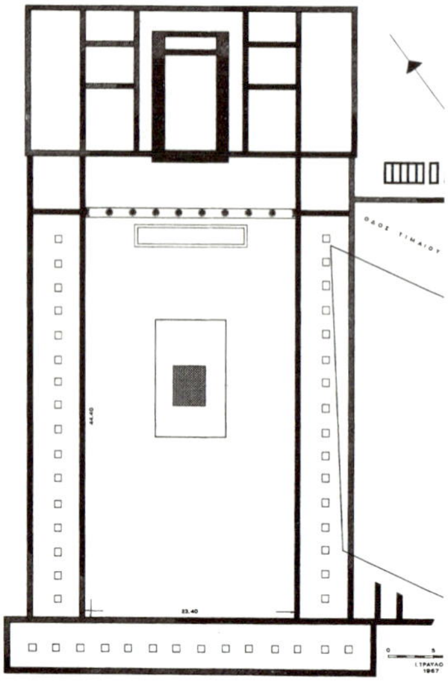

· 根据考古证据绘制的学园的“原始”平面图

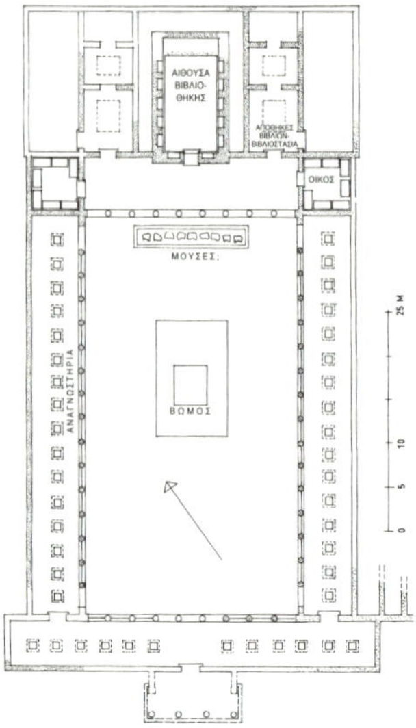

· 学园的平面图，标明各种空间的功能和设备

· 亚里士多德的吕克昂学园里的一个阅览室的重建图，莎草纸卷、双联书写板和多联书写板叠放在正面敞开的书架上，还有一个封闭的书架，可以放更多的书。由 Stavroula Lazari 根据 K.Sp.Staikos 的原作绘制

吕克昂学园

吕克昂学园可能位于几年前一个挖掘的地方，挖掘这个地方本来是要建一所现代艺术博物馆。[①] 然而，到目前为止，我们所掌握的关于其建筑设计和布局的唯一证据来自塞奥弗拉斯特的遗嘱，这份遗嘱写于吕克昂学园以“逍遥学派”著称的时期。[②]【282】遗嘱中记录了德美特利 · 波利奥塞特斯（Poliorcetes）占领雅典并平息那里的叛乱时，马其顿人在这里所造成的破坏。看起来，吕克昂学园的主厅被称为 Mouseion（译者注：“Museion”原为“缪斯诸神之殿宇”之义，后演变成希腊语中的“博物馆”或“博物院”。创建于亚历山大城的“Museion（英语）”，指的是由王室资助的“希腊文化中心与学人研习、休憩的处所”，其功能有如中国古代的稷下学宫），上面装饰着女神雕像。还有一个圣殿，里面有亚里士多德的半身像和一些祭品。博物馆通过一个矮柱廊与其他建筑相连，还有另一个较矮柱廊，墙上挂着地图。

塞奥弗拉斯特还提到了祭坛，他希望修复它，使之“尽可能美丽优雅”。从建筑上看，吕克昂学园显然与柏拉图学园没有什么不同，但它肯定要大得多，房间也更多，据说在塞奥弗拉斯特的时代，学园中学生的数量和旁听的学生的数量为 2000 人。我们也应该记住，亚历山大大帝曾给了亚里士多德 800 塔兰特，以改善吕克昂学园的教学设施。[③]

尽管吕克昂学园收藏了大量精美的书籍，但没有保存下来有关藏书场所的文献证据。人们只能假设，图书馆的组织管理一定是非常出色的，因为托勒密王朝一直希望让吕克昂学园的园长担任亚历山大图书馆的馆长：

① 目前在这个遗址上进行的考古挖掘是在 Evi Lygouri 的监管下进行的。也可参见 Hoepfner, ‘Platons Akademie...’, 62.

② 第欧根尼 · 拉尔修，V.51. 关于吕克昂学园以及吕克昂学园的历任园长，参见 pp. 106, 108, 115, 118-119.

③ 参见 p. 112.

据说这个职位是给亚里士多德本人的（虽然这不可能是真的），而且这一职位后来又预留给了亚里士多德的继任者塞奥弗拉斯特、斯特拉波和吕孔。

希腊化时期

通过比较帕伽马图书馆和柏拉图学园的遗迹，可以看出希腊化时期图书馆的建筑设计遵循了古雅典图书馆的模式。斯特拉波对托勒密世界图书馆的描述，我们在本书前面已经讨论过，但他描述的过于简略，因此，并不能为博物馆建筑群的推测性重建提供依据。斯特拉波提到了主要建筑、铺砌的人行道和“开敞谈话间”（exedra），听起来只不过是对公元前 4 世纪各哲学学园（如柏拉图学园和吕克昂学园）一些典型建筑的回忆。奇怪的是，亚历山大博物馆的主要建筑（最初是图书馆，现在是图书馆的一部分），【283】有铺砌的人行道、“开敞谈话间”、带屋顶的柱廊，以及庭院和地基，应该与同时期其他大型或小型的同类学术机构有所不同。对帕伽马图书馆主大厅的建筑设计进行考察后，我们发现，这些房间的设计仅能容纳象征性数量的书籍，而不是主要藏书。在它们周围是辅助建筑，没有任何建筑特色，在这些辅助建筑里也有藏书，这有点像之前阿庇托尼乌斯提到的一些与塞拉皮斯神庙图书馆相关的盛放书籍的“库房”和“储藏室”（tameia）。① 亚历山大图书馆的莎草纸卷数量非常多，正如我们所见，据估计，至少有 50 万卷②，因此，它需要 5000 平方米的储藏空间。由于收集书籍的过程持续了很长一段时间，而且没有遵循预定的计划（因为这个项目看起来像一个乌托邦式的空想），所以可以认为，这一庞大的藏书大部分都被安置存放在附属建筑里，它们像蜂窝中的蜂巢一样很多，大大小小的房间之间通过带屋顶的柱廊和隐藏性的走廊相互连接。图书馆各房

① 参见 p. 174.

② 参见 p. 188.

间中的藏书类别，很可能是按照卡利玛库斯《皮纳克斯》中使用的分类系统来存放的，每种类型的作品都有一个单独的房间或一座单独的建筑：历史、医学、哲学、诗歌、散文文学等。

另一点值得一提的是，在古代文献中，没有一处提到图书馆是以我们今天所知的形式出现的，即有一个中央阅览室，里面摆放着书架。“大图书馆”和“女儿图书馆”这两个术语最早由普鲁塔克（公元1世纪初）使用，它们都与托勒密的世界图书馆具有相关性。随后阿庇托尼乌斯（公元4世纪）和策策斯也使用过。斯特拉波提到托勒密的亚历山大图书馆和帕伽马图书馆时，都不加区别地用“bibliotheke”这个词来形容它们和亚里士多德的图书馆，仅仅是指一些藏书。

帕伽马图书馆

一个多世纪之前，亚历山大·康泽（Alexander Conze）和卡尔·齐亚茨科（Karl Dziatzko）根据帕伽马图书馆的考古挖掘发表了他们的结论①，最近的考古和建筑研究结果使我们对图书馆的面貌有了更清晰的了解。②

图书馆位于卫城上，就在剧院的东面，在一座两层楼高的建筑的北面，与卫城神庙所在的露台相连。这些建筑是在欧美尼斯二世统治时期（公元前197年—公元前159年）设计修建的。【284】建筑的上层有四个大房间。其中第一个（也是这里面最大的）是“博物馆”或图书馆的主厅，尺寸为13.5m×16m，高约6.5m，可以从这座建筑的北墙上的一扇门进入。主厅被两排窗户照亮（一扇在远处的墙上，一扇在右手边的墙上），

①A. Conze, *Die pergamenische Bibliothek*, Sitzungsberichte der Berliner Akademie der Wissenschaften 53 (1884) 1257 ff; K. Dziatzko, *Untersuchungen über Ausgewählte Kapitel des Antiken Buchwesens*, Leipzig 1900.

②参见H. Mielsch, *Die Bibliotheken und die Kunstsammlungen der Könige von Pergamon*, AA (1995) 763 ff.; V. M. Strocka, *Noch einmal zur Bibliothek von Pergamon*, AA (2000) 155 ff.; W. Hoepfner, *Die Bibliothek Eumenes' II in Pergamon*, in Hoepfner (ed.), Antike Bibliotheken, 41-52.

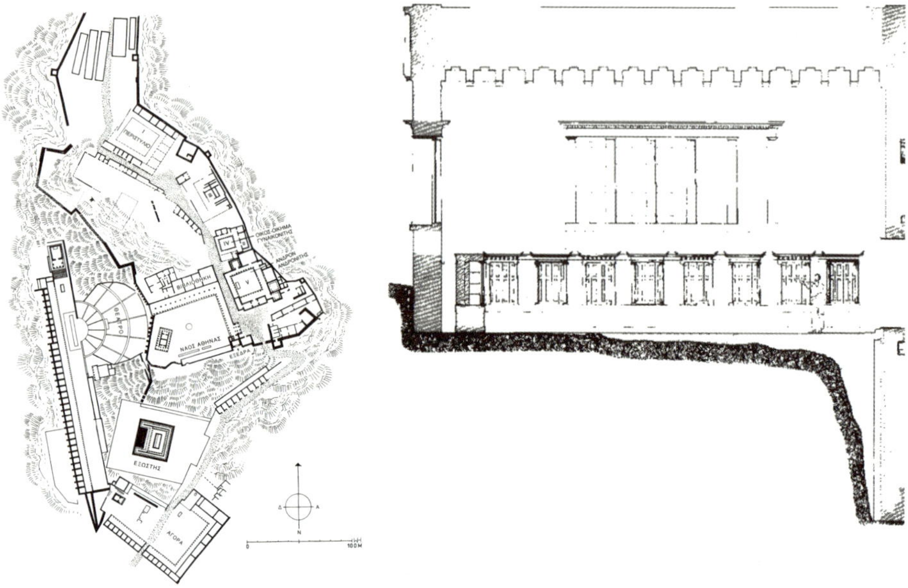

· 帕伽马图书馆正厅重建图，显示了用作阅览室的两层柱廊。由 I. 阿瓦尼提绘制

高出地面约 3.7m。在它的两侧和远端有一个连续的∏形底座，离墙 50 厘米，支撑着一个高 3m 的结构，有 20 个凹处，里面有带门的木制书架。一座巨大的雅典娜雕像矗立在远处的基座前，面向正门，书架上可能有诗人和其他作家的半身像，附近发现了刻有阿凯乌斯、希罗多德和米利都的提摩修名字的泥板。在∏形底座的前面可能有一个木制长凳状的结构，既可以作为通往更高书架的台阶，也可以作为出席各种会议和仪式的座位。

木制橱柜式书柜，尺寸约 1.70m × 1.00m，带有双折叠门（据赫普夫纳的说法），侧面有花柱[1]，据计算，这些书柜中盛放有 3200 卷莎草纸卷，甚至更多。卡维昔乌说，马克·安东尼送给了克里奥佩特拉 20 万卷书籍，这一事实可以让人对帕伽马图书馆所享有的财富的盛誉有所了解。[2]

---

① 参见 W. Hoepfner, *Zu Griechischen Bibliotheken und Bücherschränken*, Berlin/New York 1996/1997; Id., ‘Die Bibliothek...’, in Hoepfner (ed.), Antike Bibliotheken; Id., ‘Eine Ausstellung...’, ibid., 5.

② 参见 p. 256.

封闭式橱柜（armaria）是古代世界不可移动的书架。它们通常是木制的，在大型图书馆中，它们被嵌入内墙（或专门为此目的而建造的结构）的壁龛中，在内外墙之间留出一个空间，以防受潮。在设计这些书柜时，最重要的是防止它们受潮并提供足够的通风。虽然可以根据不同图书馆的壁龛大小计算出书柜的大致尺寸，但对于书柜的分隔方式，我们却知之甚少。我们也并不了解它们是否有水平的书架、垂直的隔板或是 X 形的分类架。

据我所知，最早提到大型图书馆中的封闭式书架，是在维图维乌的《论建筑》一书中，与任命拜占庭的阿里斯托芬为亚历山大图书馆馆长有关。【288】在托勒密·埃庇芳尼（托勒密五世，公元前 204 年—公元前 180 年在位）参加的博物馆诗歌比赛中，作为评委之一的阿里斯托芬从封闭式橱柜中拿出很多书，以证明大部分参赛作品都是剽窃的。①

古代图书馆藏书的大致数量可以根据其主厅内壁龛的数量和大小来计算。由于我们知道有些图书馆的图书数量是几万卷或几十万卷，可以肯定地得出结论，绝大多数藏书不是放在大厅里，而是放在辅助房间里，这些房间随时可以根据需要增加。换句话说，它们是储藏室，既可以存放分类好的图书，也可以存放大量未分类的资料和未使用过的莎草纸卷。

体育馆

在古典时期，体育馆已经是很重要的教育机构，到了希腊化时期，【290】它们已经发展成为与一流的现代大学相媲美的宏伟建筑群，拥有相当多的设施：跑道、摔跤学校和其他体育设施。此外，还有教室、音乐厅、讲堂、人行道、宴会厅和书房。每个城市都有自己的体育馆，而更大、更重要的城市，如亚历山大里亚、帕伽马和罗德岛都有两个或更多

①Vitruvius, *De architectura*, Ⅶ.Praef.7.

的体育馆图书馆。在罗马帝国统治下，据说帕伽马有不少于 8 个图书馆。让·德洛姆（Jean Delorme）在对希腊体育馆的详尽研究中，总结了从古代资料获得的证据和考古发掘的结果。① 在德洛斯、士每拿（“荷马体育馆”）、帕伽马和科斯（Cos）等地存在的数不清的体育馆中，我将描述罗德岛大体育馆和尼萨（Nysa）体育馆附属的图书馆。

罗德岛

罗德岛这座城市的学术声誉可以追溯至古典时期（这座岛上的哲学学校可能是亚里士多德最喜欢的学生欧德谟斯建立的），并且由于与亚历山大图书馆学者的密切接触，从而使得其学术声誉越来越高。罗德岛不止拥有一个体育馆，最大的一个建于公元前 408 年罗德岛新城成立后不久。阿波罗神庙的下面，有一座雄伟的体育场和两座角力学校 ，一座是为爱菲伯斯（Ephebes）建造的，一座是为一些年轻人建造的。②

图书馆是由走廊和台阶连接起来的建筑群的一个组成部分。主厅尺寸约为 20.50m × 11.70m，由南北走廊东墙的一扇门进入。【291】在房间的北墙上（也就是进入时的左边）有一排凹座，大约有 8 个，每一个宽 1.95m，离地 0.60m，用来装封闭的木制书柜。这些拱形形状的凹座，是经过现代修复后的样子，因此，这个形状只是人们推测的。砖石上的斑点表明图书馆不止一次被大火严重损坏。这个房间也许可以被书架对面墙上的一排窗户照进来的太阳光照亮。北面的墙（书柜后面的墙）背对着另一个同样大小的房间，在两个凹处有一个小门廊。这间北面的房间可能用作阅览室、书房或藏书室，或用于与图书馆运作有关的其他用途。帕帕克里斯托杜鲁

①J. Delorme, Gymnasion. *Étude sur les Monuments Consacrés à l'Éducation en Grèce*, Paris 1960. 也可参见 R. Nicolai, *Le bibliotheche dei ginnasi*, Nuovi Annali della Scuola Speciale per Archivisti e Bibliotecari 1 (1987) 17 ff.

② 参见 W. Hoepfner, *Pergamon- Rhodos- Nysa-Athen*, in Hoepfner (ed.), Antike Bibliotheken, 68-72.

· 帕伽马图书馆主厅重建图，中央为气势磅礴的雅典娜雕像，两侧底座为封闭式书架。由W. 霍普夫纳绘制

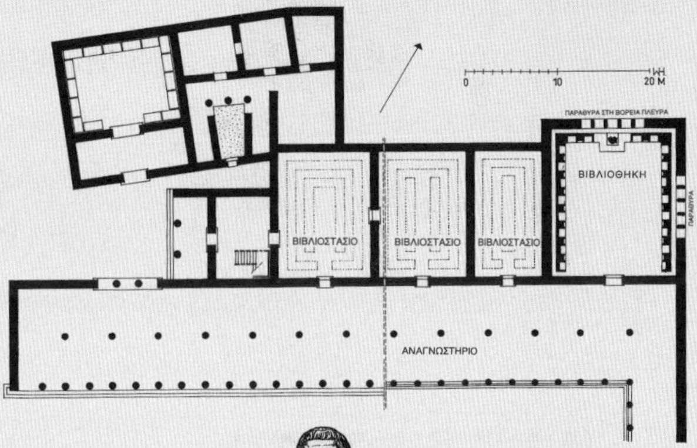

· 帕伽马图书馆平面图，分别为主厅、辅助室和两层楼的柱廊，该图书馆有马鞍形屋顶，用作阅览室。由W. 霍普夫纳绘制

· 帕伽马图书馆正厅中一个封闭式书架的重建图，展示了双折门和类似门廊的精致框架

· 碑文碎片（公元前 2 世纪）。来自帕伽马体育馆图书馆

（G.Ch. Papachristodoulou）发现的碑文提到了关于图书馆的组织和赠书的三条法令。[①] 还有一个关于 κιβωτός（一个便携式木制容器）的介绍，它可能是一个有关体育馆和图书馆规章制度的档案资料。在正门对面走廊的墙上，有一扇门通向一个更大的房间，可能是用来举行宴会和各种仪式的。

尼萨

尼萨是小亚细亚的一个镇，位于米安德（Maeander）河右岸，特腊勒斯（Tralles）以东，从以弗所到安提阿的主干道上。尼萨有一个大体育馆，它有一个 192 米长的体育场和两个大的角力学校。公元前 40 年，斯特拉波参加了一次阿里斯托德谟（Aristodemus）的演讲。在角力学校的北面，与它们的中轴线成一条直线，是一座大型图书馆的遗迹，考古学家 W. 冯 · 迪斯特（W. von Diest）[②] 根据与以弗所的凯尔苏（Celsus）图书馆相似的壁龛，确认了这一点。

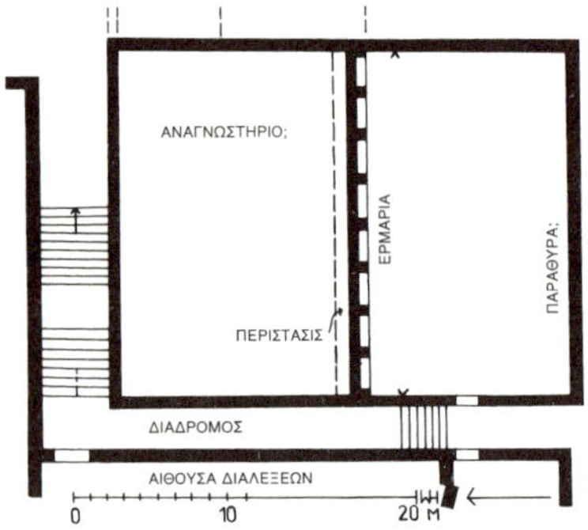

· 罗德岛大体育馆图书馆的重建平面图，展示了主厅书柜的壁龛。由 W. 霍普夫纳绘制

①On the inscription relating to a gift of books，参见 p. 260.

②W. von Diest, *Nysa ad Maeandrum*, Berlin 1913.

【292】图书馆的建筑有一个圆柱状的立面，这很容易让人想起凯尔苏图书馆，其主要房间的建筑是一个很好的例子，它采取了很多预防措施，以防止书籍最致命的敌人：潮湿。① 建筑的中心是一个 10m × 15m 的空间，内墙三面环绕。内墙在两层上有 26 个壁龛，用来存放书柜，三面都被一条两层楼高的通道包围，每隔一段距离就有一定宽度，最终扩大成拱形的房间：这提供了额外的空间，同时也通过隔绝来保护主房间。进入这条通道是从主入口左侧的一扇小门进入的，有两扇窗户提供通风。

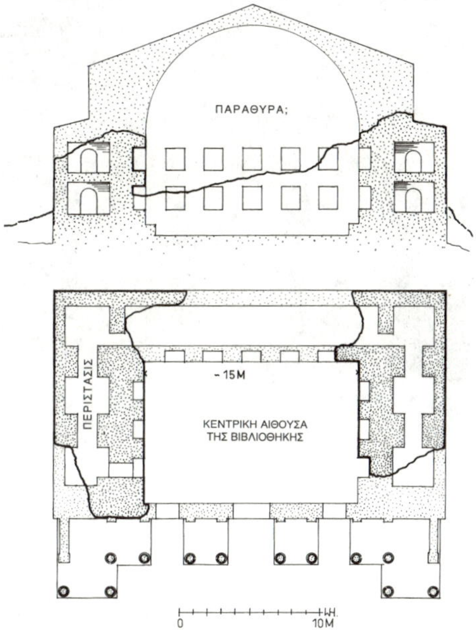

· 重建后的尼萨体育馆图书馆平面图和剖面图，展示了主厅的特色壁龛、三面隔热和通风的墙壁与空间

图书馆大厅里，有拱形天花板，里面可能供奉着一尊雅典娜的雕像，她是图书馆的守护神。它很可能放在这些雕像通常放置的地方：在后墙前面，入口正对面，但没有发现任何木制或其他结构可以到达书架的上层。

① 参见 Hoepfner, ‘Pergamon- Rhodos...’, in Hoepfner (ed.), Antike Bibliotheken, 73-78.

· 罗德岛大体育馆图书馆的废墟，展示了木制书架的独特凹处

· 尼萨体育馆图书馆正厅北墙的废墟

索引

A

B

C

C

D

E

F

G

H

I

J

K

L

M

N

O

P

R

S

T

U

V

W

X

Z